2-401

Geographisches Institut der Universität Basel
Basler Beiträge zur Geographie, Band 50

Susanne Eder Sandtner

NEUARTIGE RESIDENTIELLE STADTSTRUKTURMUSTER VOR DEM HINTERGRUND POSTMODERNER GESELLSCHAFTSENTWICKLUNGEN

Eine geographische Analyse städtischer Raummuster am Beispiel von Basel

Inauguraldissertation
zur Erlangung der Würde eines Doktors in Philosophie
an der Philosophisch-Naturwissenschaftlichen Fakultät
der Universität Basel

Wepf & Co., Basel, 2005

Genehmigt von der Philosophisch-Naturwissenschaftlichen Fakultät
auf Antrag von Frau Prof. Dr. Rita Schneider-Sliwa (Basel) und
Prof. Dr. em. Gabriel Wackermann (Paris-Sorbonne)

Basel, den 16.12.2003
Dekan Prof. Dr. Marcel Tanner

Bibliographische Information der Deutschen Bibliothek
Die Deutsche Bibliothek verzeichnet diese Publikation in der Deutschen
Nationalbibliographie; detaillierte bibliographische Daten sind im Internet über
http://dnb.ddb.de abrufbar.

Herausgeberin der Reihe:
Prof. Dr. Rita Schneider-Sliwa (Universität Basel)
Druck:
Job Factory Basel AG
Umschlaggestaltung:
Charlotte Ciprian
Umschlagbilder:
Susanne Eder Sandtner
Verlag Wepf & Co., Basel, 2005

ISBN 3-85977-267-8

Der Druck dieser Arbeit war in dieser Form nur dank der großzügigen Unterstützung des Dissertationenfonds der Universität Basel, der Geographisch-Ethnologischen Gesellschaft Basel sowie der Basler Studienstiftung möglich.

© Susanne Eder Sandtner. Dieses Werk ist urheberrechtlich geschützt. Die dadurch begründeten Rechte, insbesondere die des Nachdrucks, der Übersetzung, des Vortrags, der Entnahme von Abbildungen und Tabellen, der Funksendung, der Mikroverfilmung oder Vervielfältigung auf anderen Wegen und der Speicherung in Datenverarbeitungsanlagen, bleiben, auch bei nur auszugsweiser Verwertung, vorbehalten. Eine Vervielfältigung dieses Werkes oder von Teilen dieses Werkes ist auch im Einzelfall nur in den Grenzen der gesetzlichen Bestimmungen des Urheberrechtgesetzes in der jeweils geltenden Fassung zulässig. Sie ist grundsätzlich vergütungspflichtig. Zuwiderhandlungen unterliegen den Strafbestimmungen des Urheberrechts.

Vorwort der Herausgeberin

Die Arbeit ist Bestandteil eines laufenden Forschungsprojekts „Strukturerfassung der Region Basel und der Nordwestschweiz" der Abteilung Humangeographie/ Stadt- und Regionalforschung der Universität Basel, bei dem aktuelle Prozesse, zukünftige Trends sowie Veränderungen von Raumstrukturen in der trinationalen Agglomeration Basel und der Nordwestschweiz dokumentiert und analysiert werden. Die hier behandelte Lebensstil-Ausdifferenzierung im Stadtraum wurde zusätzlich im Rahmen des Arbeitskreises der Akademie für Raumforschung und Landesplanung Hannover zur gesellschaftlichen Prozessforschung zum Rahmenthema „Lebensstile, soziale Ungleichheit, Siedlungsstrukturen" untersucht. Der Arbeitskreis wurde gefördert durch die Akademie für Raumplanung und Landeskunde (ARL), eine von der deutschen Bundesregierung finanzierte Einrichtung, die im kompetitiven Verfahren Aufträge zur Untersuchung gesellschaftsrelevanter Fragen vergibt. Diese Studien sollen für die Stadtentwicklung wichtige Theorie- und Methodikentwicklungen mit Impulswirkung für wissenschaftliche Arbeiten und neue planungspolitische Vorgehensweisen ergeben.

Ziel der Dissertation ist die Untersuchung der sozialräumlichen Verteilung von Lebensstilgruppen als neuartiger Form der Gesellschaftsgliederung in einem Stadtgebiet. Besondere Aufgabe war es, die soziologische Lebensstilforschung, die auf der Grundlage von qualitativen Interviews arbeitet, um eine quantitativ-statistische Perspektive für einen ganzen Stadtraum flächendeckend zu erweitern. Eine Sozialraumanalyse mit 99 926 Haushalten, wie diese Arbeit unter dem Aspekt neuer Lebensformen vornimmt, stellt daher einen konzeptionell und methodisch neuen Ansatz dar. Dabei geht es zunächst darum, klassische sozioökonomische (vertikale) Schichtmerkmale und gleichzeitige horizontale Ausdifferenzierungen in einer Selektionsanalyse auszuscheiden, um diese dann auf Baublockebene mittels Geographischen Informationssystemen (GIS) darzustellen. Das Besondere an diesem Vorgehen ist, dass die in der sozialwissenschaftlichen Literatur aufgrund von surveybasierten Stichprobenuntersuchungen postulierten Verhaltens- und Wertekriterien hier mit Hilfe der amtlichen schweizerischen Statistik operationalisiert werden. Im Ergebnis ergeben sich dann ähnliche Sozialgruppen wie die hochdifferenzierten, durch Befragung gewonnenen soziologischen Klassifikationen.

Als solches ist das zweite Hauptziel der Arbeit die Entwicklung von Methoden, mit denen man in Ämtern der öffentlichen Verwaltung anhand der Volkszählung den Grad der sozialen Durchmischung oder Segregation nachzeichnen kann. Die Verteilung der identifizierten Lebensformengruppen im Raum im Zusammenhang mit der physischen Qualität des Wohnumfelds wird exemplarisch anhand ausgewählter Indikatoren beleuchtet und unter der Leithypothese untersucht, wonach Sozial- und Raumstrukturen in enger Beziehung stehen und die Zugehörigkeit zu einer bestimmten Lebensformengruppe in der Verteilung von Wohnstandorten unterschiedlicher Wertigkeit ein Abbild findet. Je höherwertiger Quartiere und Wohnstandorte sind, desto stärker werden sie von sozial hochstehenden Bevölkerungsgruppen besetzt und zu Exklusionsgebieten für weniger Privilegierte. Gemäss dem theoretischen Lebensstilansatz, der von zunehmend kleinräumigeren Fragmentierungen der Städte ausgeht („neue soziale Ungleichheiten", „vielfach geteilte Stadt", „kleinräumiges Mosaik der sozialen Ungleichheit") zeigt der methodische Ansatz auf der kleinen räumlichen Bezugseinheit der Baublöcke diese Muster auf.

Das Verhalten unterschiedlicher Lebensstilgruppen, das sich z.B. in einer bestimmten Wohnstandortwahl – dem entscheidenden Mechanismus hinter der sozialen Fragmentierung im Stadtraum – zeigt, erschliesst die soziologische Lebensstilforschung über Befragung. Der Ansatz Eder geht diesem durch eine integrative statistische Methodik nach. Dabei werden Merkmale des Sozialraums mit Approximativ-Indikatoren des Wohnumfelds (Einwohnerdichte, Belastungen durch den Strassenverkehr) in Bezug gesetzt. Im Ergebnis führt dieser indirekte empirische Ansatz zu Hinweisen auf die Wohnstandortwahl der unterschiedlichen Sozialgruppen. Diese meiden Negativräume und bevorzugen Stadträumen mit Positivfaktoren, denn soziale Gruppen verteilen sich gemäss dem Theorem der „sozialen Reproduktion des Raumes" nicht zufällig im Stadtgebiet, sondern selektieren nach dem physisch-räumlichen Umfeld. Auf diese Weise werden Negativräume durch Meidung von Lebensstilgruppen mit hohem sozialen Kapital dauerhaft zu Negativräumen reproduziert. Durch soziale oder auch bauliche Umbruchsprozesse (kleinräumige Sanierungsmassnahmen, private Gentrifizierung, die inselartig höherwertigen Wohnraum schafft) können sich jedoch auch innerhalb solcher relativ homogenen Viertel kleine Inseln andersartiger (gehobenerer) Sozialstruktur herauskristallisieren.

Der methodische Ansatz ist quantitativ-deduktiv. Sozialstrukturen werden soziodemographisch, sozioökonomisch und soziokulturell erfaßt. Dabei werden die gängigen Indikatoren Einkommen, Bildung und Beruf neu interpretiert, da sich nicht alle Variablen direkt aus dem Datenpool der Statistik erschliessen. Die Datengrundlage ist die schweizerische Volkszählung 1990. Obwohl die aktuellere Volkszählung 2000 erhoben wurde, sind jene Vergleichsindikatoren, mit denen man einen zeitlichen Verlauf von 1990 bis 2000 hätte herstellen können, auch im Dezember 2003 noch nicht in den Statistikämtern verfügbar. Im Sinne der sich schnell entwickelnden Lebensstilforschung, die neue methodische Ansätze zur Sozialentwicklung braucht, wurde für die vorliegende Arbeit der Aspekt der Methodenentwicklung am Beispiel der VZ 1990 prioritär angesetzt und die spezifische Dynamik des kleinräumigen Mosaiks von Sozialstrukturen in Basel von 1990 bis 2000 als sekundär.

Einer ausführlichen, kenntnisreichen, jedoch präzisen Übersicht der Literatur zur Gesellschaftsgliederung aus der Makroperspektive (Globalisierungstheorie, Postmoderne, Konsumgesellschaft, Informationsgesellschaft) und der Mikroperspektive (Individualisierung, Biographisierung) folgt die Darstellung der theoretischen Auswirkungen auf die Stadtökonomie und Stadtgesellschaft (Kapitel 2). Erklärungen zum Zusammenhang zwischen der globalen Entwicklung und dem persönlichen Einzelschicksal in einer „Risikogesellschaft" sowie das

Entstehen eines kleinräumigen Nebeneinanders von Privilegien und Deprivation werden ebenso angesprochen wie die Subjektivierung von Ungleichheit und der Beitrag, den die neue Konzeption der Lebensstile zum Verständnis heutiger gesellschaftlicher Prozesse leistet. Die gute Durchdringung der Lebensstilkonzeption, die (bedingt) wählbare Lebensbedingungen und damit Verhaltensweisen adressiert, wird klar von der sozialen Milieukonzeption abgegrenzt, die objektive, nicht frei wählbare Handlungsvoraussetzungen auf der Makro- und Mikroebene thematisiert. Die Leistungsfähigkeit von neuen Gesellschaftskonzepten wird kritisch hinterfragt, wobei auch den Gedanken genug Raum gegeben wird, dass Lebensstilkonzeptionen sich auf die Analyse oberer Gesellschaftsschichten beziehen – Arme können keine Lebensstile wählen – und dass es sich hierbei lediglich um eine Erweiterung alter Strukturen sozialer Ungleichheit handelt, die gesellschaftlichen Mechanismen also nicht fundamental neu gesehen werden. Als wesentlich wird jedoch die Ergänzungsfunktion der Lebensstilkonzeption erkannt, die den starren Modellen der Klassen- und Schichtgesellschaft eine erweiterte Perspektive in höherer Auflösung zur Seite stellt.

Der guten Theoriebasis zu gesellschaftlichen Prozessen folgt eine ebenso differenzierte Analyse der verschiedenen Raumkonzeptionen und der sich verändernden Verständnisweisen von Raum, die abhängig vom Gesellschaftswandel sind. Raum wird ferner thematisiert als ein Mittel der sozialen Kontrolle und ein verborgener Mechanismus der Macht, dies auch in einer vermeintlich ent-räumlichten Welt. Das Ausleben von Lebensstilen im Raum, das sich über Kaufkraft, soziales Kapital und dadurch ausgeübte Kontrolle im Wohnungsmarkt zeigt, ist ein solcher Mechanismus, ebenso wie die Konkurrenz um soziale Positionen oder die Stadtentwicklungs- und Wohnungsmarktpolitik.

Kapitel 3 erläutert den Basler Kontext der Studie, wobei die relevanten Aspekte im Hinblick auf das Thema angesprochen werden. Kapitel 4 (Daten und Methoden) widmet sich der eingehenden Darstellung, wie die Operationalisierung der soziologischen Survey-Forschung auf die amtlichen Daten der Schweiz flächendeckend übertragen werden kann. Im Gegensatz zur Individualforschung wird ein in sich differenzierter, kleinräumig statistischer Ansatz gewählt, bei dem die Haushaltsebene durch die Referenzperson (und zum Teil die Zusatzperson) des Haushalts und seine Angaben zum Haushalt als Einheit untersucht werden. Ferner werden die als Soziotope eingestuften Baublöcke als (aus Datenschutzgründen) kleinste sozialräumlich abgrenzbare Lebensumgebung analysiert. Schliesslich werden Cluster von Baublöcken gleicher Strukturierung ausgeschieden, die als Soziochoren bezeichnet werden und Einfluss auf die Entfaltung von Lebenschancen und Lebensstilen ihrer Bewohner haben.

Die vertikale Gesellschaftsstruktur wird zunächst über Indikatoren der „sozio-professionellen Kategorie" in Kombination mit dem Ausbildungsniveau in statistischen Verfahren untersucht. Hierbei kristallisieren sich letztlich aus den 99 926 untersuchten Haushalten folgende Typen heraus: Oberschicht (oberstes Management, freie Berufe, akademische Berufe, oberes Kader), Mittelschicht (Selbständige, intermediäre Berufe, qualifizierte manuelle und nicht manuelle Berufe etc.), Unterschicht (ungelernte Arbeiter und Angestellte etc.), Marginalisierte (Haushalte ohne eigenes Erwerbseinkommen). Die horizontale

Komponente der Sozialstruktur wird über fünf soziodemographische und – kulturelle Merkmalsbündel (Haushaltstyp, Zivilstand, Erwerbstätigkeit der Referenzperson und der Zusatzperson sowie Konfession/Konfessionslosigkeit der Referenzperson) erschlossen. Ausführlich begründet werden diese Indikatoren in ihrer Aussagekraft für gesellschaftliche Prozesse, ferner, warum naheliegende Variablen wie Einkommen, Alter oder Ethnie nicht in die Analyse einfliessen. Grosses Gewicht nimmt die Darstellung der Erfassung der Lebensformengruppen über Proxy-Variablen ein, wie z.B. der Indikator Haushaltstyp, der wiederum in neun verschiedene Typen unterteilt analysiert wird.

Mit mehreren Verfahren (Kap. 4 und 5 Ergebnisse) werden die sozialräumlichen Ungleichverteilungen analysiert: Segregationsindex als Mass für räumliche Ungleichverteilung, Dissimilaritätsindex für räumliche Ungleichverteilung zweier unterschiedlicher Bevölkerungsgruppen in einem Stadtgebiet sowie Clusteranalyse der Baublöcke, welche die Soziochoren herausarbeitet. Ausführlich und methodenkritisch werden die clusteranalytischen Verfahren selbst hinterfragt, die generell nicht das einzig wahre Abbild der Realität herausstellen können, sondern je nach Zielfrage und Beurteilungskriterien vielfache Abbilder der Realität finden. Somit muss auch diesem multivariaten statistischen Verfahren eine Plausibilität zugrunde liegen, die sich aus der Forschungsfrage, der Wahl der unterschiedlichen Ausgangsvariablen und der verschiedenen mathematischen Bedingungen der Berechnungsverfahren knüpft.

Auf die in Kapitel 5 vorgelegte Analyse der residentiellen Raummuster und Gesellschaftsgliederung nach zehn Lebensformengruppen wird hier nicht näher eingegangen, da die Methodenentwicklung und nicht die Spezifika in den Quartieren zum Zeitpunkt 1990 Hauptaugenmerk war. Eine flächendeckende soziale Ausdifferenzierung nach kleinteiligen, heterogenen Mosaiken kann in Basel nur partiell nachgewiesen werden, sind doch grossflächige Viertelstrukturen noch sehr homogen. Allerdings zeichnet sich eine Überlagerung beider Trends ab: Neue Enklaven postmoderner Lebensformen bilden sich als Inseln innerhalb von relativ homogen strukturierten Vierteln. Inselartige Soziotope sind am deutlichsten für die postmoderne Oberschicht und in Innenstadtwohnlagen festzustellen. Uneingeschränkt nachweisbar ist der Zusammenhang zwischen sozialer und räumlicher Distanz: Die Wohnstandorte der Bevölkerungsgruppen am oberen und unteren Ende der sozialen Skala sind am stärksten segregiert (Kapitel 6).

Inselhaft mosaikartige Wohnstandortverteilungen mit „Schicki-Soziotopen" und „pockets of poverty" führen als zeitlicher Trend mit räumlichen Kumulationserscheinungen weg von den Konzepten einer guten sozialen Durchmischung und sozialen Nachhaltigkeit. Diese Entwicklungen zu beachten ist daher ein Gebot der Stadtplanung und Stadtentwicklungspolitik, können doch Negativtrends entstehen, die ihrerseits die Abwärtsspirale von Abwanderung und Erosion des Steuersubstrats anheizen können. Sozialraumanalysen schaffen daher Grundlageninformationen als Gradmesser für gesellschaftliche Trends, welchen auf der Ebene der Politik gegebenenfalls entgegengewirkt werden muss. Der Ausblick (Kapitel 7) diskutiert diese Themen, ebenso wie neue Forschungsfragen, die sich aus der Arbeit ableiten.

Die Arbeit ist innovativ im konzeptionellen wie methodischen Bereich. Die Übertragung der qualitativen Lebensstilforschung auf einen quantitativen Ansatz, bei dem eine ganze Stadt flächendeckend mit annähernd 100 000 Haushalten untersucht wird, ist der erste, und wohlgelungene Versuch dieser Art. Die Arbeit hat eindeutig Mehrwert für die Region geschaffen und ist wegen ihrer transferierbaren neuen Methodik für eine flächendeckende Sozialraumanalyse eine langfristig zitierfähige Studie. Der Mehrwert für die Region liegt unter anderem in der minutiösen Darstellung von Sozialräumen, die ganz klar aufzeigt, dass die Stadt von der Erreichung ihres Politikleitbilds der sozialen Nachhaltigkeit und sozialen Durchmischung noch ein gutes Stück entfernt ist. Adäquat wird die Begrenzung der eigenen Arbeit in Konzeption und Methodik immer wieder erkannt und sachlich richtig dargestellt, wobei beeindruckt, in welcher Weise die Probleme gelöst werden. Ausgezeichnete Methodenkenntnisse und -handhabung der umfangreichen Datenmatrix mit annähernd 100 000 Observationen und Dutzenden von Variablen sowie ihre Berechnung in Indizes und Umsetzung in GIS-gestützte visuelle Ergebnisse zeigen, dass es zur gängigen qualitativen Lebensstilforschung eine gute, ergänzende quantitative Sichtweise gibt, welche die soziale Ausdifferenzierung einer Stadt in statischer und dynamischer Perspektive überprüfbar macht.

Prof. Dr. Rita Schneider-Sliwa

Danksagung

Mein Dank gilt allen Personen, die mich bei der Fertigstellung dieser Arbeit unterstützt haben. Für wertvolle inhaltliche Anregungen und Kritik möchte ich Frau Prof. Dr. Schneider-Sliwa und Frau Prof. Dr. Annette Spellerberg danken. Herrn Dr. Peter Schwendener, Leiter des Statistischen Amts Basel-Stadt, Herrn Dr. Hans-Rudolf Moser, Lufthygieneamt beider Basel, Abteilung Luftqualität sowie Herrn Rainer Volman, Hochbau- und Planungsamt Basel-Stadt, verdanke ich die Bereitstellung der Datengrundlagen der Studie. Herrn Richard Strenz danke ich für redaktionelle Anmerkungen und meinem Mann Martin Sandtner schulde ich Dank für wertvolle Anregungen im methodischen Teil der Arbeit und weiterführende Fachgespräche.

Zusammenfassung

In westlichen Industrienationen beobachten Soziologen einen Wandel von der Klassengesellschaft der fordistischen Phase hin zu einer sozial ausdifferenzierten Lebensstilgesellschaft der postfordistischen Ära. Gleichzeitig wird eine sich verstärkende soziale Polarisierung mit neuen Armutsrisiken und neuen Determinanten der gesellschaftlichen Ungleichheit dokumentiert. Diese sozialen Prozesse haben ihr Pendant in stadträumlichen Veränderungen. Die sich ergebenden neuen Muster der Wohnstandortverteilung sind im Gegensatz zu den eher homogenen fordistischen Viertelstrukturen durch ein kleinteilig-heterogenes Nebeneinander unterschiedlicher Sozialgruppen gekennzeichnet. Die stadt- und sozialgeographischen Fachliteratur findet hierfür Begriffe wie „vielfach geteilte Stadt" oder „räumliches Mosaik sozialer Welten".

Der Forschungsgegenstand der vorliegenden Studie liegt im Schnittpunkt sozial- und stadtgeographischer Fragestellungen. Ziel ist es, das räumliche Abbild des in der Sozialwissenschaft thematisierten gesellschaftlichen Strukturwandels in Form veränderter Wohnstandortmuster in einem urbanen Raum flächendeckend zu dokumentieren. Dies geschieht auf der Basis eines für das gesamte Stadtgebiet verfügbaren Datensatzes der öffentlichen Statistik.

In der Schweiz stehen flächendeckende und in zehnjährigem Erhebungsintervall wiederholte Volkszählungsdaten auf Personenbasis zur Verfügung. Daher fiel die Wahl des Untersuchungsgebietes auf den regionalen Forschungsschwerpunkt des Geographischen Institutes der Universität Basel: den Stadtkanton Basel-Stadt. Der zur Verfügung stehende Datenpool umfasst soziodemographische Merkmale von insgesamt 99 926 Haushalten des Erhebungsjahres 1990 und ist auf verschiedenen Massstabsebenen abrufbar.

Die empirischen Arbeiten der sozialwissenschaftlichen Lebensstilforschung beruhen auf qualitativ ausgerichteten Methoden mit umfangreichen Befragungen ausgewählter Stichproben der Bevölkerung. Für das Forschungsziel einer umfassenden und flächendeckenden Sozialraumanalyse müssen Gesellschaftskonzept und Methodik an die Merkmale des verfügbaren Datensatzes angepasst werden. Um die „postfordistische" Gesellschaftsstruktur für den Stadtkanton Basel abbilden zu können, werden daher sog. „Lebensformentypen" konzeptionalisiert und mittels Selektionsanalyse klassifiziert. Diese Sozialgruppen weisen sowohl klassische (sozioökonomische) Schichtmerkmale als auch „postfordistische" (soziodemographische und -kulturelle) Ausdifferenzierungen auf. Für die Sozialraumanalysen werden bestimmte Raumeinheiten –Baublöcke und Stadtviertel – entsprechend ihrer Zusammensetzung aus den Lebensformengruppen beschrieben, klassifiziert und kartographisch dargestellt. Um den Zusammenhang zwischen der physisch-räumlichen Qualität der Wohnstandorte und ihren Bewohnern aufzudecken, werden Merkmale der

Wohnumfeldqualität (Bevölkerungsdichte und Verkehrsimmissonen) in die Analysen mit einbezogen.

Aufgrund der empirischen Untersuchungen kann die baselstädtische Wohnbevölkerung als eine Zweidrittelgesellschaft bezeichnet werden, die sich aus 69% Ober- und Mittelschichthaushalten (10% Ober- und 59% Mittelschicht) und 31% Unterschicht- und marginalisierten Haushalten (28% Unterschicht und 3% Marginalisierte) zusammensetzt. Die „postmoderne" Teilgruppe, die mehrheitlich aus vollerwerbstätigen Einpersonenhaushalten ohne Konfessionszugehörigkeit besteht, verzeichnet in allen Sozialschichten die niedrigsten Anteile. Die sehr heterogen zusammengesetzte moderne Teilgruppe (z.B. teilerwerbstätige Einpersonenhaushalte, erwerbstätige Ehepaare mit und ohne Kinder oder Alleinerziehende) weist jeweils die höchsten Anteile auf. Die nach traditionellen Mustern lebenden Haushalte setzen sich aus zwei Hauptgruppen zusammen, den verwitweten Einpersonenhaushalten mit Konfession und den Ehepaaren mit und ohne Kinder und klassisch verteilten Rollen bezüglich Erwerbstätigkeit und Haushalt. Zur ausserhalb des Erwerbslebens und am untersten Ende der sozialen Leiter stehenden Gruppe der „Marginalisierten" zählen Rentner ohne Ausbildung und Erwerbslose. Für die baselstädtische Wohnbevölkerung bestätigen sich zudem die neuen Bestimmungsfaktoren der gesellschaftlichen Ungleichheit wie Familiengrösse, Lebenszyklusphase, Geschlecht und Nationalität.

Der in der raumwissenschaftlichen Theorie angenommene Zusammenhang zwischen Sozial- und Raumstrukturen bestätigt sich nur für die Unterteilung der Stadtgesellschaft nach sozialen Schichten. Für die Bevölkerungsgruppen am oberen und unteren Ende der sozialen Leiter, und besonders für deren traditionelle Teilgruppen, ist eine starke residentielle Segregation typisch. Hier spiegelt sich die wieder zunehmende soziale Polarisierung in sehr unterschiedlich verteilten Wohnstandorten wider. Tendenziell werden Gebiete mit guter Wohnqualität von oberen Sozialschichten bewohnt und Räume geringer Wohnqualität von Gruppen mit niedrigem Sozialprestige. Wo in Basel grössere Raumeinheiten mit einheitlicher Wohnqualität zur Verfügung stehen, leben v.a. sozial immobile Bevölkerungsgruppen nach verschiedenen Quartieren segregiert. Es handelt sich hierbei einerseits um sozial Benachteiligte, die sich auf das unterste Wohnungsmarktsegment beschränken müssen. Andererseits finden auch sozial Privilegierte aufgrund ihrer sehr hohen Ansprüche an die Wohnqualität geeigneten Wohnraum nur in bestimmten Vierteln. In diesen sozial homogenen Stadtquartieren kumulieren räumliche und soziale Privilegierungen und Benachteiligungen.

Ein bemerkenswertes Ergebnis der Empirie ist, dass die postmodernen Ober- und Mittelschichthaushalte häufig auch in städtischen Negativräumen wohnen, im Gegensatz zu deren traditionellen Teilgruppen. Ihre enklavenartigen Wohnstandorte sind ähnlich im Stadtgebiet verteilt (v.a. in Innenstadtnähe) wie Raumeinheiten mit hohen Anteilen an Unterschichthaushalten. Dies ist mit dem vorhandenen Wohnraumangebot für diese Bevölkerungsgruppen zu erklären.

Die Entstehung eines „kleinräumigen Mosaiks sozialer Welten" kann für Basel-Stadt also nur bedingt nachgewiesen werden. Vor allem in Innenstadtnähe überlagern sich traditionelle klassengesellschaftliche Segregationsmuster homogener Wohnviertel mit kleinräumiger strukturierten Wohnenklaven postmoderner Lebensformengruppen der beiden oberen Sozialschichten. Sozial homogen strukturierte Stadtviertel werden vor allem von traditionellen Haushalten bewohnt. Es handelt sich hierbei um randstädtische Arbeiter- und Industriequartiere mit minderwertiger Wohnqualität sowie um Oberschichtviertel mit herausragender Wohnqualität.

Es kann resümierend festgehalten werden, dass neben der Zugehörigkeit zu einem bestimmten Lebensformentyp die unterschiedliche Wahlfreiheit der verschiedenen Sozialgruppen auf dem Wohnungsmarkt eine entscheidende Rolle für die Verteilung ihrer Wohnstandtorte spielt. Die vorliegende stadt- und sozialgeographische Studie zeigt Möglichkeiten auf, wie der Raumbezug in sozialwissenschaftliche Fragestellungen einbezogen werden kann. Für die stadtplanerische Praxis kann sie Entscheidungshilfen für Massnahmen zum Abbau „sozialer Brennpunkte" liefern.

Inhaltsverzeichnis

Vorwort der Herausgeberin V
Danksagung X
Zusammenfassung XI
Inhaltsverzeichnis XV
Verzeichnisse von Abbildungen, Tabellen und Karten XIX
   Abbildungen XIX
   Tabellen XX
   Karten XXI

1 Einführung und konzeptioneller Hintergrund 1
   1.1   Einleitung 1
   1.2   Ziele der Arbeit 2
   1.3   Zentrale Thematik: Die Stadt als Spiegel neuer
          Gesellschaftsstrukturen 3
   1.4   Hauptthesen 5
   1.5   Methodik 6
   1.6   Relevanz der Arbeit 8
   1.7   Das Fallbeispiel Basel 10
   1.8   Aufbau der Arbeit 10

2 Theoretischer Rahmen: Aktuelle sozioökonomische Trends und Theorien 13
   2.1   Gesellschaftlicher, ökonomischer und politischer Wandel ... 13
         2.1.1   Postfordismus 13
         2.1.2   Globalisierung 16
         2.1.3   Postmoderne 17
         2.1.4   Auswirkungen des sozioökonomischen Wandels auf Stadtökonomie und -politik 19
   2.2   Neue gesellschaftliche Strukturen 20
         2.2.1   Neue soziale Ungleichheit 21
         2.2.2   Konzeptionelle Ansätze zur Lebensstilfrage 23
               2.2.2.1   Lebensstilkonzeption 24

	2.2.2.2	Milieukonzeption 26
	2.2.2.3	Lebensstil- und Milieustudien im Vergleich 30
	2.2.2.4	Kritik an den neuen Gesellschaftskonzepten 36
2.3		Neue Gesellschaftsstrukturen und Raum 37
	2.3.1	Konzepte zum Verhältnis Gesellschaft – Raum 37
	2.3.2	Raumbezug von Lebensstilen und Milieus 41
	2.3.3	Räumliche Segregation der Gesellschaft 43
2.4		Synthese der Theorien und Trends neuer sozioökonomischer und räumlicher Strukturen als Basis der Empirie 48
2.5		Hypothesen 50

3 Das Untersuchungsgebiet: Basel im Prozessfeld der Globalisierung 53

3.1		Wirtschaftsstrukturelle Trends im Raum Basel bis ca. 1990 53
3.2		Der Kanton Basel-Stadt – eine Kurzcharakteristik der Stadtquartiere 60
3.3		Sozialräumliche Trends in Basel-Stadt 64
3.4		Synthese 67

4 Daten und Methodik 69

4.1		Überblick über den Forschungsgegenstand 69
4.2		Konzeptioneller Hintergrund für die Bildung der Gesellschaftsgruppen 70
4.3		Massstab 71
4.4		Daten 75
	4.4.1	Verfügbares Datenmaterial 75
	4.4.2	Auswahl der Variablen 76
4.5		Selektions- und Klassierungsverfahren auf verschiedenen Untersuchungsebenen 82
	4.5.1	Selektionsverfahren der Lebensformengruppen auf Haushaltsbasis ... 82
	4.5.2	Kartographische Darstellung der residentiellen Strukturmuster 88
	4.5.3	Berechnung der sozialräumlichen Ungleichverteilung 88
	4.5.4	Clusteranalyse der Baublöcke bezüglich ihrer Sozialstruktur 90
4.6		Analyse der Zusammenhänge von physisch-materiellen Raumgegebenheiten und sozialräumlichen Strukturen 94

5 Dokumentation der Untersuchungsergebnisse – neue Strukturen der Stadtgesellschaft 95

5.1		Soziale Merkmale der Lebensformengruppen 95
	5.1.1	Aufteilung der Wohnbevölkerung des Kantons Basel-Stadt in Lebensformengruppen 95
	5.1.2	Zusammensetzung der Modernisierungsstufen 96
	5.1.3	Zusammensetzung der Lebensformengruppen aus den sozio-professionellen Kategorien 97
	5.1.4	Soziodemographische Zusammensetzung der Lebensformengruppen 100
	5.1.5	Synthese und Diskussion der Befunde 104

5.2 Residentielle Strukturmuster in Basel-Stadt 106
5.2.1 Sozialräumliche Strukturen der Lebensformengruppen 106
5.2.1.1 Segregationserscheinungen der Lebensformengruppen 106
5.2.1.2 Räumliche Dissimilarität zwischen ausgewählten Lebensformengruppen 121
5.2.1.3 Synthese 123
5.2.2 Clusterung der Baublöcke nach ihren Anteilen an Lebensformengruppen – Bildung von Soziotopen 124
5.2.2.1 Beschreibung der Blockclustertypen oder Soziotope 125
5.2.2.2 Räumliche Verteilung der Blockclustertypen oder Soziotope 129
5.2.2.3 Synthese und ergänzende Beobachtungen 132

5.3 Zusammenhang zwischen physischer Raumausstattung und residentiellen Strukturmustern 133
5.3.1 Wohnsituation der Lebensformengruppen 133
5.3.2 Räume verschiedener physisch-materieller Wohnumfeldqualität 136
5.3.3 Anteile der Lebensformengruppen in Gebieten negativer Wohnumfeldqualität 139
5.3.4 Synthese 144

6 Synthese und Diskussion der Ergebnisse anhand der theoretischen Postulate zur Herausbildung neuer residentieller Raummuster 147

7 Ausblick 155
7.1 Schlussfolgerungen aus den Untersuchungsergebnissen für die Planung 155
7.2 Weiterführende Forschungsfragen 157

8 Literaturverzeichnis 159

Verzeichnisse von Abbildungen, Tabellen und Karten

Abbildungen

Abbildung 1.1 Theoretischer Bezugsrahmen der vorliegenden Studie: städtische Raummuster im sozioökonomischen Beziehungsgeflecht 5
Abbildung 1.2 Aufbau und Analyseschritte der vorliegenden Studie 12
Abbildung 2.1 Grundlegende Kennzeichen von Lebensstil- und Milieukonzeption 29
Abbildung 2.2 Die Aufteilung des gesellschaftlichen Raums in neue Sozialmilieus nach SINUS 35
Abbildung 2.3 Schematische Darstellung sozialräumlicher Veränderungen von urbanen residentiellen Strukturen von der Moderne zur Postmoderne 41
Abbildung 3.1 Beschäftigtenentwicklung im Kanton Basel-Stadt 1985-1991 in ausgewählten Branchen 57
Abbildung 3.2 Erwerbspersonen nach Heimat, Geschlecht und Wirtschaftssektor 1980 und 1990 59
Abbildung 3.3 Veränderung der Bevölkerungszahlen Basel-Stadt und Basel-Landschaft 1970 bis 1990 64
Abbildung 3.4 Bevölkerungspyramide Basel-Stadt nach Alter in Fünfjahresklassen, Geschlecht und Heimat 1990 66
Abbildung 4.1 Operationalisierung der zehn Lebensformengruppen 71
Abbildung 4.2 Vergleich der sozialen Hierarchiestufen sozio-professioneller Kategorien nach Einkommen, Ausbildung und sozialem Status 77
Abbildung 4.3 Bildung der Lebensformengruppen und Baublockzuordnung 90
Abbildung 5.1 Prozentuale Zusammensetzung der Haushalte von Basel-Stadt aus den zehn Lebensformengruppen (1990) 96
Abbildung 5.2 Segregationsindices der zehn Lebensformengruppen, Quartier- und Blockebene 107
Abbildung 5.3 Segregationsindices der drei Modernisierungsstufen, Quartier- und Blockebene 119
Abbildung 5.4 Segregationsberechnungen für die fünf Baublockcluster (Linkage 5), Quartierebene 131

Abbildung 5.5	Dissimilaritätsberechnungen für zehn Vergleichspaare der fünf Baublockcluster (Linkage 5), Quartierebene	132

Tabellen

Tabelle 2.1	Auswahl verschiedener Lebensstilkonzeptionen im Vergleich	32
Tabelle 2.2	Auswahl verschiedener Lebensstilkonzeptionen im Vergleich und eigener Ansatz	33
Tabelle 2.3	Zuweisungen von Sozialgruppen und Wohnstandorttypen ausgewählter Autoren.	48
Tabelle 4.1	Unterschiedliche Massstabs- und Analyseebenen der gesellschaftsbezogenen Stadtstrukturforschung	74
Tabelle 4.2	Sozio-professionelle Kategorien und Ausbildungsniveau als Selektionskriterien für die soziale Schichteinteilung	84
Tabelle 4.3	Selektionskriterien für die Einteilung nach dem Grad der gesellschaftlichen Modernisierung	85
Tabelle 5.1a	Zusammensetzung der zehn Lebensformengruppen (Oberschicht, Mittelschicht) aus den sozio-professionellen Kategorien (Teil I)	99
Tabelle 5.1b	Zusammensetzung der zehn Lebensformengruppen (Oberschicht, Mittelschicht) aus den sozio-professionellen Kategorien (Teil II)	98
Tabelle 5.2	Kurzcharakteristik der soziodemographischen Zusammensetzung der drei sozialen Lagen, drei Modernisierungsstufen und zehn Lebensformengruppen	101
Tabelle 5.3	Dissimilaritätsindices zwischen verschiedenen Modernisierungsstufen gleicher sozialer Lage, Quartierebene	122
Tabelle 5.4	Dissimilaritätsindices zwischen gleichen Modernisierungsstufen verschiedener sozialer Lage, Quartierebene	122
Tabelle 5.5	Dissimilaritätsindices zwischen Marginalisierten und den Lebensformengruppen von Ober-, Mittel- und Unterschicht, Quartierebene	123
Tabelle 5.6	Zusammensetzung der fünf Baublockcluster aus sozialen Schichten, Modernisierungsstufen und Lebensformengruppen	125
Tabelle 5.7	Kurzcharakteristik der Wohnsituation der drei sozialen Lagen, drei Modernisierungsstufen und zehn Lebensformengruppen	134
Tabelle 5.8	Anteile von allen Haushalten insgesamt, Sozialschichten und Modernisierungsstufen an Baublöcken mit (teilweise) negativer Wohnumfeldqualität in %	140

Tabelle 5.9	Anteile von Lebensformengruppen an Baublöcken mit (teilweise) negativer Wohnumfeldqualität in %	142
Tabelle 5.10	Anteile von Baublockclustern in %, die Wohnblöcke mit negativer Wohnumfeldqualität schneiden	144

Karten

Karte 3.1	Der Wirtschaftsraum Nordwestschweiz	54
Karte 3.2	Bevölkerungsstruktur der Wohnviertel und Gemeinden von Basel-Stadt (1990)	61
Karte 3.3	Beschäftigte 1991 pro Einwohner 1990 und Beschäftigte 1991 nach Sektor in den Wohnvierteln und Gemeinden von Basel-Stadt	62
Karte 5.1	Residentielle Strukturmuster der „Marginalisierten" (1990)	108
Karte 5.2	Residentielle Strukturmuster der postmodernen Unterschicht (1990)	109
Karte 5.3	Residentielle Strukturmuster der modernen Unterschicht (1990)	110
Karte 5.4	Residentielle Strukturmuster der traditionellen Unterschicht (1990)	111
Karte 5.5	Residentielle Strukturmuster der postmodernen Mittelschicht (1990)	112
Karte 5.6	Residentielle Strukturmuster der modernen Mittelschicht (1990)	113
Karte 5.7	Residentielle Strukturmuster der traditionellen Mittelschicht (1990)	114
Karte 5.8	Residentielle Strukturmuster der postmodernen Oberschicht (1990)	116
Karte 5.9	Residentielle Strukturmuster der modernen Oberschicht (1990)	117
Karte 5.10	Residentielle Strukturmuster der traditionellen Oberschicht (1990)	118
Karte 5.11	Verteilung der fünf Blockcluster oder Soziotope in Basel-Stadt	129
Karte 5.12	Wohnumfeldkennzeichen Basel-Stadt: Immissionswerte Strassenverkehr (1999), NO_x-Immissionen (2000)	138
Karte 5.13	Bevölkerungsdichte (Haushalte pro Hektar nach Baublock 1990) von Basel-Stadt	139
Karte 5.14	Genossenschaftswohnungen in Basel-Stadt	143

1 Einführung und konzeptioneller Hintergrund

1.1 Einleitung

Die Stadt mit ihrer hohen Dichte an Menschen, Einrichtungen und wirtschaftlichen Aktivitäten gilt als Mikrokosmos bzw. Spiegelbild der Gesellschaft (BOBEK 1927). Als Organisationsform und Kräftefeld sozialer Prozesse ist sie ein interessantes Forschungsobjekt für soziologische und geographische Studien.

In den Sozialwissenschaften werden die Gesellschaftsstrukturen westlicher Industrienationen als eng an ökonomische Rahmenbedingungen gekoppelte, mutable Phänomene interpretiert. Infolge der Industrialisierung mit ihren arbeitsteiligen Produktionsstrukturen hat sich dementsprechend eine „fordistische", in soziale Klassen oder Schichten untergliederte Gesellschaft entwickelt.

Raumwissenschaftliche Studien interpretieren den physisch-materiellen (Stadt-)Raum als Einflussfaktor auf und zugleich Produkt der sozialen Welt. So spiegeln sich fordistische Gesellschaftsstrukturen in Form von homogen durch bestimmte Sozialschichten bewohnte Stadtviertel wider (Arbeiter-, Mittelstands-, Oberschichtviertel).

Neuere sozialwissenschaftliche Theorien thematisieren einen Strukturwandel in Wirtschaft und Gesellschaft seit den 1970er- und 1980er-Jahren vom Industriezeitalter zur postindustriellen Ära. Man beobachtet eine Auflösung der fordistischen Klassenstrukturen und die Entstehung einer ausdifferenzierten, individualisierten Lebensstilgesellschaft mit zunehmender sozialer Polarisierung.

Gemäss dem Theorem der „social production of space" (LEFEBVRE 1991) kann man davon ausgehen, dass sich Strukturveränderungen sozioökonomischer Phänomene und Prozesse auch in neuen sozialräumlichen Mustern im städtischen Umfeld auswirken. Stadtgeographische Abhandlungen postulieren dementsprechend eine Ablösung sozial homogen zusammengesetzter Stadtviertelstrukturen durch kleinräumigere, inselhaft-mosaikartig verteilte Wohnstandortmuster verschiedener Sozialgruppen. In jüngster Zeit tauchen im Zusammenhang mit kleinräumig isolierten Wohn- oder Aufenthaltsorten unterschiedlicher urbaner Lebenswelten stadtpolitische Schlagwörter auf wie „Zitadellen des Wohlstandes", „gated communities" oder „städtische Brennpunktzonen". Diese sozial produzierten und mit bestimmten Images belegten Raumstrukturen wurden bisher jedoch weder von sozial- noch von raumwissenschaftlicher Seite flächendeckend empirisch dokumentiert.

1.2
Ziele der Arbeit

Diese Arbeit versteht die Stadt in ihrer Gesamtheit als sozialen *und* geographischen Raum. Übergeordnetes Ziel der Studie ist eine stadtweite, flächendeckende Dokumentation und Analyse der Wohnstandorte neuer Gesellschaftsgruppen auf der Basis von Volkszählungsdaten. Den Hintergrund bilden moderne Gesellschafts- und Raumtheorien. Im Zentrum der Forschungsperspektive stehen die unterschiedlichen Verteilungsmuster der Wohnstandorte „neuer" sozialer Gruppierungen, speziell ihre relative Lage im Stadtraum zueinander und zum jeweiligen physisch-materiellen Wohnumfeld. Aus diesen sozialräumlichen Konstellationen lassen sich Erkenntnisse ableiten über die Unterschiede bei der Wahl des Wohnstandortes der verschiedenen sozialen Gruppierungen sowie über den Zusammenhang zwischen räumlicher und sozialer Privilegierung bzw. Benachteiligung.

Entwicklung eines Gesellschaftskonzepts und eines Analyserasters. In Anlehnung an sozialwissenschaftliche Lebensstilansätze wird ein Konzept der Gesellschaftsgliederung entworfen, das auf den Merkmalen des verfügbaren Datensatzes basiert. Während in der sozialwissenschaftlichen Literatur Lebensstilgruppen durch bestimmte Verhaltens- und Wertekriterien beschrieben werden, sollen hier mit Variablen aus dem Datenpool der öffentlichen Statistik (Eidgenössische Volkszählung 1990) im Ergebnis ähnliche Sozialgruppen ermittelt werden.

Um die neuen residentiellen Strukturmuster stadtweit erfassen und darstellen zu können, wird auf der Grundlage des verfügbaren Datenpools ein Analyseraster mit zweckmässiger Variablenkombination auf Haushalt- und Baublockebene erarbeitet. Neben soziodemographischen und sozioökonomischen Kriterien werden auch Charakteristika der gebauten Umwelt berücksichtigt. Die Methodikentwicklung stützt sich dabei auf eine vergleichende Analyse bestehender soziologischer Ansätze und Theorien.

Überprüfung soziologischer Konzepte zu neuen Sozialstrukturen und Raummustern. Die modernen soziologischen Theorien zu den neuen Gesellschaftsstrukturen beruhen auf induktiv-qualitativen Forschungsmethoden (Individuen- oder Haushaltsbefragungen) und beziehen sich auf unterschiedlich grosse, aber stets stichprobenartige Untersuchungspopulationen. Die stadtgeographischen Thesen zu neuen urbanen Raummustern (z.B. „Gentrifzierung") stützen sich ebenfalls meist auf ausschnitthafte oder sehr grobmaschige Feldforschungen.

Die vorliegende Studie ist aufgrund ihres flächendeckenden und auf kleinstmöglichem Massstabsniveau, der Haushalts- und Baublockebene, verfügbaren Datenvolumens in der Lage, die Theorien zur Ausdifferenzierung der gesellschaftlichen Strukturen, zu Polarisierungstendenzen innerhalb der Gesellschaft („neue soziale Ungleichheiten") und zur zunehmend kleinräumigen Fragmentierung der residentiellen Strukturmuster mittels quantitativer Empirie auf ihre Gültigkeit zu überprüfen. Durch Überschneidung der sozialen Raummuster mit Merkmalen der Wohn(umfeld)qualität (wie Belastungen durch den Strassenverkehr, Einwohnerdichte, Zustand der Wohnungen) werden schliesslich

Zusammenhänge zwischen sozialen und physisch-räumlichen Konstellationen aufgedeckt.

Die sozialen Raummuster liefern zwar keine Erklärungen für Gesellschaftsprozesse, können aber dennoch Hinweise auf soziale Problemlagen und auch Lösungsansätze bereitstellen. Es wird deutlich, wo und warum unterschiedliche Ansprüche von Bevölkerungsgruppen an den Raum kollidieren und welche Gruppen vorteilhafte Lebensbedingungen im Stadtraum erlangen (können). Die Häufung von sozialräumlichen Negativ- oder Positivfaktoren kann zur Erklärungen der Lage städtischer Konflikträume bzw. „sozialer Brennpunkte" beitragen. Die Betrachtung einer Stadtgesellschaft, speziell der residentiellen Raummuster neuer sozialer Gruppierungen, aus diesem neuartigen Blickwinkel und in diesem feinen Massstab liefert somit wertvolle Erkenntnisse für die Stadtplanung.

1.3 Zentrale Thematik: Die Stadt als Spiegel neuer Gesellschaftsstrukturen

Postfordismus und Globalisierung sind übergeordnete ökonomische und gesellschaftliche Umbruchprozesse, die seit den 1970er- bzw. 1980er-Jahren Wirtschaft und Gesellschaft prägen. Restrukturierungen von Produktions- und Arbeitsbedingungen sowie politische Veränderungen lösen im urbanen Raum hochindustrialisierter Länder einen sozialräumlichen Wandel aus, der gekennzeichnet ist durch Heterogenisierung und Fragmentierung der Gesellschafts- und Raumstrukturen des Industriezeitalters.

Wandel der Gesellschaftsstrukturen. Infolge des sozioökonomischen Wandels löst sich die Gesellschaftsstruktur des Industriezeitalters auf. Die neue soziale Gliederung spiegelt die wirtschaftliche Situation der postindustriellen Gesellschaft wider: Der allgemein gestiegene Wohlstand lässt – so die Theorie – vertikale Klassen- oder Schichtstrukturen in den Hintergrund treten, die sozialen Gruppen differenzieren sich horizontal über sog. „Lebensstilisierungen", d.h. unterschiedliche Einstellungen, Werthaltungen, Konsum- und Verhaltensweisen, aus. Es entstehen neue soziokulturelle Gruppierungen, die als „Lebensstilgruppen" oder „soziale Milieus" bezeichnet werden. Wichtige Voraussetzungen für die Herausbildung dieser neuen Sozialstrukturen sind:

- Zunahme der individuellen Wahlmöglichkeiten bzw. Selbstbestimmung bei der Lebensgestaltung,
- wachsende Kompetenz der Individuen bezüglich ihrer Lebensstilisierung,
- Abkehr von interessens- und klassengebundenen Verhaltensweisen hin zu lageunabhängigen Werten infolge der
- Möglichkeit der Überwindung von gesellschaftlichen Normen und Traditionen.

Da die neue Wahlfreiheit und Selbstbestimmung bei der individuellen Lebensgestaltung an bestimmte sozioökonomische Voraussetzungen (Einkommen, Bildung, Berufsstatus) gekoppelt ist, kann die Wahl eines Lebensstils nicht von allen Sozialgruppen gleichermassen verwirklicht werden.

Bevölkerungsteile, die nicht am allgemeinen Wohlstand teilnehmen können, bilden aus Mangel an soziokulturellen und ökonomischen Ressourcen keine Lebensstile i.e.S. aus.

Immer noch basieren daher die „horizontalen Verschiebungen" der neuen Sozialstrukturmuster auf den klassischen vertikalen Schichtstrukturen. Als Folge der Flexibilisierung und Deregulierung des Arbeitsmarktes (Wegrationalisierung von Produktionsarbeitsplätzen, mangelnde Nachfrage nach (über)qualifizierten Facharbeitern im wachsenden Dienstleistungssektor) zeigen sich heute polarisierte Tendenzen der Lohnstruktur. Trotz des allgemein gestiegenen Wohlstandsniveaus öffnet sich infolgedessen die Schere zwischen Arm und Reich immer weiter (soziale Polarisierung). Die Tendenzen der Individualisierung und Ausdifferenzierung in Lebensstil- oder Milieugruppen lösen somit eine „neue soziale Ungleichheit" aus.

Wechselseitige Auswirkungen von sozialen und räumlichen Strukturen. In dieser Arbeit wird von einer doppelten Bedeutung von Raum ausgegangen: Einerseits stellt er mit seinen physisch-materiellen Strukturen die Rahmenbedingung für sozialräumliche Prozesse dar, andererseits ist er selbst Produkt bzw. Spiegelbild gesellschaftlicher Kräfte. Diese wiederum sind durch sozioökonomische Bedingungen und Wirkungsmechanismen bestimmt.

Die neuen Gesellschaftsstrukturen haben also Auswirkungen auf räumliche Strukturmuster. Dies ist mit dem spezifischen Lebensstil bzw. den ökonomischen Zwängen der unterschiedlichen sozialen Gruppierungen zu erklären, die sich auch im Raum ausprägen: Einerseits gegenseitige soziale Akzeptanz oder Ablehnung (bestimmte Lage zueinander), anderseits Übereinstimmung oder Abweichung der Ansprüche an Wohnung und Wohnumfeld bzw. unterschiedliche sozialräumliche Mobilität der verschiedenen Sozialgruppen (Lage zur gebauten Umwelt). Gehobene Lebensstilgruppen können sich ein Wohnumfeld leisten, das ihren Ansprüchen genügt. Die Zugehörigkeit zu einem niedrigen sozialen Milieu ist dagegen mit Einschränkungen der sozialen und räumlichen Mobilität verbunden, womit die Verdrängung in ein marginales Viertel mit schlechter Wohnqualität einher geht.

Diese sozialen Phänomene und Prozesse manifestieren sich in der Auflösung bzw. der räumlichen Überlagerung sozial homogen strukturierter Stadtviertel der Industriegesellschaft. Es entsteht ein Mosaik aus kleinräumigen Lebensstil-Enklaven oder sozialen Milieus. Gleichzeitig lassen sich aus der räumlichen Organisation der sozialen Welt, bzw. der räumlichen Verteilung der städtischen Wohnbevölkerung auf Stadtgebiete unterschiedlicher Wohnqualität, Rückschlüsse über das Wesen ihrer Elemente ableiten (die Entwicklung der Leitgedanken ist in Abbildung 1.1 schematisch dargestellt). Diese Zusammenhänge werden im folgenden Teilkapitel näher erläutert.

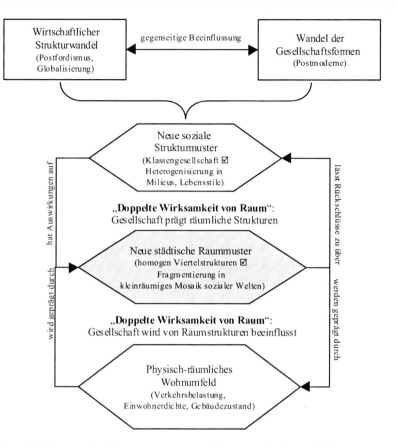

Abbildung 1.1 Theoretischer Bezugsrahmen der vorliegenden Studie: städtische Raummuster im sozioökonomischen Beziehungsgeflecht (eigene Darstellung).

1.4
Hauptthesen

Nachweis neuer sozialer Strukturen. Bisher wurde in der Sozialwissenschaft davon ausgegangen, dass sich aufgrund der Komplexität und Individualität der sozialen Prozesse neue Strukturen der sozialen Welt nur durch qualitative Untersuchungsmethoden der empirischen Sozialforschung (Befragungen und Tiefeninterviews) nachweisen lassen. Nachteil dieser zeit- und arbeitsintensiven Verfahren ist die notwendige Beschränkung auf relativ kleine Stichproben. Dieser Studie liegt die Annahme zugrunde, dass sich auch mit verfeinerten quantitativ-deduktiven Methoden auf der Basis relevanter Daten der öffentlichen Statistik der Trend zu neuen Sozialstrukturen für eine gesamte Stadtbevölkerung nachvollziehen lässt. Um den Unterschied zu den sozialwissenschaftlichen

Lebensstilgruppen deutlich zu machen, werden die hier klassifizierten Gesellschaftsgruppen von diesen begrifflich eindeutig abgegrenzt und als „Lebensformengruppen" bezeichnet.

Neue sozialräumliche Strukturmuster. Gemäss dem raumwissenschaftlichen Theorem der „social production of space" verteilen sich soziale Gruppen nicht zufällig im Raum, sondern nehmen bestimmte Lagemuster mit jeweils typischem physisch-räumlichen Umfeld ein. Daraus lässt sich ableiten, dass die sozialen Umbruchprozesse zur Ausdifferenzierung und räumlichen Fragmentierung der ehemals sozial homogen strukturierten Stadtviertel führen. Inselhafte Räume (mögliche räumliche Bezugsebenen sind Baublockniveau, Blockseiten oder einzelne Wohnungen) ähnlicher Sozialstrukturen liegen dabei weit über das Stadtgebiet verteilt. Die neuen „räumlichen Nachbarn" können aus unterschiedlichen Sozialwelten stammen.

Folgt man der Vorstellung, dass neben den neuen, ausdifferenzierten Gesellschaftsstrukturen fordistische Klassenstrukturen weiterhin fortbestehen, muss man davon ausgehen, dass es heute neben den neuen, mosaikartigen residentiellen Raummustern auch noch sozial homogene Viertelstrukturen gibt. Geht man davon aus, dass soziale mit räumlichen Phänomenen korrespondieren, müssten Stadtquartiere mit einheitlich minderwertiger oder hochwertiger Wohnumfeldqualität (z.B. Viertel geringer Einwohnerdichte und geringer Belastung durch den Strassenverkehr oder verkehrsbelastete Viertel mit dichter Blockrandbebauung) überwiegend von Bevölkerungsgruppen des niedrigsten oder höchsten Sozialstatus bewohnt sein.

Soziale Konflikträume. Die Polarisierung der Gesellschaft und Mechanismen des Wohnungsmarktes führen im Zuge der immer kleinräumigeren Ausdifferenzierung des Stadtraumes für bestimmte Sozialgruppen zu einer Überlagerung von sozialer und räumlicher Benachteiligung oder von sozialen und räumlichen Privilegien. Betrifft die Kumulation von negativen Gesellschafts- und Umweltfaktoren eine grössere Anzahl Menschen, kommt es zur Bildung sozialer Konflikträume.

An dieser Stelle sei bereits darauf hingewiesen, dass räumlich–soziale Zusammenhänge leicht falsche Kausalbeziehungen suggerieren können. Um eine ungerechtfertigte Kriminalisierung bestimmter Sozialgruppen zu vermeiden, wenn diese besonders häufig in bestimmten, als kriminell eingestuften Gebieten auftauchen, muss auf eine sorgfältige Auswahl der Merkmalskombinationen für soziale Benachteiligung geachtet werden.

1.5
Methodik

In der vorliegenden Untersuchung werden neue städtische Sozialstrukturen aufgrund von soziodemographischen, sozioökonomischen und soziokulturellen Charakteristika quantitativ-deduktiv auf der Basis von Daten der öffentlichen Statistik und vor dem Hintergrund neuer sozialwissenschaftlicher Gesellschaftstheorien ermittelt. Anschliessend werden die Muster der von den einzelnen gesellschaftlichen Gruppen bewohnten Räume stadtweit kartographisch dokumentiert, beschrieben und Zusammenhänge zwischen räumlichen und sozialen Strukturen aufgezeigt. Die klassifizierende Analyse der kleinsten verfügbaren Raumeinheit, der Baublöcke, gibt Aufschluss darüber, aus welchen Lebensformengruppen sich diese zusammensetzen.

Datengrundlage. Für die zu dokumentierende ausdifferenzierte Sozialstruktur müssen – im Gegensatz zu gängigen quantitativen Untersuchungen sozialer Lagen (nach Einkommen, Bildung, Beruf) – neue Variablenkombinationen mit adäquater Neuinterpretation ihres Bedeutungsgehaltes entwickelt werden. Die Datengrundlage der Untersuchungen zur städtischen Sozialstruktur und zur Wohnsituation entstammt dem Schweizer Zensus von 1990 für den Kanton Basel-Stadt. (Die neuen Volkszählungsdaten wurden im Jahr 2000 erhoben und stehen erst Mitte 2003 zur Verfügung.) Diese Daten werden ergänzt durch weiteren Quellen entnommene Merkmale des physisch-materiellen Wohnumfeldes (Verkehrsstatistik des Baudepartements Basel-Stadt, Lufthygieneamt beider Basel).

Als Grundlage der empirischen Untersuchungen wird in Anlehnung an sozialwissenschaftliche Lebensstilansätze ein Konzept der Gesellschaftsgliederung entworfen, das auf den Merkmalen des verfügbaren Datensatzes basiert. Entsprechend der durch bestimmte Verhaltens- und Wertekriterien klassifizierten sozialwissenschaftlichen Lebensstilgruppen können so mit Variablen aus dem Datenpool der öffentlichen Statistik ähnliche Sozialgruppen ermittelt werden.

Aufgrund des hier verwendeten Gesellschaftskonzepts differenzieren sich zehn Lebensformengruppen nach individuellen Einstellungen oder Verhaltensmustern auf der Grundlage ihrer Zugehörigkeit zu den drei klassischen Gesellschaftsschichten (Ober-, Mittel- und Unterschicht) aus. Die gängigen soziodemographischen und -ökonomischen Ungleichheitsdimensionen Bildung, Beruf und Einkommen geben Auskunft über die sozialen Polarisierungen der Wohnbevölkerung. Durch eine Erweiterung des Indikatorensatzes um „neue" Faktoren sozialer Ungleichheit (Geschlecht, Haushaltstyp, Erwerbsstatus, Konfessionszugehörigkeit) können die horizontalen Ausdifferenzierungen, der „gesellschaftliche Modernisierungsgrad", der Lebensformengruppen abgebildet werden.

Als Indikatoren für die Wohnsituation der einzelnen Lebensformengruppen werden Belegungsdichte der Wohnung, das Mietpreisniveau und die Heizungsart herangezogen. Zur Ermittlung der Wohnumfeldqualität dienen die Merkmale Verkehrsbelastung und Einwohnerdichte.

Analyseverfahren. Die systematische Klassifikation der Gesellschaftsgruppen basiert auf Selektionsverfahren, bei denen die Festlegung der Klassen über ausgewählte Merkmalskombinationen auf Haushaltsbasis mit Volkszählungsdaten erfolgt. Die hierbei bestehende Gefahr der subjektiven Manipulationsmöglichkeit kann durch eine präzise theoretische Begründung der Selektionskriterien minimiert werden. Um zu erkennen, ob die kleinsten räumlichen Bezugseinheiten, die im Stadtraum verorteten Baublöcke, sozial homogene oder heterogene Bewohnerstrukturen[1] aufweisen, werden die Raumeinheiten entsprechend ihrer Zusammensetzung aus Lebensformengruppen klassifiziert. Zur Gruppenfindung wird ein clusteranalytisches Verfahren angewendet. Diese multivariate statistische Methode stellt einen automatischen Klassifizierungsprozess dar, der die

---

[1] Alle hier verwendeten Personenbezeichnungen sind als geschlechtsneutral zu verstehen.

Möglichkeit einer subjektiven Beeinflussung praktisch ausschliesst.

Raumanalysen. Die räumlich differenzierte kartographische Abbildung der Lebensformengruppen im Kanton Basel-Stadt erfolgt über eine Verortung der von ihnen bewohnten Baublöcke im Stadtraum mit Hilfe des geographischen Informationssystems ArcView$^©$. Für die vergleichende Analyse von Fragmentierung bzw. residentieller Segregation der einzelnen Sozialgruppen werden für sie Segregations- und Dissimilaritätsindices berechnet.

Als zusätzliches „Layer" der geographischen Information werden physisch-räumliche Merkmale der Wohnsituation ebenfalls mit ArcView$^©$ visualisiert. Die Überlagerung der sozialen und physisch-materiellen Analyseebenen beleuchtet schliesslich Interrelationen zwischen Sozial- und Raumstruktur sowie eventuelle Kumulationen von sozialräumlichen Privilegien oder Benachteiligungen.

Massstab. Die Neuverteilung der sozialen Gruppen im Stadtgebiet findet laut Theorie nicht nur zwischen, sondern auch innerhalb der Quartiere statt. Um die kleinräumige Parzellierung bzw. Fragmentierung der ehemals sozial homogenen Quartierstrukturen empirisch belegen zu können, werden die Raumanalysen auf möglichst kleinräumigem Massstabsniveau durchgeführt. Für die Untersuchungsziele ist der mittlere, chorische Massstab der Baublöcke (zwischen der Individualebene und dem überblickartigen regionischen Massstabsniveau) gross genug, um quantitativ abgestützte Aussagen zu räumlich–sozialen Zusammenhängen mit ausreichender Detailschärfe zu erhalten.

1.6
Relevanz der Arbeit

Defizite der theoretischen Literatur. Bei der Analyse der Einflüsse neuerer sozioökomischer Entwicklungen auf die soziale und räumliche Stadtentwicklung geht es um disziplinübergreifende Forschung, die Perspektiven der Soziologie, der Wirtschaftswissenschaften sowie der Stadtgeographie kombiniert.

Sozialwissenschaftliche Theorien erklären die gegenwärtigen Tendenzen zu sozialen Ungleichheiten, Polarisierungen, horizontaler Ausdifferenzierung und Pluralisierung der fordistischen Klassengesellschaft auf der Basis nach wie vor bestehender vertikaler Schichtunterschiede. Dabei vernachlässigen sie jedoch den städtischen Raumbezug dieser gesellschaftlichen Prozesse und Phänomene.

Umgekehrt gehen raumbezogene Ansätze von zu vereinfachten Vorstellungen sozialer Strukturierungen der Stadtgesellschaft aus. Die geographische Stadtforschung hat die Lebensstilthematik bislang nicht erfolgreich in die eigenen Ansätze eingebracht (HELBRECHT 1997: 8). So fehlt z.B. den Ansätzen der dualen oder vielgeteilten Stadt von MARCUSE oder CASTELLS (MARCUSE 1995); CASTELLS 1994; siehe auch Kap. 2.3.3) der schlüssige Bezug auf die neueren Gesellschaftsentwicklungen.

Die vorliegende Arbeit leistet einen Beitrag zur Schliessung dieser Forschungslucken, indem sie aufdeckt, wie sich die veränderten sozioökonomischen Verhältnisse auf die Wahl des Wohnstandortes der Stadtbevölkerung auswirken. Sie kann so zum Verständnis des Zusammenhangs zwischen der sozialen und der räumlichen Organisation der Stadtstruktur beitragen.

Theoriebeitrag. Um die räumlich–sozialen Interrelationen theoretisch zu fundieren, wird in Anlehnung an sozialwissenschaftliche Lebensstil- und Milieuansätze ein Konzept der gesellschaftlichen Gliederung entworfen, das an die Merkmale des verfügbaren Datensatzes und die raumbezogenen Zielsetzungen der Studie angepasst ist. Dieses Gesellschaftskonzept ist eingebettet in die sozioökonomischen Veränderungen der postfordistischen Ära und bezieht Raumtheorien der angewandten Stadtgeographie mit ein. Dabei erhalten die soziologischen Ansätze den bisher vernachlässigten Raumbezug (Bedeutung von Raum für die Konstitution und Reproduktion der Gesellschaft). Die bislang auf vereinfachten Ungleichheitskonzepten basierenden stadtgeographischen Konzepte werden an neue Gesellschaftsprozesse angepasst.

Methodikbeitrag. Um neue soziale und räumliche Strukturmuster im Raum aufzudecken, bedarf es eines methodischen Verfahrens, das auf geeigneter Massstabsebene unter Verwendung relevanter sozioökonomischer und raumbezogenen Indikatoren eine möglichst objektive Klassierung von Gesellschaftsgruppen im Stadtraum erlaubt.

Die Massstabsfrage der vorliegenden Studie klärt sich durch Anpassung der Theorien der NEEF'schen geographischen Dimensionen und der Massstabsdimension der sozialräumlichen Forschung („Soziotope") an den Kontext sozialräumlicher Funktionszusammenhänge. Die sozialräumlich relevanten Indikatoren werden aus soziologischen Theorieansätzen und empirischen sozialwissenschaftlichen Untersuchungen zu neuen Gesellschaftstrends abgeleitet. Die Wahl der Verfahren der Gesellschafts- und Raumklassifizierungen resultiert aus den Erfordernissen der Zielsetzung der Studie und der Prämisse einer möglichst objektiven Gruppenfindung.

Inhaltlicher Beitrag. Die stadtweite Dokumentation der residentiellen Sozialstrukturen zeigt neue Raummuster auf. Durch den Einbezug der physisch-materiellen Wohnumwelt können Defizite an bestimmten Standorten aufgedeckt sowie Häufungen von sozialräumlichen Privilegien und Benachteiligungen lokalisiert werden. Die Verortung von Armutsmilieus und defizitären Wohnlagen leistet einen Beitrag zur Armutsforschung, in der bislang vernachlässigt wurde, dass die Armutssituation durch die Wohnsituation verstärkt werden kann.

Planungsbezogener Beitrag. Vor dem Hintergrund der zunehmenden Aggressivität, Gewalt und Fremdenfeindlichkeit in Städten kann die Lokalisierung von Gesellschaftsgruppen im Raum Aufschluss geben über den Zusammenhang zwischen „sozialen Brennpunkten" und sozialräumlichen Ungleichheitsstrukturen. Für eine sozial nachhaltige Stadtplanung werden so wichtige Informationen bezüglich der Förderung urbaner Lebensqualität zusammengetragen. In diesem Sinne kann die Arbeit Aufschluss geben über ortsspezifischen Wohnraumbedarf der unterschiedlichen Lebensformengruppen und über den Realisierungsgrad (erwünschter) sozialer Mischung. Durch die Dokumentation derartiger neuer Gesellschaftsphänomene und ihre räumlichen Verteilungsmuster bietet diese Studie der Stadtplanung eine Grundlage für den Umgang mit neuen sozialen Spannungen.

1.7
Das Fallbeispiel Basel

Die stadtstrukturellen Untersuchungen werden am Fallbeispiel des Kantons Basel-Stadt durchgeführt. Basel als drittgrösste Schweizer Grossstadt ist aufgrund der ortsansässigen weltweit agierenden Unternehmen, z.B. der Chemie oder der Logistik, sowie aufgrund seiner Eigenschaft als Messestandort stark in das globale Wirtschaftsnetz eingebunden. Durch ihre Grenzlage zu Deutschland und Frankreich lebt die Stadt bereits seit der Industrialisierung in der Tradition grenzüberschreitender Wirtschaftsbeziehungen bezüglich Produktion, Absatz- und Arbeitsmarkt. Diese früh etablierten grenzüberschreitenden ökonomischen Verflechtungsstrukturen sind verantwortlich dafür, dass Basel trotz seiner vergleichsweise geringen Grösse (Stadt Basel 1990: 170 447 Einwohner, Kanton Basel-Stadt 1990: 191 279 Einwohner; STATISTISCHES AMT DES KANTONS BASEL-STADT 1991: 21) heute deutliche Symptome der Restrukturierungsprozesse der Globalisierung bzw. der postfordistischen Ära aufweist. Belegt wird dies unter anderem durch einen hohen durchschnittlichen Ausländeranteil (Kanton Basel-Stadt 1990: 21.5%) sowie einen durch postfordistische Tendenzen bestimmten Arbeits- und Wohnungsmarkt.

Der Vorteil des Untersuchungsstandorts Basel liegt bei seiner relativen Übersichtlichkeit für die hier angestrebte stadtweite Kartierung der residentiellen Strukturmuster. Ein weiterer pragmatischer Grund für die Wahl Basels als Untersuchungsort ist die gute Zusammenarbeit der Universität mit dem Statistischen Amt des Kantons Basel-Stadt. Diese Kooperation stellt eine wesentliche Voraussetzung für die Durchführung der auf statistisches Datenmaterial gestützten Untersuchungen dar.

1.8
Aufbau der Arbeit

Ausgangspunkt der Arbeit bildet ein Überblick über den ökonomischen und gesellschaftlichen Strukturwandel der Ära von Postfordismus und Globalisierung mit seinen Auswirkungen auf die städtische Ökonomie und (Planungs-)Politik hochindustrialisierter Länder (Kapitel 2). Anschliessend werden ausgewählte sozialwissenschaftliche Theorien zur Produktion neuer gesellschaftlicher (Ungleichheits-)Strukturen vorgestellt und diskutiert. In einem dritten Teil des Kapitels geht es um den theoretischen Zusammenhang zwischen gesellschaftlichen Phänomenen und Raumstrukturen sowie um die Entstehung neuer sozialräumlicher (Stadt-)Strukturmuster. Aus diesen Theorien und Trends neuer sozioökonomischer und räumlicher Strukturen leiten sich die für die vorliegende Arbeit entwickelten Hypothesen ab, die empirisch im Stadtraum Basels überprüft werden.

Im empirischen Teil der Arbeit wird zunächst der sozioökonomische und sozialräumliche Hintergrund des Untersuchungsraums Basel-Stadt beschrieben, vor dem sich die neuen sozialräumlichen Strukturwandelprozesse abspielen (Kapitel 3).

In Kapitel 4 werden die methodischen Grundlagen entwickelt, die eine quantitative Bestandsaufnahme der stadtweiten Strukturmuster auf der Basis statistischer Daten aus der Volkszählung und anderen Quellen ermöglichen. Zunächst wird die konzeptionelle Basis für die Bildung der Gesellschaftsgruppen vorgestellt. Anschliessend werden Fragen des geeigneten Massstabsniveaus und der in die Analysen einfliessenden Indikatoren erläutert. Es folgt die Vorstellung der Selektions- und Klassierungsverfahren auf den verschiedenen Untersuchungsebenen der Haushalte und der Baublöcke sowie der methodischen Ansätze zur kartographischen Darstellung und Analyse der sozialräumlichen Ungleichverteilungen. Im letzten Teil des Kapitels werden die Kriterien für die Messung der Wohnumfeldqualität erläutert. Diese Befunde sind die Voraussetzung für die mit GIS-gestützten Verfahren ermittelten Interrelationen zwischen physischmateriellen Raumgegebenheiten und sozialräumlichen Strukturen.

Die Dokumentation der Untersuchungergebnisse – neue Strukturen der Stadtgesellschaft und deren residentielle Verteilungsmuster – erfolgt in Kapitel 5. Darüber hinaus werden Zusammenhänge zwischen physischer Raumausstattung und residentiellen Strukturen anhand der Wohnsituation der Lebensformengruppen aufgedeckt und Räume näher beschrieben, in denen sich negative Wohnumfeldfaktoren und sozial benachteiligte Gruppen konzentrieren.

Anhand einer abschliessenden Zusammenfassung und Diskussion der Untersuchungsergebnisse werden die Hypothesen zur Herausbildung neuer residentieller Raummuster in Kapitel 6 überprüft. Die Lagebeziehungen der neuen sozialen Gruppierungen werden interpretiert sowie Erkenntnisse über die Interrelationen zwischen der gebauten Umwelt und der gesellschaftlichen Realität erläutert.

Aus den Befunden zu sozial und räumlich benachteiligten Stadträumen werden schliesslich Anregungen für eine sozial nachhaltige Stadtentwicklungspolitik abgeleitet und weiterführender Forschungsbedarf angeschnitten (Kapitel 7). In Abbildung 1.2 ist der Aufbau und die einzelnen Untersuchungsschritte dieser Studie schematisch dargestellt.

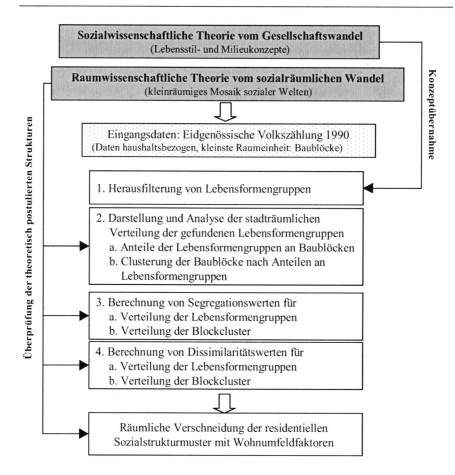

Abbildung 1.2 Aufbau und Analyseschritte der vorliegenden Studie.

2 Theoretischer Rahmen: Aktuelle sozioökonomische Trends und Theorien

Gegen Ende der Phase des Wiederaufbaus in der unmittelbaren Nachkriegszeit setzten in den westlichen Industrienationen sozioökonomische Umbruchprozesse ein, die zu einschneidenden Veränderungen in der Gesellschaftsordnung geführt haben. Das vorliegende Kapitel setzt sich zunächst mit den sozioökonomischen Umwälzungen auseinander, die als Auslöser des sozialen Wandels weg von der Klassen- und hin zur Lebensstilgesellschaft gesehen werden. Die wesentlichen Komponenten dieser neuen Sozialstruktur und deren Raumwirksamkeit werden durch die Gegenüberstellung verschiedener Konzepte, Erläuterungen und Operationalisierungen in der neuen sozialwissenschaftlichen Literatur herausgearbeitet. Daraus werden schliesslich wesentliche Lebensstilelemente abgeleitet, die – umgewandelt und angepasst an die spezifische Datenlage der vorliegenden Arbeit – als konzeptionelle Grundlage der raumbezogenen Fragestellung der empirischen Studie dienen.

2.1 Gesellschaftlicher, ökonomischer und politischer Wandel

Nach der Regulationstheorie sind die Organisation des Arbeits- und Produktionsprozesses sowie politische Steuerungsmechanismen Rahmenbedingungen für die Herausbildung gesellschaftlicher Strukturen (LAURIA 1997). Diese entwickeln sich heute in hochindustrialisierten Nationen unter dem Einfluss des Übergangs von fordistischen zu postfordistischen, globalisierten Strukturen.

Die für den sozioökonomischen und den damit gekoppelten sozialräumlichen Strukturwandel relevanten theoretischen Ansätze werden im Folgenden überblickartig vorgestellt. Mit Postfordismus wird der Wandel der gesellschaftlichen und wirtschaftlichen Regulationsformen beschrieben, das Konzept der Postmoderne stellt den soziokulturellen Wandel in Bezug auf Gesellschaft und Wissen in den Vordergrund. Die Theorien zur Globalisierung repräsentieren den Raumbezug sozialer Konzepte.

2.1.1 Postfordismus

Krise des Fordismus. Die Phase des industriellen Fordismus (als symbolisches Anfangsdatum gilt 1914, als Henry Ford den 8-Stunden-Tag für seine Fliessbandarbeiter einführte; HARVEY 1990: 125) lässt sich charakterisieren durch starre, hierarchische und arbeitsteilige Produktionsorganisation, standardisierte Lohnklassen und die Herstellung von Massengütern für den Massenkonsum. Erste Krisenzeichen des Fordismus traten in Europa und Nordamerika mit der Sättigung der Binnenmärkte und damit einhergehendem Konjunkturrückgang Ende der 1960er-Jahre auf. Die Folge waren weltweite ökonomische Umstrukturierungen. In Zusammenhang damit stehen Veränderungen auf politischer und gesellschaftlicher Ebene, die als Phänomene des neuen „postindustriellen" oder „postmodernen" Zeitalters angesehen werden.

Postfordistische Deregulierung. Das fordistische Wirtschaftssystem wird seit den 1970er-Jahren vom „Postfordismus" abgelöst. Durch Deregulierung und Flexibilisierung von Produktion und Arbeitsbedingungen wird versucht, dem konjunkturellen Abwärtstrend des fordistischen Systems entgegenzuwirken. Nach LEFEBVRE (1974) konnte der von Überakkumulation bedrohte Kapitalismus durch eine neue Form der „flexiblen Akkumulation" überleben, indem der Konsum durch Verkürzung der Produktlebenszeit und die Schaffung kurzlebiger Moden gesteigert wurde: Die Massenproduktion wurde auf qualitativ hochwertige, massgeschneiderte, bedarfsorientierte Kleinserienprodukte für den individualisierten Konsum (Qualität statt Quantität) umgestellt. So können die Produkte an die sich ständig ändernden Märkte und Konkurrenzbedingungen angepasst werden. Im Zuge dieser Entwicklung stieg die Bedeutung technologischer Innovationen in der Herstellung (z.B. Mehrzweckmaschinen), der reibungslosen und flexiblen Produktions- und Lieferorganisation („just-in-time") sowie von Marketingstrategien.

Auch in der innerbetrieblichen Organisation vollziehen sich Veränderungen: Stichworte sind Flexibilisierung starrer Hierarchiestrukturen und Arbeitspensen, Aufgabenintegration statt kleinteiliger Arbeitsschritte sowie individualisierte Bezahlung. Zudem werden heute kleinere, möglichst selbständige Organisationseinheiten geschaffen, um die Flexibilität und Innovationsfähigkeit des Unternehmens zu erhöhen und Kosten bei Personal und Maschinen einzusparen („lean production"). Viele Unternehmen reduzieren die betrieblichen Funktionen auf das sog. „Kerngeschäft" und lagern Fertigungs- und Dienstleistungsfunktionen aus („outsourcing"). Dadurch werden zwischenbetriebliche Zulieferer- und Kooperationsnetzwerke zur Koordination der früher innerbetrieblichen Fertigungsabläufe notwendig („networking"). Diese Massnahmen zur flexibleren Marktanpassung werden als „economies of scope" bezeichnet (LÄPPLE 1996: 195).

Deindustrialisierung und Tertiärisierung. Der Trend der wirtschaftsstrukturellen Entwicklung geht heute in hochindustrialisierten Ländern in Richtung Deindustrialisierung mit selektiver Reindustrialisierung in der Hochtechnologie. Das flexibel gewordene Kapital zieht sich aus der industriellen Produktion zurück, Gewinne werden nicht mehr vornehmlich in neue Produktions-, sondern in Finanzanlagen investiert. Zudem schwächt sich die Standortgebundenheit von Unternehmen ab, ein Teil der arbeitsintensiven industriellen Produktion wird aus Kostengründen ins Ausland verlagert. Die Flexibilisierung und Rationalisierung im Produktionssektor setzt Arbeitskräfte frei, die – allerdings nur zum Teil – vom expandierenden Dienstleistungssektor (Tertiärisierung) aufgefangen werden.

Strukturelle Veränderungen des Arbeitsmarkts. Im Zuge der erwähnten Deindustrialisierung und Deregulierung werden gut qualifizierte Mittelschichtarbeitsplätze in der Produktion reduziert. In den USA spricht man von einem „Schwinden der Mittelschicht" (SCHÖN & STRUBELT 1996: 19).

Hierzu trägt bei, dass die ökonomischen Umstrukturierungen nur zu einer relativ geringen Anzahl von gut qualifizierten und entsprechend bezahlten Tätigkeiten v.a. im Dienstleistungs- und High-Tech-Sektor führen. Die Schlüsselqualifikationen der hochqualifizierten Arbeitnehmer sind Informationsbeschaffung und -verarbeitung, Entscheidungstreffsicherheit, technologisches Know-how, symbolisch-analytische Fähigkeiten (wie effizientere Prozessgestaltung, Innovationsentwicklung) – generell also Wissen.

Daneben entstehen viele schlecht bezahlte, aber arbeitsintensive Jobs oft mit geringem Anforderungsniveau, extrem flexiblen Arbeitszeiten, unsicherem Beschäftigungsverhältnis und schlechten Arbeitsbedingungen im Dienstleistungssektor (Gebäudepflege, Haushaltshilfe, Gastronomie, Hotelgewerbe, Tourismus etc.), in der Design- und Modebranche sowie den kommunikations- und unterhaltungsorientierten Industrien. Diese Jobangebote werden v.a. von schlecht ausgebildeten Migranten angenommen, für die sie oft die einzige Arbeitsmöglichkeit bedeuten.

Trotz der zunehmenden Beteiligung der Frauen am Arbeitsmarkt besteht die geschlechtsbezogene Diskriminierung im Job fort. Frauen bleiben grösstenteils auf bestimmte Berufe beschränkt (v.a. Verkauf, Dienstleistungen), die durch einen niedrigeren Status, d.h. geringerer Entlohnung und Qualifikation, gekennzeichnet sind.

Durch die Zunahme von Arbeitsplätzen an beiden Enden des Berufsspektrums spaltet sich die Berufswelt auf: Es entsteht ein „dualer" oder „bipolarer Arbeitsmarkt" (CASTELLS 1989; GIDDENS 1997). DANGSCHAT spricht von einer Spaltung in einen „Kernarbeitsmarkt" mit sicherer Vollzeitbeschäftigung in gut bis hochqualifizierten und entsprechend bezahlten Berufen und einen „Teilzeitarbeitsmarkt" mit gering qualifizierten, schlecht entlohnten und unsicheren Tätigkeiten (DANGSCHAT 1994: 181). Europäische Trends zeigen eine Dreiteilung der Gesellschaft in eine privilegierte Spitze, einen breiten, gesicherten Kern und einen Rand prekärer und „de"-qualifizierter Berufspositionen (VESTER 1993: 303).

Strukturelle Arbeitslosigkeit. Folge der ökonomischen Umstrukturierungen ist neben der veränderten Beschäftigtenstruktur eine strukturelle Arbeitslosigkeit. Die Nachfrage nach Arbeitnehmern sinkt und viele Arbeitnehmer können sich nicht rasch genug an die veränderten Qualifikationsanforderungen anpassen. Gefördert wird der Trend zudem durch den Bedeutungsverlust der Gewerkschaften und eine Schwächung des Wohlfahrtsstaates durch eine konservativ-liberale Politik (s.u.).

Arbeitslosigkeit ist heute in den Sozialschichten mit geringer Bildung und Berufsqualifikation am höchsten, betroffen sind v.a. die Arbeiterschicht und ethnische Minderheiten. Seit den späten 1980er-Jahren hat sich Arbeitslosigkeit auch auf höhere Bildungsniveaus ausgeweitet.

Politik im Zeitalter des Postfordismus. Im Fordismus war die lokale Politik vornehmlich mit der Verwaltung, der lokalen Abstimmung und dem Vollzug überregional bestimmter Politik betraut. Heute hat das Kapital einen bedeutenden Einfluss auf die Politik gewonnen. Im Zusammenspiel der globalisierten, deregulierten Rahmenbedingungen und der interregionalen Konkurrenzsituation ist eine Politik gefordert, die sich an den ökonomischen Prinzipien der Wirtschaftlichkeit sowie der Standortverbesserung und -sicherung orientiert (MAYER 1991: 40). Als Folge sind heute Akteure aus lokaler Politik und Wirtschaft zunehmend nicht mehr unterscheidbar. Damit wird der Wohlfahrtsstaat zugunsten der Maximen der liberalen Marktwirtschaft abgebaut. Die Optimierung des Gemeinwohls rückt tendenziell in den Hintergrund, soziale Ungleichheiten erfahren weniger staatliche Kontrolle.

2.1.2
Globalisierung

Der Begriff „Globalisierung" tauchte erstmals 1962 im amerikanischen Lexikon *Websters Dictionary* auf (WATERS 1995: 2), hielt jedoch erst in den 1980er Jahren Einzug in den wissenschaftlichen Diskurs (BACKHAUS 1999: 20). Mit „Globalisierung" werden Prozesse bezeichnet, die etwa seit den 1970er-Jahren zur Entstehung eines weltweiten Netzes sozialer und kultureller Interaktionen und globalen sozialräumlichen Veränderungen führen.

Globalisierung und Wirtschaft. Kennzeichen der wirtschaftlichen Globalisierung sind weltumspannende Wirtschaftsbeziehungen mit global verknüpfter Warenproduktion, internationalen Informations- und Kapitalflüssen, globalen Investitionen und weltweitem Arbeitskräfteangebot.

Während die kapitalistische Wirtschaftsform schon immer die Tendenz zu weltweiten Handelsbeziehungen hatte, handelt es sich heute um funktional integrierte multinationale Ökonomien. Diese agieren in einem weltweiten Beziehungsnetz, um ökonomische Vorteile auszunutzen und sich nationalen Gesetzen zu entziehen. Wirtschaftswissenschaftler sehen heute das Ende der reinen Nationalökonomien, die in ein einziges globales ökonomisches System integriert sind (vgl. WALLERSTEINS „Weltsystemtheorie" (WALLERSTEIN 1984: 169f). Dennoch sind viele der transnational agierenden „global players" immer noch v.a. mit ihren Unternehmenshauptsitzen (Headquarterfunktionen) national verankert, selten sind mehr als die Hälfte der Beschäftigten im Ausland tätig (KRÄTKE 1997: 146f).

Voraussetzungen für die Globalisierung der Wirtschaft sind die Liberalisierung und zunehmende Mobilität der Güter- und Finanzmärkte, letztere ermöglicht durch verbesserte Kommunikations- und Transporttechnologien. Neue Fertigungstechniken und Umstrukturierungen im Bereich der Unternehmens- und Produktionsorganisation (s.o.) erleichtern zudem die internationale Arbeitsteilung (CASTELLS 1994).

Globalisierung und Gesellschaft. Neben seiner wirtschaftlichen Bedeutung bezieht sich der Begriff Globalisierung auch auf die Internationalisierung von Kultur und des weltweit verfügbaren Wissens (WERLEN 1997: 234). Die neuen Telekommunikationstechnologien und „Expertensysteme" (materieller und immaterieller Ausdruck von Expertenwissen) ermöglichen Beziehungen über Distanzen. Sie sind verantwortlich für den Bedeutungsverlust von räumlicher und zeitlicher Präsenz der sozialen Interaktionen.

Die GRUPPE VON LISSABON (1997, zitiert in BACKHAUS 1999: 17f) stellt in ihrer Definition von Globalisierung demgegenüber fest, dass mit der weltweiten

Ausbreitung und Intensivierung sozioökonomischer Prozesse nicht automatisch eine globale ökonomische Integration und kulturelle Homogenisierung einhergeht. Vielmehr ist Globalisierung bezüglich ihrer Reichweite, Vielfältigkeit und Konsequenzen in sich hochgradig widersprüchlich bzw. multidimensional. Neben global agierenden (kulturell eher homogenisierten) Gesellschaftsgruppen bringt Globalisierung auch neue lokale Kulturen und sozioökonomische Ungleichheit hervor.

„Glokalisierung". Globalisierte Wirtschaft und Politik beeinflussen heute lokale Prozesse. Dies führt nach WERLEN zu einer „Globalisierung der täglichen Lebensbezüge der spätmodernen Gesellschaften" (WERLEN 1995: 120, EADE 1997: 1). Um den Zusammenhang zwischen globalen Phänomenen und deren Auswirkungen auf die lokale Ebene empirisch zu beschreiben, führte ROBERTSON den Begriff „Glokalisierung" ein (ROBERTSON 1995). Eine „lokale" Konsequenz der Globalisierung ist das zunehmend enge Aufeinandertreffen von verschiedenen Kulturen und Gesellschaften. Die Tendenz zur multikulturellen Gesellschaft ist auf die zunehmende nationale und internationale Mobilität im Zuge der fortschreitenden globalen Einbindung der nationalen Ökonomien zurückzuführen.

Durch diese Multikulturalisierung sind die Bevölkerungen mit einem Wandel ihres lokalen und nationalen Identitätsverständnisses konfrontiert. CASTELLS (CASTELLS 1994) spricht im Zusammenhang der nationalen Identitätskrisen von einer Tendenz zu neuen lokal definierten Identitäten: Je grösser die Internationalisierung und je fortgeschrittener der Abbau von physisch-materiellen Grenzen, desto mehr tendieren Menschen zur Identifikation mit lokalen Orten bzw. Wohnquartieren und damit zur kulturellen Ausgrenzung fremder Kulturen oder Ethnien (HARVEY 1996: 246).

2.1.3
Postmoderne

Charakteristika. Mit dem Übergang zum „postindustriellen" Zeitalter geht ein Wechsel der Kulturen in die „Post-" oder „Spätmoderne" als Epoche nach oder Fortentwicklung der Moderne einher (vgl. LYOTARD 1986: 19, GIDDENS 1995: 11). Die Moderne, die ihren Anfang mit der Aufklärung nahm, war geprägt durch Rationalismus, „absolute" Wahrheiten sowie den Glauben an linearen technologischen Fortschritt (HARVEY 1990: 9). Die Postmoderne, deren Beginn Anfang der 1970er-Jahre angesetzt wird, kehrt die „modernen" Ansichten um: Klare Kausalzusammenhänge und universelle, absolute Wahrheiten werden abgelöst von Diskontinuität, Fragmentierung und gleichwertigen, vielschichtigen Beziehungsgefügen (HARVEY 1990: 9). Der lineare Fortschrittsgedanke ist aufgegeben. Charakteristisch ist ferner die Zunahme der Geschwindigkeit und Reichweite des sozialen (und räumlichen SOJA 1995) Wandels, der im Folgenden kurz dargestellt wird:

- **Postmoderner Wertewandel:** Bedeutungsverlust kultureller Verbindlichkeiten und des Konsens über kollektive Normen und Werte der bürgerlichen Leistungsgesellschaft der 1950er- und 1960er-Jahre. Abhängig von individuellen Lebensumständen (Alter, Herkunft etc.) werden sie durch „postmaterielle" Werte – v.a. bei den jüngeren Altersgruppen – ersetzt. Traditionelle Elemente existieren neben Erneuerungstendenzen fort.

- **Individualisierung:** Wandel von den traditionellen Lebensformen der lokalen „Gemeinschaft" hin zu einer Gesellschaft der Anonymisierung der sozialen Beziehungen mit Dominanz von Eigeninteressen, individualistischen, wettbewerbsorientierten Haltungen gegenüber Gemeinschaftsinteressen und Solidarität (TÖNNIES 1935). Diese gesellschaftliche Entsolidarisierung geht einher mit neuen ethnischen Konflikten. Beobachtet werden aber auch neue Solidarisierungen lokaler Gemeinschaften (SOJA 1995: 133).
- **Biographisierung:** Bedeutungsverlust der „Normalbiographie" der Industriegesellschaft, bei der die Lebensgestaltung der jeweiligen Gesellschaftsgruppen (Arbeiter, Unternehmer) in Grundzügen vorherbestimmt war. Als Ursache können verbesserte soziale Aufstiegsmöglichkeiten infolge der Bildungsexpansion der 1960er- und 1970er-Jahre und allgemein angestiegenes Wohlstandsniveau gesehen werden. Anstelle der vorgezeichneten Lebenswege tritt mit der Befreiung von materiellen und sozialen Zwängen die individuelle Freiheit bzw. die Aufgabe zur eigenen Lebensgestaltung. Da der einzelne nicht mehr auf vorbestimmte soziale Rollen zurückgreifen kann, sondern seine Position im sozialen Wettbewerb im Laufe seines Lebens selbst kreieren muss, sind Abgrenzungssymbole ein wichtiges soziales Erkennungszeichen (siehe auch Ausführungen zur „Konsumgesellschaft"). Als Indiz oder Ursache hierfür wird unter anderem die Frauenbewegung bzw. die Zunahme der Erwerbsbeteiligung der Frauen gesehen (vgl. BORCHERS & TEMPEL 1998: 4, DANGSCHAT 1994: 180f., HERLYN ET AL. 1994: 12).
- **Fragmentierung:** Aufgrund dieser Veränderungen der Wertestrukturen und der Lebensführung entwickelt sich eine Gesellschaftsform ohne soziale Einheitlichkeit (WERLEN 1995: 84), in der sich ehemals homogene Gesellschaftsgruppen (Schichten, Klassen) in eine Vielzahl von heterogenen Gruppierungen aufsplittern (siehe Kap. 2.2).

Die sozioökonomischen Veränderungen der Post- oder Spätmoderne werden durch folgende Gesellschaftskonzepte beschrieben:
- **Postmoderne Konsumgesellschaft.** Mit dem Bedeutungsverlust von traditionellen Lebensformen, Wertvorstellungen, der weitgehend vorherbestimmten „Normalbiographie" sowie der „Modernität" der Haushalte und der häuslichen Arbeitsorganisation verändern sich die Ansprüche an Verbrauchsgüter und Konsumgewohnheiten. Die Nachfrage nach langlebigen Massengütern hat heute wirtschaftlich an Bedeutung verloren. Die Wirtschaft unterstützt diesen Trend durch die Schaffung kurzlebiger Moden und symbolischer Warenwerte. Heute konsumiert man nicht mehr die Produkte wegen ihres realen, sondern wegen ihres symbolischen Wertes, die Symbole werden selbst zur Ware. Kennzeichnend für die hochkommerzialisierte Kultur der postmodernen Konsumgesellschaft ist dementsprechend ein schneller Wandel der Konsumstile, über die persönliche Identität definiert wird (siehe Kap. 2.2.1). Symbole waren zwar schon immer Klassenzeichen, heute im Zuge der „Biographisierung" hat dieser Trend jedoch an Bedeutung gewonnen.

- **Postindustrielle Informationsgesellschaft.** Die neuen Telekommunikations- und Informationstechnologien erlauben Kommunikation über grosse Distanzen ohne zwingende Co-Präsenz der Kommunikationspartner. Dadurch dehnen sich Kommunikationsradien aus, es entstehen intensivere Beziehungen und neuartige Netzwerke zwischen Kulturen, in der Wissenschaft und in den Produktivkräften. Andererseits trägt die gesteigerte, vermehrt individualisierte und „entkoppelte" Kommunikation zur zunehmenden gesellschaftlichen Fragmentierung bei. WERLEN (1997: 234) bezeichnet diese Technologien, deren Entwicklung, Produktion und Betreibung neue, aufstiegsorientierte Berufssparten geschaffen haben, als soziale „Entankerungsmechanismen".

2.1.4
Auswirkungen des sozioökonomischen Wandels auf Stadtökonomie und -politik

Städte sind Schauplatz ökonomischer und gesellschaftlicher Umstrukturierungen und damit einhergehender sozialräumlicher Veränderungen. Diese sind in bestimmten Grossstädten, die zu Knotenpunkte der transnational agierenden Wirtschaft geworden sind, am deutlichsten zu beobachten (LA GORY 1981: 101f).

Polarisierung in und zwischen Städten. Aufgrund der globalen Wirtschaftsverflechtungen stehen Städte bzw. Stadtregionen heute international und interregional miteinander in Konkurrenz. Während einige Städte, die den Anforderungen des postfordistischen Systems entsprechen, mit steigender Bevölkerungs- und Beschäftigungsentwicklung wirtschaftlich aufblühen, sind andere von ökonomischen Umstrukturierungs- und Rationalisierungsmassnahmen sowie Verlagerung von Unternehmen mit steigenden Arbeitslosenzahlen, abnehmender Bevölkerung und dem Verlust von Steuereinnahmen negativ betroffen. Aufgrund derselben Prozesse finden innerhalb einer Stadtregion Polarisierungsprozesse statt, infolge derer dynamische Wachstumsinseln neben stagnierenden Wirtschaftsbereichen existieren.

Diese inter- und innerurbane Wettbewerbssituation und die Herausbildung der Konsumgesellschaft haben zur Folge, dass Städte immer mehr versuchen, sich als Konsum- und Kulturzentren (Stichwort „Innenstadterneuerung") attraktiver zu machen. Damit sollen die Reichen und Mächtigen als finanzkräftige Steuerzahler und Innovationsträger in der Stadt gehalten werden. Hintan gestellt wird dabei die Lebensqualität der ärmeren Bevölkerungsschichten (DANGSCHAT & WÜST 1996: 157). Dieser Entwicklung entspricht eine räumliche und soziale Polarisierung der Lebensbedingungen der Stadtbewohner (LÄPPLE 1996: 198), die in der vorliegenden Studie am Beispiel von Basel nachvollzogen wird.

Stadtplanung und -politik. „Stadt" wurde in der Moderne als ein geschlossenes System gesehen, in der Postmoderne gelten städtische Entwicklungen als unkontrollierbar und unvorhersehbar. Das Problem heutiger Stadtplanung und -politik liegt in ihren enger werdenden Handlungsmöglichkeiten, was durch eine sich verschlechternde finanzielle Situation bedingt ist. Steuereinnahmen sinken, da sich global agierende Unternehmen lokalen Steuerpflichten entziehen, finanzkräftige Steuerzahler aus den Städten ins Umland abwandern und gleichzeitig die städtischen Infrastruktur- und Sozialausgaben steigen.

Um die stadtplanerischen Ziele angesichts der schwierigen Finanzsituation zu erreichen, setzt die lokale Politik nach betriebswirtschaftlichen Optimierungsprinzipen vermehrt auf schlankere, reaktionsfreudige Entscheidungen. Im Rahmen des „new urban management" gehen die Städte vermehrt öffentlich-private Kooperationsformen („public-private partnerships") ein und unterstützen privatwirtschaftliche Investitionen. Die Arbeit der öffentlich-privaten Gesellschaften ist nach ökonomischer Maxime effizient. Da jedoch die Bindung an politische Leitziele häufig fehlt, werden immer mehr Bereiche der politischen (Mit-)Bestimmung entzogen. Zunehmend stehen die Prinzipien des Gemeinwohls des sozialen Wohlfahrtssystems (z.B. städtische Bemühungen um ausreichende Wohnraumversorgung) hinter den Partikularinteressen privater Investoren und individuellen Kundenwünschen zurück (GOTTDIENER 1995: 64-65; HARVEY 1990).

Die Folge ist, dass im Wettbewerb der Städte negative soziale Faktoren wie Arbeitslosigkeit, Wohnungsnot oder soziale Polarisierung in Kauf genommen werden. Daneben erschweren die individualisierten Lebensstile (Kap. 2.2.2.1) eine umfassende Stadtplanungspolitik und einheitliche Stadtentwicklungskonzepte. Städtebauliche Massnahmen erstrecken sich heute v.a. auf die Revitalisierung brachgefallener Industrieflächen oder die Förderung sog. „weicher", imagewirksamer Standortfaktoren, z.B. durch die Schaffung eines „urbanen" Ambiente in den lange vernachlässigten Innenstädten (Einkaufsgalerien, Restaurants, luxuriöse Architektur, kulturelle „Events" etc.). Es handelt sich v.a. um kleinräumige, quartiersbezogene Modernisierungsstrategien, die durch Verkehrsberuhigung, Wohnumfeldverbesserung, Luxussanierungen und die Vernachlässigung des sozialen Wohnungsbaus gekennzeichnet sind.

2.2
Neue gesellschaftliche Strukturen

Unterschiedliche Verteilung und Zugangsmöglichkeit zu relevanten Ressourcen (z.B. Kulturgüter, Geld, Macht) in einer Gesellschaft führen zu sozialen Bevor- und Benachteiligungen und damit zu innergesellschaftlichen Diskrepanzen. Mit ihren Ausführungen zum Klassenbegriff leiteten KARL MARX und MAX WEBER die soziologischen Theorien zur sozialen Ungleichheit ein.

In der nachfolgenden Zeit prägte das hierarchische Konzept der Klassen- oder Schichtgesellschaft die Sozialstrukturanalyse. Man unterschied Bevölkerungsgruppen nach objektiven Marktinteressen und ihrer Stellung im Produktionsprozess (Besitz von Produktionsmitteln, Stellung auf dem Arbeitsmarkt). Die Klassenlage galt als Voraussetzung für die Lebenschancen eines Individuums bzw. für seine Position gegenüber anderen Gruppen im Wirtschaftsgefüge (GIDDENS 1997: 233f, HRADIL 1999: 34).

Dieses Konzept wird jedoch etwa seit den 1980er-Jahren von den Vertretern der „neuen Ungleichheitsforschung" vor dem Hintergrund der oben erläuterten sozioökonomischen Veränderungen kritisch hinterfragt und weiterentwickelt. Verschiedene Autoren (BOURDIEU 1988, DANGSCHAT 1998, GIBSON 1998,

HERLYN ET AL. 1994, HRADIL 1987, HRADIL 1999) erachten die Klassen- und Schichtkonzepte mit ihrer Betonung der rein ökonomisch determinierten vertikalen Gesellschaftsstruktur und daraus entstehenden sozialen Bevor- und Benachteiligungen als zu eindimensional und vereinfachend konstruiert. Sie würden wichtigen Dimensionen, Elementen und Ursachen sozialer Unterschiede der heutigen Gesellschaft nicht mehr gerecht.

Postfordistische Dimensionen sozialer Ungleichheit. Mit zunehmender Optionenvielfalt und sozialer Mobilität werden heute gesellschaftliche Unterschiede bzw. ähnliche Mentalität und Verhalten nicht mehr nur von Schichtzugehörigkeit bestimmt (HRADIL 1987: 92). Soziale Ungleichheit ist vielmehr von einer Verbindung zwischen ökonomischer Lage (arm – reich) und individuellen Werthaltungen und Verhalten (modern – traditionell) geprägt. Losgelöst von bzw. querverteilt zu den althergebrachten Klassen- und Schichtstrukturen sind ihre Erscheinungsformen zunehmend vielfältig, sozial ausdifferenziert und in Lebensstile fragmentiert. Gleichzeitig verschärfen sich sozioökonomische Disparitäten aufgrund der sich vergrössernden Einkommensschere (soziale Polarisierung) wieder (z.B. BECK 1986, BECKER & NOWAK 1982, LÜDTKE 1992, HRADIL 1987). Daher werden heute neben objektiven sozioökonomischen Faktoren subjektiv-individuelle soziokulturelle Ausprägungen gesellschaftlicher Ungleichheit in die Konzepte einbezogen. Die neuen Phänomene heutiger Gesellschaftsmuster, die als Folge oder Produkt der postfordistischen Ära gelten, werden in den folgenden Kapiteln näher beleuchtet.

2.2.1
Neue soziale Ungleichheit

Soziale Ungleichheit. Generell besteht soziale Ungleichheit dann, wenn Menschen aufgrund ihrer Stellung im Sozialgefüge von den „wertvollen Gütern" der Gesellschaft (materieller Wohlstand, Macht, Prestige) regelmässig ausgeschlossen sind (HRADIL 1999: 26). Folge sind hierarchische Gesellschaftsstrukturen, die einhergehen mit sozialer Stigmatisierung und Diskriminierung.

Nivellierung der Mittelstandsgesellschaft in der Wohlstandswelle der Nachkriegszeit. Der Zuwachs an Mittelklasse-Arbeitsplätzen und die Lockerung der Ausbildungsbegrenzungen in der Nachkriegszeit haben zur beruflichen, sozialen und wirtschaftlichen Angleichung geführt. Beinahe jeder konnte nun seine materiellen Bedürfnisse mit den relativ preisgünstigen Massengütern befriedigen. Gleichzeitig kam es zu einer Vereinheitlichung der sozialen und kulturellen Verhaltensformen („mittelständische Lebensform" bezüglich Familienleben, Berufswünschen, Verbrauchs- und Umgangsformen, SCHELSKY 1965: 340). Klassenspannungen und soziale Hierarchiestrukturen wurden entschärft („Nivellierung der Mittelstandsgesellschaft", SCHELSKY 1965: 332f).

Soziale Polarisierung der postfordistischen Epoche. Bedingt durch den oben dargelegten wirtschaftlichen Strukturwandel der postfordistischen Ära (Spaltung des Arbeitsmarktes, steigende Arbeitslosenzahlen etc.) ist die Bevölkerung hochindustrialisierter Länder seit den 1970er-Jahren mit veränderten Bedingungen in Bezug auf soziale Sicherheit, Freizeitgestaltung, Wohn- und Arbeitsbedingungen, Zugangschancen zu „öffentlichen Gütern" (z.B. Arbeitsschutzbedingungen) und staatlicher Infrastruktur sowie Gesundheitsfragen konfrontiert (HRADIL 1987: 145f). Der Abbau des Staatsinterventionismus (wie Reduzierung von Steuerlasten für Besserverdienende oder Kürzung von Sozialleistungen) unterstützt die Entstehung polarisierter Sozialstrukturen. Man spricht von einer „Zweidrittelgesellschaft", in der sich die Schere zwischen arm und reich immer mehr öffnet (SCHELSKY 1965: 341f).

„Neue Armut". Auch in wirtschaftlich erfolgreichen Städten breitet sich eine sog. „neue Armut" aus (DANGSCHAT 1996: 52f). Diese „new urban underclass" ist eine heterogene Gruppe, die ausserhalb des normalen Beschäftigungssystems steht (FINCHER 1998: 52). Sie setzt sich aus Menschen zusammen, die schlecht qualifiziert, lange arbeitslos, zudem sozial immobil und von gesellschaftlichem Ausschluss bedroht sind. Aufgrund der sog. „Statusinkonsistenz", d.h. der sozioökonomischen Uneinheitlichkeit früher homogener Schichten, kann man heute jedoch nicht mehr von einheitlichen Armutskriterien ausgehen. Die sozialen Marginalisierungen werden in Europa mit der Krise des Beschäftigungssystems erklärt, in Nordamerika gilt dagegen die ethnische Zugehörigkeit als Hauptursache (KRÄTKE 1996: 163).

Risikogesellschaft. Soziale Gruppen sind heute in unterschiedlichem Ausmass von der Verdrängung ins untere, unqualifizierte und schlecht bezahlte Arbeitsmarktsegment, von Arbeitslosigkeit sowie der damit zusammenhängenden Marginalisierung betroffen: Das Risiko Armut trifft Bevölkerungsgruppen, die aufgrund mangelnder finanzieller, kultureller und sozialer Kompetenzen auf ein öffentliches Leistungsangebot angewiesen sind (Alleinerziehende, Alte, Langzeitarbeitslose, Ausländer oder kinderreiche Familien, HARVEY 1990: 152, BECK 1986: 122f). Neuere empirische Forschungen verweisen darauf, dass ungleiche Berufs- und Karrierechancen von „neuen Ungleichheitsdeterminanten" wie Geschlecht, Familientyp, Ausbildungsniveau oder Zugehörigkeit zu bestimmten Altersgruppen abhängig sind (DANGSCHAT 1994: 180, HRADIL 1999: 23, 30). Während sich z.B. für einen bestimmten Typ Frau (Jüngere, Alleinstehende ohne Kinder, beruflich Hochqualifizierte) Karrierechancen neu eröffnen, verschlechtern sie sich für andere (Ältere, geringer Qualifizierte, Mütter). Da die betroffenen Gesellschaftsgruppen bevorzugt in Städten leben, sieht DANGSCHAT (1994: 188f) besonders für die Städte der hochentwickelten Industrienationen eine weitere sozioökonomische Polarisierung voraus.

Ökonomische Degradierung ist heute zudem nicht mehr kollektiv, sondern lebensphasenspezifisch. Unter den Bedingungen der Individualisierung wird nach Beck diese „neue Armut" zum persönlichen Einzelschicksal (BECK 1986: 144).

Auch das Lebensrisiko ist nicht gleichmässig über Gesellschaft und Raum verteilt: Für sozial Benachteiligte in unterprivilegierten Wohnvierteln ist das Risiko eines Überfalls oder Unfalls aufgrund der dort höheren Kriminalitätsraten und infrastrukturellen Ungunstfaktoren (bauliche Mängel, erhöhtes Verkehrsaufkommen, etc.) grösser als für privilegierte Gruppen, denen neben sicherheitsfördernden Gunstfaktoren im Wohnviertel auch private Sicherheitsmassnahmen zur Verfügung stehen (GIDDENS 1997).

Kennzeichen der neuen sozialen Ungleichheit. Nach ALISCH und DANGSCHAT (ALISCH & DANGSCHAT 1998: 80) gibt es drei Kategorien der neuen sozialen Ungleichheit:

- **sozioökonomische Polarisierung** mit Auseinanderentwicklung der Einkommen und Arbeitsplatzunsicherheit,
- **soziodemographische Polarisierung** mit Ausdifferenzierung der Lebens- und Wohnformen (weniger Kinder pro Haushalt, spätere Heirat, höhere Scheidungsraten und kleinere Haushalte) sowie
- **soziokulturelle Heterogenisierung** mit Ausdifferenzierung der Lebensstile (siehe Kapitel 2.2.2).

Die neue soziale Ungleichheit weist folgende charakteristische Besonderheiten auf:

- „**Nebeneinander von Privilegien und Deprivation**". Empirische Befunde zeigen, dass sich kaum ein Individuum durchgängig in positiven oder negativen Gesellschaftspositionen befindet, sondern dass Privilegien und Benachteiligungen meist gleichzeitig existieren (HRADIL 1987: 55).
- **Fehlen äusserer Erkennungsmerkmale.** Typisch ist, dass die „neue" Ungleichheit immer weniger äusserlich sichtbar ist (z.B. an Kleidung), sie macht sich aber z.B. an benachteiligten Wohnbedingungen bemerkbar (DANGSCHAT 1998: 54, HAHN 1999: 186).
- „**Subjektivierung" der Definition von Ungleichheit.** Infolge der sozialen Individualisierung und Ausdifferenzierung in verschiedene Milieu- oder Lebensstilgruppen kommt es zu Verschiebungen bzw. einer „Subjektivierung" der gesellschaftlichen Definition von sozialer Ungleichheit. So gehen z.B. Frauen- und Ökologiebewegungen von Milieugruppen aus, die „objektiv" am wenigsten benachteiligt sind (BERGER & HRADIL 1990: 146). „Subjektive" Vorstellungen und Wahrnehmungen der eigenen sozialen Lage entsprechen zum Teil nicht mehr den „objektiven" Kriterien. Das ist unter anderem darauf zurückzuführen, dass bestimmte Gesellschaftsgruppen nicht mehr nur die Verbesserung der eigenen Lebensqualität, sondern v.a. die Freiheit ihrer Lebensgestaltung in den Vordergrund stellen.

2.2.2
Konzeptionelle Ansätze zur Lebensstilfrage

Angesichts der gesellschaftlichen Ausdifferenzierung haben sich heute Konzepte zu Lebensstilgruppen und sozialen Milieus als Forschungszweig der Soziologie etabliert. Der Sozialraum wird in diesen Konzepten nicht als hierarchisches „Schubladensystem", sondern als variables Kräftefeld gesehen. Ziel ist die Beschreibung und Darstellung vielschichtiger, sich zum Teil überschneidender Lebensweisen, nicht die Diagnose einer einheitlichen Gesellschaftsveränderung (vgl. VESTER 1993: 43f). Das Problem dieser Konzeptionen besteht darin, dass bisher weder eine eigenständige Lebensstil- oder Milieutheorie noch eine einheitliche Begriffsdefinition oder Operationalisierung existiert. Im Folgenden werden verschiedene Ansätze vorgestellt und im Hinblick auf ihre Anwendbarkeit für die Empirie der vorliegenden Studie diskutiert.

2.2.2.1
Lebensstilkonzeption

In einer Gesellschaft, die nicht mehr von hierarchischen Klassenstrukturen geprägt ist, stellt der Lebensstilansatz ein erfolgreiches Instrument zur Beschreibung des soziokulturellen Wandels in Bezug auf neue Konsum- und (Wahl-)Verhaltensweisen dar. Die theoretischen Ursprünge des Lebensstilkonzepts – ohne genaue Begriffsdefinition – gehen auf MAX WEBER und GEORG SIMMEL zurück (WEBER 2002, SIMMEL 2000). Bereits in den 1970er-Jahren begann die Markt- und Politikforschung zur Prognose von Verhaltensweisen von Konsumenten- oder Wählergruppen beobachtbare Verhaltenssyndrome, Einstellungen und Wertvorstellungen in Form von „Lebensstilen" zu untersuchen. Forschungsinteresse dieser „Lifestyle"-Analysen sind nicht mehr soziale Gemeinschaften, sondern empirisch ermittelte Gruppen mit ähnlichen Verhaltensmustern.

Ursprung der Lebensstilisierung. In den 1960er bis 70er-Jahren begann eine „Öffnung des sozialen Raums", ausgelöst durch folgende, zum Teil bereits beschriebene Faktoren:

- **Sozioökonomischer Strukturwandel:** Auflösung fordistischer Berufsstrukturen, Wachstum des Wohlstandsniveaus, Bildungsexpansion, gestiegene Erwerbsbeteiligung der Frauen, Veränderung der Haushaltsstrukturen und der häuslichen Arbeitsorganisation weg von der Kernfamilie hin zu alternativen Haushaltsformen mit Berufstätigkeit beider Partner/Elternteile, Wandel von materialistischen zu postmaterialistischen Werten: Konsum- und Freizeitgesellschaft.
- Aufgrund des erhöhten Wohnstands- und Bildungsniveaus ergibt sich eine Steigerung der **individuellen Optionen und Entscheidungskompetenz** bei der Lebensgestaltung. In der Folge können sich die Individuen aus traditionellen gesellschaftlichen und familiären Verpflichtungen befreien (VESTER 1993: 137f, 241, NOLLER 1999: 187).
- Wichtig ist auch die im Zuge der Globalisierung entstandene **multikulturelle Gesellschaft**, die zu einer ethnischen Konkurrenzsituation um Arbeit, Wohnraum und Sozialhilfe führt. Eine Verarbeitung dieser Spannungslage geschieht zum Teil durch die Bildung von Lebensstilgruppen, von denen aus soziale Positionen verteidigt werden (DANGSCHAT 1994: 183).

Heute sind Lebensstile zu einem zentralen Konzept in Gesellschaftstheorien geworden (z.B. HRADIL 1999: 42, 436, MÜLLER 1989), das eine Gruppenbildung aufgrund von soziokulturellen Kriterien erlaubt, die sich aus alltagsweltlichen Haltungen und Handlungen ableitet.

Uneinheitliche Begriffsdefinitionen. Der Lebensstilbegriff wird jedoch nach wie vor unspezifisch und je nach Forscherperspektive verschieden gebraucht. Gemeinsam ist allen Definitionen, dass es sich um typische Strukturen von mehr oder weniger frei gewählten individuellen Verhaltensweisen handelt, die sich im Alltagsleben offenbaren, und denen bestimmte Werthaltungen und Einstellungen zugrunde liegen (der Blickwinkel ist hier die personenbezogene Mikroebene). Es geht also um eine Form der sozialen Identität mit Selbstzuordnung und subtiler oder demonstrativ-provokativer Abgrenzung zu anderen sozialen Gruppen. Dabei ist eine lebensstilspezifische Symbolik (äussere Zeichen des Konsums, z.B. Kleidung) wichtig (DANGSCHAT 1994: 183, DANGSCHAT & WÜST 1996: 158). Die bewusste Abgrenzung von anderen Lebensstilgruppen ist mit der wachsenden Identitätsunsicherheit zu begründen. Das Vorhandensein gewisser Handlungsalternativen wird dabei vorausgesetzt. Umstritten bleibt, ob die Entstehung neuer Lebensstile weiterhin von ökonomischen Faktoren (soziale Lage innerhalb der gesamtgesellschaftlichen Makroebene) bestimmt ist oder ob sich neue Konsumstile, Werte und Geschlechterrollen frei von sozioökonomischen Bedingungen als Folge soziokultureller gesellschaftlicher Veränderungen entwickeln (HERLYN ET AL. 1994: 12-13). Vertreter der Lebensstilkonzeption einer bewusst gewählten, bzw. nicht (völlig) erzwungenen Lebensweise sind unter anderem LÜDTKE 1989, WERLEN 1997: 292 und SCHULZE 1992. Letzterer geht sogar davon aus, dass Lebensstile von der sozialen Lage des Individuums losgekoppelt sind, womit sein Ansatz eine klare Gegenthese zum Klassenparadigma ist. Von diesen Autoren wird der *aktive Prozess* der Lebensgestaltung mit einem hohen Grad an Selbstreflexion und symbolischer Selbstdarstellung betont (BORCHERS & TEMPEL 1998: 5).

Anderen Theoretikern wie z.B. MÜLLER zufolge ist die Bildung von Lebensstilen als „raum-zeitlich strukturierte Muster der Lebensführung" abhängig von objektiven Faktoren der Sozialstruktur (materielle und kulturelle Ressourcen wie Arbeits-, Wohn- und Versorgungsbedingungen, Haushaltsformen) sowie subjektiven Werthaltungen. Dabei legen die materiellen Ressourcen Lebenschancen, Optionen und Wahlmöglichkeiten eines Individuums fest. Die Haushalts- bzw. Familienform definiert seine Lebens-, Wohn- und Konsumeinheit, die Werthaltung bestimmt seine Lebensziele und Mentalität. Lebensstilisierung wird hier als Strategie zur Erreichung und Erhaltung der eigenen sozialen Position aufgefasst (z.B. MÜLLER 1989: 65f). Ähnlich ist für BOURDIEU die individuelle Ausstattung mit verschiedenen Kapitalarten (ökonomisches, kulturelles und soziales Kapital) Voraussetzung für die Entwicklung von Lebensstilen (BOURDIEU 1983). ZAPF definiert in diesem Sinne Lebensstile als „relativ stabiles Muster der Alltagsorganisation im Rahmen gegebener Lebenslagen, verfügbarer Ressourcen und getroffener Lebensplanung" (ZAPF 1987: 14).

Uneinigkeit herrscht in der Lebensstil–Literatur darüber, ob die sozioökonomischen Zusammenhänge durch die Überbetonung der soziokulturellen Faktoren zu kurz kommen (DANGSCHAT 1999: 18) und ob Lebensstilisierungen alle Gesellschaftsmitglieder erfassen. Die Fähigkeit, Bereitschaft oder Möglichkeit zur Loslösung neuer Gesellschaftsgruppierungen aus dem bisher starren Schichtgefüge ist nach Ansicht einiger Autoren nicht gleichmässig auf die Bevölkerung verteilt: Da die individuellen Wahlmöglichkeiten von sozioökonomischen Ressourcen abhängen, wird wirtschaftlich schlechtergestellten Gruppen die Fähigkeit zur Lebensstilisierung abgesprochen. In der Marktforschung – dem ursprünglichen Anwendungsgebiet der Lebensstilanalysen – sind für die Prognostizierung der Zielgruppen Menschen mit sehr niedrigem Einkommen ohnehin uninteressant.

HRADIL sieht dementsprechend Lebensstilisierung als reines Mittelschichtphänomen (HRADIL 1992: 9f, HERLYN ET AL. 1994: 9). BOURDIEU (1988: 585f) geht ebenfalls davon aus, dass sich Lebensstile erst in der Mittel-

und Oberschicht ausprägen, während ärmere Bevölkerungsgruppen eine „Kultur der Notwenigkeiten" entwickeln. Hauptträger der neuen Lebensstile ist demnach die Sozialgruppe der 20 bis 30-Jährigen mit hoher Bildung und hohem Einkommen, die aus dem Tertiärisierungsprozess des Postfordismus hervorgegangen ist (HRADIL 1999: 417-418, LÜDTKE 1989). Diese Gruppe („Yuppies", „Gentrifier") zeichnet sich durch das Bedürfnis nach Individualisierung und Selbstverwirklichung im Beruf aus. Sie dehnt die Lebensphase aus, in der man sich noch nicht festlegen möchte („Zeit individueller Experimente", ALISCH & DANGSCHAT 1998: 84). Nach BOURDIEU (1983) ist hohes kulturelles Kapital Voraussetzung für soziale Modernisierungsdynamik. Dies wird im gegenwärtigen Wettbewerb um Sozialprestige immer wichtiger (siehe Kap. 2.1.13; Bedeutungszuwachs von Wissen in der Informationsgesellschaft). Entscheidende Faktoren für die Verschiebungen der individuellen sozialen Position bzw. die Herausbildung unterschiedlicher Lebensstile sind also Bildung und berufliche Qualifikation. ESSER unterscheidet zwischen Volksschulbildung mit lokaler Identifikation, Tradition und kollektiven Werten und Mittel-/Hochschulbildung mit geringerer traditioneller Bindung und eher individualistischen, hedonistischen Selbstbildern (ESSER 1987: 116).

VESTER (1993) bezieht dagegen mit der „Gruppe der Deklassierten" auch soziale Randgruppen in das Gesellschaftskonzept mit ein. Auch HERLYN und seine Koautoren (1994: 12f, 27) stellen erhebliche Unterschiede bezüglich Lebensstilen innerhalb der Unterschicht bzw. Arbeiterschaft fest. Daraus schliessen sie, dass jeder Mensch einen Lebensstil ausbildet. Es wird jedoch eingeräumt, dass Bevölkerungsgruppen, die aufgrund sozioökonomischer Einschränkungen (in den Bereichen Bildung, finanzielle Mittel, Alter) in ihrer persönlichen Entscheidungsfreiheit eingeschränkt sind, bestimmte Lebensstile verwehrt bleiben.

Charakteristika der neuen Lebensstile. Lebensstile sind heute durch ein bisher unerreichtes Mass an Subjektivierung und Reflexibilität gekennzeichnet. Sie sind zunehmend individualisiert (d.h. Traditionen werden zugunsten individueller Entscheidungen aufgegeben), extrovertiert, freizeitorientiert und oberflächlich. Das Streben nach individueller Entfaltung, Authentizität und Selbstbestätigung tritt in den Vordergrund, individuelle Leistung an die Stelle von Solidarität (WERLEN 1997: 250, HARVEY 1996: 242, HERLYN ET AL. 1994: 31-32, VESTER 1993: 244). So können bestimmte Sozialgruppen, die über das geeignete soziokulturelle Kapital verfügen, über ehemalige Schichtgrenzen hinweg ein höheres Sozialprestige erreichen (vgl. Kap. 2.2.2.3). Durch die Ausdifferenzierung der Lebensbedingungen sind die „postfordistischen" Lebensstile in fast allen Segmenten der Gesellschaft gegenüber den eher standardisierten Mentalitäten der Industriegesellschaft aufgefächert (HRADIL 1987: 172, VESTER 1998: 116f). Die sog. „Pluralisierung der Lebensstile" in den 1980er Jahren (HERLYN ET AL. 1994: 38) stagnierte allerdings in den 1990ern infolge der weltweiten ökonomischen Krise (Hradil 1999: 431).

2.2.2.2
Milieukonzeption

Soziale Milieus wurden durch den französischen Soziologen DURKHEIM (1894) geprägt als „kohäsive Zusammenhänge der Sozialintegration des Alltagslebens" (zitiert aus VESTER 1993: 34f). Es handelt sich also um eine sozial relativ homogene Gemeinschaft von Individuen, die in erhöhtem Binnenkontakt zueinander stehen. Ursprünglich waren die Milieus an bestimmte Räume (Stadtquartiere) mit ihren speziellen physisch-materiellen Gegebenheiten und immobilen Bewohnerstrukturen gebunden (Milieus als „ortsgebundene Kommunikationsgemeinschaft": SCHULZE 1994: 51). Da Milieus nie vollkommen homogen noch kommunikativ nach aussen abgeschottet sind, verlaufen ihre Grenzen fliessend. Milieus sind somit nicht quantitativ fassbar (SCHULZE 1994: 42). Ausser Alter und Bildung gibt es heute nach SCHULZE (1994: 49) keine sicheren Milieukennzeichen mehr (vgl. auch das Fehlen äusserer Erkennungsmerkmale der „neuen" Ungleichheit; Kap. 2.2.1). Alle anderen Erkennungssymbole (wie Mode, Musikstile, Freizeitmuster) sind konstruiert und unterliegen Veränderungen.

Das Milieu- und das Lebensstilkonzept weisen eine starke inhaltliche Kongruenz auf. Häufig werden in der Literatur, wie z.B. bei SCHULZE (1992), Milieu- und Lebensstilbegriff synonym verwendet. Wie beim Lebensstilansatz fehlt auch für soziale Milieus bis heute eine einheitliche Begriffsdefinition. Ein Anhaltspunkt für die Begriffsunterscheidung zu Lebensstilen ist DANGSCHATS Gliederungsversuch der Sozialstruktur in drei Ebenen (DANGSCHAT 1998: 58, 65):

- *Makroebene* der gesamtgesellschaftlichen Sozialstruktur. Forschungsgegenstand sind hier die Zusammensetzung der Gesellschaft aus unterschiedlichen Gruppen sowie die normativen und institutionalisierten Regulationsmechanismen und objektiven Lebensbedingungen, die soziale Prozesse und Strukturen beeinflussen.
- Vermittelnde *Mesoebene* der Milieus. Soziale Milieus sind „Vermittler" zwischen objektiven Lebensbedingungen und individuellen Werthaltungen und Verhaltensweisen (Lebensstilen). Die „milieuspezifische Lebenswelt" gestaltet Lebensbedingungen und stiftet Identität (HRADIL 1987: 166), wodurch z.B. benachteiligte (sozial immobile) Gruppen eine Chance erhalten, negative Umstände zu bewältigen (HERLYN ET AL. 1991: 29). Im Unterschied zu den (bedingt) wählbaren Lebensstilen sind Milieus an objektive Handlungsvoraussetzungen gebunden, d.h. nicht frei wählbar und somit nicht so leicht zu wechseln wie Lebensstile. Milieus sind zudem im Gegensatz zu den subjektiv-individuellen Lebensstilen an Gruppen von Personen mit ähnlichem Lebensstil und Klassenlage gebunden. Man unterscheidet wiederum in eine Makro- und eine Mikroebene:

Die *Makroebene* erfasst gesamtgesellschaftliche soziokulturelle Strukturen, die unter bestimmten Gesellschafts- und Umweltbedingungen entstanden sind. Sie äussern sich in bestimmten Verhaltensmustern und Wertvorstellungen von Bevölkerungsgruppen, die diese Bedingungen unterschiedlich wahrnehmen, interpretieren und nutzen (KLEE 2001: 26-27, HRADIL 1992: 10). Die Zugehörigkeit zu einem Makromilieu regelt den Zugang zu bestimmten Mikromilieus:

Die *Mikroebene* umfasst Menschen gleichen oder ähnlichen Lebensstils (d.h. mit gemeinsamen Wertvorstellungen, Verhaltensmustern und kollektiven Abgrenzungssymbolen), die im unmittelbaren Nahraum in direktem persönlichen Kontakt zueinander stehen (während Makromilieus

Gruppierungen ähnlichen Lebensstils aus unterschiedlichen Kontaktkreisen zusammenfassen). Mikromilieus als Bausteine gesamtgesellschaftlicher Lebensstilgruppierungen weisen dementsprechend eine erhöhte Binnenkommunikation sowie hohe Ortsbezogenheit auf. Vor dem Hintergrund der Auflösung von konkreten gesellschaftlichen Raumbezügen ist allerdings zu fragen, ob der so definierte Milieubegriff heute noch seine Berechtigung hat (KLEE 2001: 83). Genauere Erörterungen zum Raumbezug neuer Gesellschaftsgruppen erfolgen in Kap. 2.3.2.
- *Mikroebene* der Praxis. Hiermit sind verhaltensbezogene „Lebensstile" (s.o.) von Individuen gemeint.

In Abbildung 2.1 sind die wichtigsten Charakteristika und Unterschiede der Milieu- und der Lebensstilkonzeption schematisch zusammengefasst.

Theorie 29

Lebensstil:
individuelle Ebene:
typische **Verhaltensweisen** von Individuen, die sich im Alltagsleben manifestieren
Voraussetzung:
wählbare Handlungsalternativen
Gruppenbildung aufgrund ähnlicher sozio-kultureller Merkmale (subjektive alltagsweltlichen Einstellungen und Handlungen)

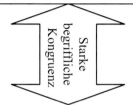

Starke begriffliche Kongruenz

Milieu:
gesamtgesellschaftlich-räumliche Ebene:
Gesellschaftsgruppen, die durch den Einfluss bestimmter **Umweltbedingungen** und **sozialer Kontexte** (objektive und subjektive Faktoren) entstehen
Voraussetzung: gruppenspezifisch unterschiedliche Wahrnehmung und Umsetzung unterschiedlicher Umweltbedingungen
Herausbildung von gruppeninternen sozialen Kommunikationsnetzwerken, gruppentypischen Lebensweisen (Lebensformen)

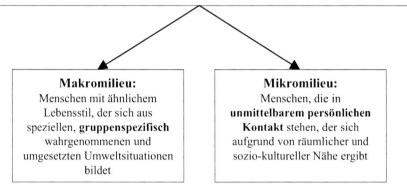

Makromilieu:
Menschen mit ähnlichem Lebensstil, der sich aus speziellen, **gruppenspezifisch** wahrgenommenen und umgesetzten Umweltsituationen bildet

Mikromilieu:
Menschen, die in **unmittelbarem persönlichen Kontakt** stehen, der sich aufgrund von räumlicher und sozio-kultureller Nähe ergibt

Abbildung 2.1 Grundlegende Kennzeichen von Lebensstil- und Milieukonzeption (eigene Darstellung).

2.2.2.3
Lebensstil- und Milieustudien im Vergleich

Verschiedene Autoren haben aus der empirischen Untersuchung der Sozialstruktur städtischer Populationen Lebensstil- oder Milieugruppen kategorisiert. Die dabei zugrunde liegenden Konzeptionen lassen sich unterscheiden in eine, die Werthaltungen und Mentalitäten ins Zentrum rückt (z.B. GLUCHOWSKY, BOURDIEU) und eine, die Lebensstile nur über sichtbare Verhaltensweisen und expressive Stilisierungen typisiert (z.B. MÜLLER, LÜDTKE, SPELLERBERG, HILPERT/STEINHÜBL). Andere Autoren (z.B. HRADIL 1987, (VESTER 1993: 16f) wiederum differenzieren Milieus nach objektiv messbaren Lebensbedingungen (z.B. Einkommen) und/oder inneren Haltungen. Nur wenig Untersuchungen schreiben auch dem Raum eine wichtige Bedeutung bei der Milieubildung zu (z.B. GEILING & SCHWARZER 1999).

In Tabelle 2.1 und Tabelle 2.2 sind empirische Lebensstil- und Milieustudien verschiedener Autoren einander gegenübergestellt. Die beiden Tabellen bilden eine Einheit, sie mussten aus Platzgründen auf zwei Seiten abgedruckt werden. Aufgeführt sind neben den jeweiligen Lebensstil- oder Milieutypen die unterschiedlichen Untersuchungsziele der Studien, die den Gesellschaftsklassierungen zugrunde liegenden soziodemographischen und -kulturellen Analysekriterien sowie die Grösse der jeweiligen Untersuchungspopulationen.

Die zitierten sozialwissenschaftlichen Studien entziehen sich jedoch einem direkten Vergleich, da sie alle auf unterschiedlich grossen Untersuchungsstichproben basieren. Zudem liegen ihnen unterschiedliche Konzeptionen und Zielsetzungen zugrunde, was dazu führt, dass die gefundenen Sozialmilieus in Anzahl und Kategorisierung von Autor zu Autor differieren (siehe auch Kap. 2.2.2.4). Dennoch ist es für die Entwicklung der Gesellschaftsklassierung der vorliegenden Untersuchung (siehe letzte Spalte in Tabelle 2.2) interessant, Gemeinsamkeiten und Unterschiede der verschiedenen Gesellschaftskategorisierungen ausfindig zu machen. Diese sind durch die tabellarische Parallelschaltung sich ähnelnder oder übereinstimmender Lebensstil- oder Milieutypen sichtbar gemacht.

Zusätzlich zu den in Tabelle 2.1 und Tabelle 2.2 erwähnten Sozialstudien sind die bereits zitierten und kürzlich erschienenen Untersuchungen von GEILING & SCHWARZER (1999), ZERGER (2000) und KLEE (2001) zu nennen. Erstere untersuchen die Beziehungsmuster sozialer Milieus (qualitativ kategorisiert) über soziodemographische und -ökonomische Indikatoren und die Wohnlage in bestimmten Quartieren von Hannover durch eine Kombination quantitativer und qualitativer Methoden. ZERGER untersucht anhand einer eigenen empirischen Analyse Zusammenhänge zwischen Sozialstruktur und Handlungsdimensionen, um Klassen- und Milieukonzeptionen auf ihre Leistungsfähigkeit zu überprüfen. Seine Studie basiert auf einer standardisierten Repräsentativbefragung der „Arbeitsgruppe interdisziplinäre Sozialstrukturforschung" (agis) der Universität Hannover von 1991. Analysiert wurden 2 699 Interviews zu sozialen und politischen Einstellungen, Freizeitaktivitäten sowie soziodemographischen Kennzeichen mit in Westdeutschland wohnhaften, deutschsprachigen Personen ab 14 Jahren. KLEE ermittelte die Raumwahrnehmung und -bewertung unterschiedlicher Lebensstilgruppen in Nürnberg auf der Basis von 511 qualitativen Interviews zu

Freizeit- und Konsumverhalten, kulturellen Vorlieben, Kontaktmustern und Werthaltungen.

Gemeinsam ist all diesen sozialwissenschaftlichen Gesellschaftsstudien, dass sie die Milieu- oder Lebensstilbiographien zunächst über qualitative Interviews erfassen (SINUS-SOCIOVISION führt seit den 1980er-Jahren quantitative Untersuchungen der Lebensstiltypen über standardisierte Erhebungen durch). Die Einteilung und Typisierung der Sozialgruppen erfolgt dann durch quantitativ-statistische Methoden (meist Faktoren- und Clusteranalyse). Die gefundenen Sozialgruppen werden schliesslich nach ihren zentralen Lebenszielen benannt.

Tabelle 2.1 Auswahl verschiedener Lebensstilkonzeptionen im Vergleich.

Kategorisierungen von Milieus und Lebensstiltypen verschiedener Autoren und eigener Ansatz		
SCHULZE (1987, 1990)	**SINUS SOCIOVISION (1999)**	**GLUCHOWSKY (1987)**
(Soziale Integration, kulturelle Vorlieben, Freizeitverhalten, Alter, Bildung) Stichprobe: 1 014	(Konsum- und Freizeitverhalten, Lebensziele, Einstellung zu Beruf und Familie, Stellung im Beruf, Bildung, Einkommen, Alter) Stichprobe: 3 000	(Wahlverhalten, Werte, Alter, soziale Integration, soziale Lage) Stichprobe: 3 000
Untersuchungsziel: Formen der Kollektivität	Untersuchungsziel: Konsumentenverhalten	Untersuchungsziel: Wahlverhalten
Selbstverwirklichungsmilieu	Liberal-intellektuelles Milieu; postmaterielle Werteavantgarde	Aufstiegsorientierter jüngerer Mensch
Niveaumilieu	Konservativ-technokratisches Milieu; erfolgsorientierte Konsumelite	Gehobener Konservativer
Selbstverwirklichungsmilieu	Postmodernes Milieu („multi-optionale Life-Style-Avantgarde") Aufstiegsorientiertes Milieu (legen Wert auf Erfolgsinsignien der Konsumgesellschaft)	Linksliberal-integrierter Postmaterialist
Integrationsmilieu	Modernes Arbeitnehmermilieu (gut ausgebildeter, mobiler Mainstream der jungen Generation) Modernes bürgerliches Milieu (konventionelle neue Mitte, strebt nach Harmonie und Sicherheit)	Aufgeschlossener, integrierter Normalbürger Integrierter älterer Mensch
Harmoniemilieu	Kleinbürgerliches Milieu (an Sicherheit und Status quo orientiert, traditionelle Wertvorstellungen)	Pflichtorientierter konventionsbestimmter Arbeitnehmer Integrierter älterer Mensch
Selbstverwirklichungsmilieu	Hedonistisches Milieu (unangepasste junge Unterschicht)	Postmateriell-linksalternativer jüngerer Mensch
Unterhaltungsmilieu	Traditionsloses Arbeitermilieu (stark konsum-materialistisch, sozial benachteiligt)	Unauffälliger, eher passiver Arbeitnehmer
Harmoniemilieu	Traditionelles Arbeitermilieu (traditionelle Arbeiterkultur)	Isolierter alter Mensch (z.T.)
		Isolierter alter Mensch (z.T.)

Tabelle 2.2 Auswahl verschiedener Lebensstilkonzeptionen im Vergleich und eigener Ansatz.

Kategorisierungen von Milieus und Lebensstiltypen verschiedener Autoren und eigener Ansatz		
BORCHERS/TEMPEL (1998)	**HILPERT/STEINHÜBL (1998)**	**eigene Gesellschaftskategorisierung**
(Alter, Bildung, Geschlecht, Werte, Freizeit- und Sozialverhalten, soziale Lage)	(Wahl- und Freizeitverhalten, Berufssituation, Einkommen, Bildung, kulturelle Vorlieben, Wohn- und Familienform)	(abgeleitet aus bestehenden Ansätzen: Einstellung zu Familie und Beruf, Werthaltungen, Bildung, soziale Lage)
Stichprobe: 961	Stichprobe: 606	Gesamterfassung der Stadtbevölkerung (99 926 Haushalte)
Untersuchungsziel: Freizeitverhalten	Untersuchungsziel: Räumliches Verhalten von Lebensstilgruppen	Untersuchungsziel: Sozialräumliche Strukturen von Lebensformengruppen
Arrivierte, „Yuppies"		postmoderne Oberschicht
	Gutsituierte Hardrock-Väter	moderne Oberschicht
Aktive Senioren	Hochkapitalisierte Midlife-Men	traditionelle Oberschicht
Ambitionierte Jüngere (Studentenmilieu)	Linke, jungledige Intellektuelle	postmoderne Mittelschicht
	Extrem Unextreme (Anpassungsmilieu)	moderne Mittelschicht
Traditionell orientierte Frauen	Religiöse Volksmusikrentner	traditionelle Mittelschicht
Action-orientierte junge Männer	junge Technomieter	postmoderne Unterschicht
		moderne Unterschicht
Passiv-zurückgezogene Senioren	Kleinbürgerliche Arbeiter und Angestellte schlechtsituierte, konservative Ältere	traditionelle Unterschicht
Ausgeschlossene (kein „Lebensstil")		„Marginalisierte" (kein „Lebensstil")

Übereinstimmende Forschungsergebnisse und eigener Ansatz. Fast all diesen Kategorisierungen ist gemein, dass sie eher ein Fortbestehen der traditionellen ökonomischen Schichtungsprofile dokumentieren als deren Auflösung. Eine Ausnahme bildet SCHULZE (1987 und 1990), der als einziger der dargestellten Autoren sozioökonomische Kriterien wie Stellung im Beruf oder Einkommen aus seinen Gesellschaftsgruppierungen ausgeschlossen hat. Er unterscheidet fünf Milieutypen (siehe Tabelle 2.1) nach ihrer sozialen Integration, ihren kulturellen und freizeitbezogenen Vorlieben, sowie nach Alter und Bildung. Alle übrigen Lebensstil- und Milieukonzeptionen orientieren sich „vertikal" weiter an den „fordistischen" Klassengrenzen bzw. sozialen Lagen. Quer dazu differenzieren sie „horizontal" als Folge der gesellschaftlichen Öffnungsprozesse (siehe Kap. 2.1.3) Lebensstiltypen nach bestimmten soziodemographischen Charakteristika und lebensstilspezifischen Einstellungen, Werthaltungen und Verhaltensweisen aus. Dementsprechend dokumentieren viele Studien eine Zunahme der modernen und postmodernen sozialen Milieus von 1980 bis 1990 (HRADIL 1999: 425, HARTMANN 1999: 73f, VESTER 1993: 20). Die der vorliegenden Studie zugrunde liegende Gesellschaftskonzeption teilt sich dementsprechend ebenfalls in die drei klassischen sozialen Lagen und die Randgruppe der „Marginalisierten" am untersten Ende der sozialen Leiter auf.

Aus den Langzeitstudien des SINUS-Instituts und bei VESTER ET AL. wird für den Zeitraum 1980 bis ca. 1990 eine Abnahme des traditionellen Mittelklassemilieus festgestellt. Dieses teilt sich auf in sozial mobile, aufstiegsorientierte „postmoderne" Milieus (die ihr soziales Prestige selbst auch als gestiegen einschätzen), aber auch in neue soziale Randgruppen und sozial immobile Milieus, deren gesellschaftlicher Rang immer noch der klassischen Gesellschaftsschichtung entspricht (vgl. Abbildung 2.2).

Sozialgruppen mit „postmodernen" Lebensentwürfen und einem hohen Sozialprestige werden von den in den Tabellen zitierten Autoren z.B. als „liberal-intellektuelle Milieu" (SINUS SOCIOVISION, siehe Tabelle 2.1), als „aufstiegsorientierte jüngere Menschen" (GLUCHOWSKY), als „arrivierte Yuppies" (BORCHERS und TEMPEL) oder als „postmateriell orientierte Werteavantgarde des liberal-intellektuellen Milieus" (SINUS SOCIOVISION) typisiert. Für diese Gruppen sind Kriterien wie Erfolg im Beruf, exklusiver, konsumorientierter und hedonistischer Lebensstil, liberale Gesinnungshaltung entscheidend.

Für Sozialgruppen mit traditioneller Lebenseinstellung und mittlerem Sozialprestige finden sich z.B. die Typisierungen „an Sicherheit, Status-quo und traditionellen Werten orientiertes kleinbürgerliches Milieu" (SINUS SOCIOVISION), „pflichtorientierter, konventionsbestimmter Arbeitnehmer" oder „integrierter älterer Mensch" (GLUCHOWSKY), „traditionell orientierte Frauen" (BORCHERS und TEMPEL) oder „religiöse Volksmusikrentner" (HILPERT und STEINHÜBL). Für die Zuordnung zu dieser Gruppe sind Merkmale wie Einhaltung von Pflichten, Konventionen, oder die Orientierung an traditionellen Werten wie Familie und Religion wichtig.

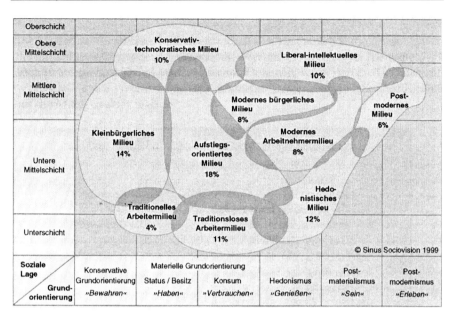

Abbildung 2.2 Die Aufteilung des gesellschaftlichen Raums in neue Sozialmilieus nach SINUS (Quelle: SOCIOVISION 1999: 10).

Einigen Angehörigen unterer Klassen bleibt trotz des allgemein gestiegenen Einkommens- und Bildungsniveaus der Zugang „nach oben" zu bestimmten Privilegien aufgrund bestimmter sozialer und physischer Merkmale versperrt (VESTER 1993: 45f). VESTER argumentiert, dass weiterhin bestehende gesellschaftliche Barrieren und neue Risiken der sozialen Polarisierung, die sich aus dem wirtschaftlichen Strukturwandel ergeben (vgl. Kap. 2.1.1), sogar zu neuen vertikalen Segmentierungen führen (VESTER 1998: 135). Für die Überwindung von Klassengrenzen ist also offensichtlich immer noch der Zugang zu bestimmten soziokulturellen Kapitalarten entscheidend, der je nach Gruppenzugehörigkeit (Geschlecht, Nationalität, Alter, etc.) unterschiedlich offen ist. VESTER und DANGSCHAT bezeichnen unsere Gesellschaft daher immer noch als Klassengesellschaft mit „neuen Dimensionen der Ungleichheit" (VESTER 1998: 110, DANGSCHAT 1998: 54, vgl. auch Kap. 2.2.1).

Die Attribute „Selbstverwirklichung", „aufstiegswillig" oder „ambitioniert" und „hedonistisch" werden in Tabelle 2.1 und Tabelle 2.2 auf die gleiche Modernisierungsstufe wie die postmodernen Gruppen der oberen und mittleren sozialen Lagen des eigenen Gesellschaftskonzepts gestellt. Der postmodernen Unterschicht entsprechen dagegen nur Attribute wie „Selbstverwirklichung", „Hedonismus", „Postmaterialismus" und „Action-Orientierung". Die traditionelle Modernisierungsstufe korrespondiert mit Eigenschaften wie „konservativ", „konventionsbestimmt", „passiv", „kleinbürgerlich", „familienorientiert", „harmonisch" und „traditionell orientiert". Der modernen Lebensformengruppe der vorliegenden Untersuchung entsprechen Attribute wie „Aufgeschlossenheit", „Integration", „Normalbürger", „Traditionslosigkeit" oder „Unauffälligkeit" (bzw. „extrem unextrem"). Die „Marginalisierten" der aktuellen Studie sind in anderen

Untersuchungen beschrieben mit „isolierter alter Mensch", „Ausgeschlossene", oder „sozial Diskriminierte".

Dem Alter nach werden einer postmodernen Lebensführung eher jüngere Bevölkerungsgruppen zugerechnet, einer traditionellen Lebenseinstellung eher ältere.

2.2.2.4
Kritik an den neuen Gesellschaftskonzepten

Mangel an einheitlicher Methodik und Theorie. Entsprechend der erwähnten Unklarheiten bei der Begriffsbestimmung und der Vielschichtigkeit des Lebensstilansatzes weisen auch die empirischen Arbeiten zu Lebensstilisierungen wenig inhaltliche und konzeptionelle Gemeinsamkeiten auf. Es fehlen einheitliche methodische Ansätze und theoretisch begründete Erhebungsmerkmale, um die jeweils ermittelte Zahl und Abgrenzung der Lebensstiltypen zu rechtfertigen. Dementsprechend sind die Grenzen zwischen den Lebensstil- und Milieukategorien im Gegensatz zu den klar definierten Klassengrenzen fliessend.

Auch ist es bisher nicht gelungen, das Lebensstilkonzept überzeugend in Theorien zur sozialen Ungleichheit einzubeziehen. Die bisherigen Studien basieren auf verschiedenen theoretischen Konzepten. Die am häufigsten verwendeten sind soziologische Theorien zum gesellschaftlichen Wertewandel von der Moderne zur Postmoderne (Freizeitgesellschaft) sowie zur erhöhten individuellen Wahlfreiheit und Selbstbestimmung (Individualisierungsthese).

Repräsentativität. Bislang existieren nur wenig repräsentative nationale soziologische Lebensstil- oder Milieuansätze, wie z.B. die von GLUCHOWSKY 1987 und VESTER 1993 für Westdeutschland oder die von SPELLERBERG & BERGER-SCHMITT 1998 für Gesamtdeutschland. Meist ist die Untersuchungspopulation jedoch auf eine Stichprobenerhebung in einer Stadt eingeschränkt (siehe Tabelle 2.1 und 2.2, z.B. HILPERT & STEINHÜBL 1998 für Augsburg oder KLEE 2001 für Nürnberg).

Soziale Lage weiterhin „Stigma". Anhänger der Theorie der Neustrukturierung sozialer Ungleichheit kritisieren, dass Lebensstile lediglich eine Erweiterung alter Strukturen sozialer Ungleichheit sind. Die neue Dimension des individuellen Lebensstils erweitert oder verschleiert nur die weiterhin bestehende Klassen- oder Schichtzugehörigkeit als „Stigma der individuellen Sozialbiographie".

Differierende Befunde. Infolge der unterschiedlichen Zielsetzungen der Untersuchungen (z.B. Markt- und Wahlforschung, Kultursoziologie, Sozialstrukturanalyse) stehen jeweils andere Dimensionen der sozialen Welt im Vordergrund. So kommt es zur Erhebung unterschiedlicher Sozialstrukturdaten und damit zur Konstruktion differierender Lebensstiltypen. Die Forderung, möglichst „das ganze Leben" umfassend in die Untersuchungen einfliessen zu lassen, d.h. den Haushaltskontext, das Interaktionsverhalten, Werte, Ziele, Mediennutzung, Freizeit- und Konsumverhalten, etc. (SPELLERBERG 1996), ist mit den derzeit gebräuchlichen Forschungsinstrumenten kaum zu verwirklichen.

Divergenz von Theorie und empirischen Befunden. Sowohl die traditionelle Schichtenanalyse als auch die Milieu- und Lebensstilforschung belegen ihre Theorien mit empirischen Befunden. Stimmen die Untersuchungsergebnisse nicht mit den theoretischen Prämissen überein, werden, wie z.B. bei BECK (BECK 1986), unvereinbare Ergebnisse als Überbleibsel aus der Vergangenheit in einem noch nicht abgeschlossenen gesellschaftlichen Transformationsprozess interpretiert. Auch SCHELSKY (1965) rechtfertigt sein Konzept der „nivellierten Mittelstandsgesellschaft" (s.o.), indem er die gleichzeitige Existenz verschiedener Modelle der sozialen Ungleichheit voraussetzt. ZERGER (2000: 113-114) sieht ein grundlegendes Problem der deskriptiven Gesellschaftsanalysen darin, dass ihre empirischen Untersuchungen oft in ihren eigenen Vorgaben gefangen bleiben. Die eigenen theoretischen Konzepte würden empirisch bestätigt oder umgekehrt. Er kritisiert diese Arbeiten als „zirkuläre" Argumentationsketten ohne überzeugende empirische Untermauerung. Eine fachinterne Kritik und damit Überprüfung der eigenen Aussagen sei kaum möglich, da die verschiedenen Ansätze keine gemeinsame Bewertungsebene bezüglich verwendeter Daten und Fragestellungen aufweisen. Als eine Möglichkeit, die empirischen und theoretischen Befunde zu rechtfertigen, fehlten bislang auch Versuche, mit Lebensstilgruppen individuelles oder sozialräumliches Verhalten zu erklären.

Poststrukturalistischer Pluralismus. Der theoretische, konzeptionelle und empirische Pluralismus entspricht allerdings dem Paradigma des Poststrukturalismus, das uniforme Weltdeutungen bzw. die Existenz einer „einzigen Wahrheit" zurückweist. Die „Pluralität der Lebensstile" widerspiegelt die „Pluralität der möglichen Weltdeutungen" im poststrukturalistischen Sinn.

Man könnte das Lebensstilkonzept auch in dem Sinne verteidigen, dass es eine Möglichkeit darstellt, dem starren Schema der Klassen- oder Schichtgesellschaft auszuweichen. Der Ansatz bietet die Möglichkeit, traditionelle und moderne gesellschaftliche Ungleichheiten einzubeziehen. So kann er einen Beitrag zur modernen Gesellschaftsanalyse leisten.

2.3
Neue Gesellschaftsstrukturen und Raum

2.3.1
Konzepte zum Verhältnis Gesellschaft – Raum

Überholte Raumkonzepte. Es gibt in den Gesellschaftswissenschaften unterschiedliche Theorien über die soziale Bedeutung des Raums. Frühe Sozialphilosophen und Soziologen (z.B. MARX, WEBER) weisen bei ihren Gesellschaftsbetrachtungen dem Raum keinen hohen Stellenwert zu. Für Sozialgeographen war Raum lange auf die in ihm enthaltenen physischen Objekte beschränkt. Als eigenständige ontologische Struktur wurde er als materielle Umwelt des Menschen interpretiert. Dementsprechend besteht für das Konzept des „*Container-Raums*" Raum unabhängig von seinen physisch-materiellen Inhalten. Anders wird nach den Vorstellungen der Vertreter des „*relationalen Raums*" dem Raum keine eigenständige ontologische Struktur zugesprochen. Er existiert nach dieser Auffassung nur durch die Lagebeziehungen der in ihm enthaltenen physisch-materiellen Objekte (BARTELS ist der bedeutendste Vertreter dieses Konzepts in Deutschland, BARTELS 1974: 14-21: Ziel der geographischen

Forschung ist hier die Beschreibung und Erklärung von Verteilungsregelmässigkeiten). Diese Betrachtungsweisen gelten mittlerweile als überholt.

Dialektisches Raumkonzept. Heute besteht Konsens darüber, dass räumliche Gegebenheiten Produkt von und Bedingung für soziale Lebensformen bzw. menschliches Handeln sind. Frühe Vertreter dieser Raumvorstellung sind die CHICAGOER SCHULE (PARK ET AL. 1925, s.u.) und im deutschsprachigen Raum BOBEK (1948). Im neueren sozialwissenschaftlichen Diskurs um das Mensch-Raum-Verhältnis sind unter anderem die Thesen von BOURDIEU, LEFEBVRE („social production of space") und WERLEN von Bedeutung (BOURDIEU 1991, LEFEBVRE 1991, WERLEN 1995: 221). Die Auffassung, dass Raumstrukturen zwar physisch-materiell vorgegeben, aber sozial modifiziert sind, wird als „dialektisches Raumkonzept" bezeichnet. Es entstehen „materiell verfestigte soziale Strukturen", die erst durch Wahrnehmung und soziale Bewertung Bedeutung für die Gesellschaft erlangen (vgl. SAYER 1985: 59, HAMM & NEUMANN 1996: 54f).

Raum als Spiegel von Gesellschaftsprozessen. Diese Annahmen lassen den Schluss zu, dass (sozial-)räumliche Strukturen Gesellschaftsphänomene reflektieren. Diese Auffassung entspricht der *marxistischen Raumbetrachtung*, in der Raum materiell und durch sozioökonomische Prozesse (Konsum, Produktion, Austausch) repräsentiert ist (GOTTDIENER 1995: 123). Nach GIDDENS' *Strukturationstheorie* (GIDDENS 1984) ist der physisch-materielle Raum eine soziale Konstruktion, die nur solange sozial existiert, wie sie von Gesellschaftsakteuren reproduziert wird (WERLEN 1997: 122, GOTTDIENER 1995: 196). Sozioökonomische Ungleichheit manifestiert sich z.B. im Raum aufgrund von Prozessen des Wohnungsmarktes bzw. der Wohnungspolitik, der Wahl und Zuteilung von Wohnstandorten (siehe Kap. 2.3.3): Die grösser werdende Gruppe der kleinen, oft aus (Doppel-)Verdienern bestehenden Haushalte kann sich aufgrund ihrer finanziellen und soziokulturellen Möglichkeiten spezielle Wohnortpräferenzen (hohe Wohnqualität in der Nähe zu urbanen Zentren mit entsprechenden Infrastruktureinrichtungen zur Versorgung und Feierabendgestaltung) eher erfüllen als z.B. Familien (Kompromiss aus familiengerechter Wohnfläche, hohem Grünflächenanteil im direkten Wohnumfeld und Wohnkostenminimierung). Dies führt in der Stadt zu sozialräumlicher Segregation nach Einkommen/Vermögen und Haushaltsstrukturen.

Raum als Indikator für Gesellschaftsphänomene. Räumliche Konstellationen können umgekehrt Aufschluss über soziale Phänomene liefern. Bereits die CHICAGOER SCHULE aus den 20er-Jahren des 20. Jahrhunderts nahm an, dass Stadtviertel durch ihre Einwohner geprägt werden (PARK ET AL. 1925). PARK ET AL. führten den Begriff der „natural areas" ein, d.h. „Nachbarschaften" ähnlicher physischer und sozialer Eigenschaften. Diese bilden sich aufgrund von Entscheidungsprozessen bezüglich des Wohnstandorts (LA GORY 1981: 89f, 158). Da diese Entscheidungen von sozioökonomischen Faktoren (z.B. Alter, Status, Einkommen, Unzufriedenheit mit der bestehenden Wohnsituation etc.) beeinflusst werden, sind sie gleichzeitig Ergebnis des Wettbewerbs von Gesellschaftsgruppen („Sozialdarwinismus").

Für BOURDIEU ist die Position im physischen Raum ein geeigneter Indikator für die Stellung im sozialen Raum, die Raumorganisation prägt Beziehungen zwischen Menschen (BOURDIEU 1991: 26, siehe auch Kap. 2.3.2). Raum hat z.B. Einfluss auf Bildung: Gehen Kinder aus einer armen Nachbarschaft in eine Schule eines gehobeneren Wohnviertels, ist die Wahrscheinlichkeit hoch, dass die Einstellungen und Ziele (auch Berufswahl) dieser Kinder sich ändern. Dagegen können hohe Siedlungsdichten sowie räumliche Isolation Stress verursachen und zu aggressivem Verhalten bzw. sozialen Missständen führen (GIDDENS 1997: 251ff, LA GORY 1981: 227f, 246f, 251).

LA GORY warnt allerdings davor, von räumlichen Strukturen und Positionen unmittelbar auf soziale Verhältnisse zu schliessen. Räumlich periphere Strukturen seien nicht automatisch mit sozial peripheren Verhältnissen gleichzusetzen. Sehr wohl könnte jedoch räumliche Distanz als Zeichen für soziale Distanz gedeutet werden (LA GORY 1981: 194).

Veränderte Raumstrukturen in Postfordismus und Postmoderne. Für den hierarchischen und arbeitsteiligen Fordismus waren funktionalräumliche Spezialisierungen charakteristisch, d.h. Herausbildung von Vierteln mit bestimmten urbanen Funktionen wie Wohnen, Arbeiten, Versorgen etc. Im Postfordismus werden Raumbarrieren infolge der Internationalisierung, der neuen Kommunikations- und Transporttechnologien sowie erhöhter Geschwindigkeit von Informationsgewinnung, -verarbeitung und -austausch für das sozioökonomische System leichter und schneller überwindbar gemacht, vorher gültige Raummuster werden aufgelöst (siehe Abbildung 2.3).

Trotz dieser räumlichen Verdichtung verliert der physisch-materielle Raum nicht an Bedeutung: Verringert hat sich lediglich die zu seiner Überwindung nötige Zeit. In der Folge werden Raumstrukturen so umgeformt, dass sie den Erfordernissen der globalisierten Wirtschaft (Transport- und Telekommunikationsnetze, räumliche Nähe bestimmter Funktionen etc.) entsprechen (HARVEY 1996: 245): Neben dem bisher bedeutsamen, historisch determinierten „Raum der Orte" ist ein „Raum der Ströme" (CASTELLS 1994) entstanden, in dem Ökonomie und Gesellschaft unabhängig von Standorten bzw. klar lokalisierbaren Strukturen agieren. Die globalisierte Zirkulation von Kapitalströmen wird dabei zum wichtigsten sozialräumlichen Prozess. Dennoch bleibt die Bedeutung von bestimmten, räumlich verankerten Konstellationen bestehen, wie die Konzentration von wirtschaftlichen und politischen Führungszentren in Global Cities, ungleich verteilte Telekommunikationseinrichtungen und –dienstleistungen oder das räumlich verankerte Verkehrssystem. Typisch sind nun räumliche Strukturen in Cluster- bzw. Netzform: Jeder Ort mit seinen spezifischen lokalen Interessen ist in ein globales Netzwerk eingebunden und muss sich diesem zu einem gewissen Mass unterordnen.

Verändertes Raumverständnis der Postmoderne. BAUDRILLARD (1988) erkennt einen Bedeutungsverlust von räumlicher Distanz für das Denken und Handeln des Menschen. Der metaphysisch-symbolische oder psychologische Raum beherrscht dementsprechend die wissenschaftliche Diskussion der Postmoderne (Stichworte: „Suggestions-Raum", „Subjektiver Raum", „Hyperrealität der Simulationen", HARVEY 1990: 213-214, HASSE 1988: 21f). Nach dieser Anschauung vermittelt sich die gebaute Umwelt kommunikativ über Symbole, die gelesen und interpretiert werden müssen. Raum ist demnach eine subjektive Wirklichkeit, die nicht unabhängig von den ihn wahrnehmenden Individuen bestehen kann.

In der heutigen multikulturellen Gesellschaft führt die Angst vor dem immer näher rückenden „anderen" zu verschiedenen Formen von räumlichen Stigmatisierungen, d.h. Ortszuweisungen sozialer Strukturen mit bestimmten Rollenzuschreibungen und Machtzugängen (HARVEY 1996: 264). Einige postmoderne Theoretiker sehen Raum in diesem Sinne als Mittel der sozialen Kontrolle (HARVEY 1996: 209, GOTTDIENER 1995: 126, „verborgene Mechanismen der Macht" nach BOURDIEU 1992). In diesem Zusammenhang ist auch MARCUSES Konzept der „Mauern" zu sehen: Symbolisch–unsichtbare oder real-physische Barrieren behindern soziale Interaktionen und ermöglichen sozioökonomische Ausgrenzung (MARCUSE 1995: 247f). Auflehnung gegen diese Form der sozialen Unterdrückung äussert sich in räumlich-konkreten Protestaktionen (Graffiti an Gebäuden und Mauern, Strassendemonstrationen für die Infrastrukturverbesserung eines Quartiers oder Häuserbesetzungen). Dementsprechend behauptet LEFEBVRE, dass „Klassenkampf" heute (immer noch) stark an Räume gebunden ist (LEFEBVRE 1991).

Man kann also sagen, dass das Angewiesensein auf räumliche Bezüge infolge der „Überlokalität" der Lebensgestaltung zwar generell gesunken ist, unsere Gesellschaft aber nicht „enträumlicht" ist. Die Bindung an das Wohnumfeld ist immer noch wichtig, da hier psychologische und soziale Grundbedürfnisse des Menschen, wie Privatsphäre, sozialer Austausch und soziale Zugehörigkeit befriedigt werden (BÖLTKEN 1987: 148f, MEIER-DALLACH ET AL. 1982: 9). Dies trifft v.a. auf Bevölkerungsgruppen zu, die aufgrund ihrer Lebenssituation auf eine lokale Einbindung angewiesen sind (z.B. Alte, Schüler, Erziehende).

Synthese. Ein heute anwendbares *„gesellschaftliches Raumkonzept"* (vgl. KLEE 2001: 73f und LÄPPLE 1991: 158ff) besteht aus mehreren Komponenten:

- Raum ist zunächst der *physisch-materielle Rahmen*, der sich durch bestimmte *Lagebeziehungen* der in ihm enthaltenen Objekte manifestiert (z.B. operationalisierbar über Raumelemente und Bewohner eines Stadtquartiers).
- Diese Raumobjekte werden durch *handelnde Individuen* unterschiedlich *wahrgenommen und interpretiert, genutzt und verändert bzw. (re-)produziert* (z.B. operationalisierbar über lebensstilspezifische Wahrnehmung und Verhalten wie Wohnstandortwahl, Wohnortwechsel).
- Die raumbezogen handelnden Individuen oder Gruppen verbinden so mit den physisch-materiellen Raumstrukturen ein *räumliches Zeichen- bzw. Symbolsystem.*
- Dies alles kann aber nur innerhalb eines *institutionellen Rahmens* geschehen, der den Umgang der individuellen Akteure mit den Raumobjekten regelt (Verkehrsnetz, Lage kultureller Institutionen, Nutzungsordnungen für öffentliche Anlagen, kulturelle Normen etc.).

Daraus muss die Schlussfolgerung gezogen werden, dass Raum nur analysiert werden kann, indem man neben den physisch-materiellen und institutionellen Raumdimensionen auch die soziale Struktur und die Verhaltensweisen der Akteure untersucht, die auf diesen einwirken. Abbildung 2.3 bietet eine schematische Darstellung der veränderten Raummuster von der Moderne zur Postmoderne. Allerdings muss angemerkt werden, dass die Parallelität zwischen sozialen und räumlichen Prozessen in deutschen und schweizerischen Städten aufgrund der vielfältigen Netze und Filter des sozialen Wohlfahrtsstaates

Theorie 41

(Arbeitslosenunterstützung, Sozialhilfe, Mieterschutz, etc.) im Vergleich zu den Verhältnissen in den USA abgemildert ist.

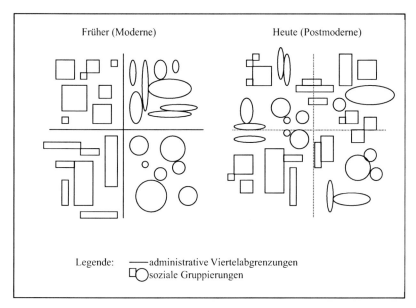

Abbildung 2.3 Schematische Darstellung sozialräumlicher Veränderungen von urbanen residentiellen Strukturen von der Moderne zur Postmoderne (eigene Darstellung).

2.3.2
Raumbezug von Lebensstilen und Milieus

Lebensstile und Milieus treten heute aufgrund erhöhter geographischer Mobilität, neuer Medien und Kommunikationsmöglichkeiten in Variationen über grosse Distanzen weltweit auf. Diesem Trend zu „globalen Lebensstilen" steht eine Separation der Individuen entlang von Lebensstilgrenzen gegenüber: Während sich Mitglieder einer Lebensstilgruppe trotz zum Teil grosser räumlicher Entfernungen sozial nahe stehen, leben unterschiedliche Lebensstilgruppen trotz unmittelbarer räumlicher Nähe „in verschiedenen Welten".

Lebensstile manifestieren sich im Raum. In Städten bilden sich Raumeinheiten mit übereinstimmenden Lebensstilen, da Menschen nach räumlicher Nähe zu ähnlichen Lebensstilgruppen streben. Unterschiedliche Lebensstilgruppen distanzieren sich dagegen räumlich voneinander (HERLYN & HARTH 1996: 259). Lebensstile lassen sich daher bestimmten städtischen Räumen zuordnen (vgl. die Studien von HERLYN & HARTH 1996: 49, HILPERT & STEINHÜBL 1998, SPELLERBERG 1997).

Lebensstile prägen Raumstrukturen und vice versa. Nach LEFEBVRES Theorie der „social production of space" (siehe Kap. 2.3.1) prägen Lebensstile durch ihre spezifischen Verhaltensmuster Räume. Wohnquartiere passen sich der

Lebensstilstruktur ihrer Bewohner an (LA GORY 1981: 179), indem Wohnraum und lokale Infrastruktur eines Stadtteils in der Folge von Wechseln der Bewohnerstruktur auf- oder abgewertet werden.

Umgekehrt üben Räume mit ihren impliziten Handlungsoptionen und ihrer Rolle als Identifikationsobjekte Einfluss auf das Mobilitäts-, Konsum- und Freizeitverhalten der Lebensstilgruppen aus (HILPERT & STEINHÜBL 1998: 11, LÜDTKE 1989: 145). Entsprechend dem „relationalen Raumverständnis" (Kap. 2.3.1) kann die Lage von Wohnorten im Stadtgebiet Rückschlüsse über den sozialen Status oder Lebensstil eines Individuums zulassen: Innenstädte sind z.B. Orte der „unreifen" (jüngeren) Lebensphasen, aufgewertete Viertel in attraktiver Lage werden vom gentrifizierten Lebensstil belegt. Um sich gegenüber anderen abzugrenzen, bewohnt die Gruppe der oberen Berufskategorien vornehmlich exklusive Räume, die auf dem Wohnungsmarkt für andere Gruppen zu kostspielig sind. Suburbs sind v.a. Wohngebiete der Familien. Solchen „Lebensstilräumen" kann man eine Zeit lang angehören und sie dann wechseln, da sich bei veränderten Umständen Verhaltens- und Denkroutinen schnell wandeln können (MAFFESOLI 1988: 209f, HRADIL 1999: 431).

Raum in der Lebensstilforschung. Dennoch wird „Raum" in der Lebensstilforschung vornehmlich als physischer Rahmen aufgefasst, innerhalb dessen sich Lebensstile identifizieren lassen (Lebensstile in unterschiedlichen Gemeindegrössenklassen, Wohnquartieren oder Gegensätze Stadt–Land, z.B. SPELLERBERG 1997: 8ff oder SCHNEIDER & SPELLERBERG 1999: 198ff). Die sozialen und räumlichen Interdependenzen werden dabei nicht explizit problematisiert. Wechselwirkungen zwischen Raum und Lebensstilen oder die Bedeutung von Raumstrukturen für die Lebensstilbildung bleiben unberücksichtigt. Nur wenig Autoren, wie z.B. BOURDIEU (1991), beziehen Raum als Bestandteil oder Erklärungsfaktor in ihre Lebensstilkonzepte mit ein. Lebensstile werden hier als Konstrukte mit räumlicher Dimension interpretiert.

Raum in der Milieuforschung. Anders als in der Lebensstilforschung bezieht das Milieukonzept Raum als objektive und subjektive Handlungsbedingung mit ein (vgl. Kap. 2.2.2.2). Je nach vorherrschender Perspektive werden Sozialmilieus aufgefasst als „sozialwirksame Raumstruktur", wobei kommunikationsfördernde räumliche Nähe eine Konzentration von milieuspezifischen Lebensstilgruppen an bestimmten Orten bewirkt, oder als „raumwirksame Sozialstruktur", wobei Milieus durch lebensstilspezifische Ansprüche und Verhaltensweisen ihren Wohnraum prägen (vgl. HERLYN ET AL. 1991: 28).

Das Zusammenwirken soziokultureller Strukturen und die vorhandene baulich-physische Umwelt wird als „Wohnmilieu" bezeichnet (HERLYN ET AL. 1991: 28). Wohnmilieus als Räume des sozialen Austausches und der sozialen Integration sind durch gemeinsame Sozialstrukturen und Werthaltungen gekennzeichnet (SCHACHT 1999: 290f). An bestimmten Orten entwickeln sich spezifische Milieus, z.B. Milieus des Besitzes und der Bildung in gehobenen Wohnquartieren oder Milieus der Armut in Substandard-Quartieren.

SCHULZE (1994: 41ff) stellt aufgrund der erhöhten Mobilität und der erweiterten Wahlmöglichkeiten eine zurückgehende Bedeutung von Raumstrukturen bei der Milieubildung fest. Da Menschen heute Räume leicht überwinden können und ihre Sozialkontakte frei wählen, sind Milieus weniger von der konkreten Situation (räumlich und sozial) abhängig, als vielmehr von

Interessen, die in den Subjekten selber liegen. Finanzielle Absicherung oder Religionszugehörigkeit als *situationsbestimmte* Bedingungen verlieren gegenüber Erlebnisorientierung und ideellen Ansprüchen als *subjektorientierten* Bedingungen an Bedeutung. Ursprünglich war der Stadtraum in Segmente beziehungsprägender „Milieu-Umgebungen" unterteilt, die ihrerseits von den Bewohnern (um-)gestaltet wurden. In der heutigen mobilen Gesellschaft ist der Wohnort jedoch nicht mehr relevant für die Milieuzugehörigkeit einer Person, der sozial bedeutsame Raum verkleinert sich zur „Szenerie". Es handelt sich dabei um vorübergehend besuchte Rauminseln, Treffpunkte und Inszenierungsorte von Individuen des gleichen Milieus (wie Kneipen, Bahnhöfe, Konzertsäle, Fitnessstudios). Diese Orte sind öffentlich, haben keine existentielle, verwurzelnde Bedeutung, werden nicht mit alleinigen Besitzansprüchen bestimmter Milieus belegt und verändern sich ständig. Das räumliche Umfeld der Verkehrswege und Transportmittel, auch die meisten Wohngebiete, durch die sich die Individuen zwischen den verschiedenen Szenerien bewegen, werden von SCHULZE als „milieuneutrale Zonen" ohne soziale Bedeutung bezeichnet (SCHULZE 1994: 50f).

Dennoch darf die soziale Signifikanz von Raum nicht unterschätzt werden. Auch heute noch kann der Wohnort etwas über die soziale Stellung oder Lebensphase einer Person aussagen. So suchen z.B. Familien wie Singles bestimmte räumliche Infrastrukturen und die räumliche Nähe zu anderen in gleichen Lebensumständen, Wohlhabende grenzen sich räumlich gegen einkommensschwächere Bevölkerungsteile ab. Die Studie von HILPERT und STEINHÜBL (HILPERT & STEINHÜBL 1998: 15f) zeigt, dass raumrelevante Variablen (wie Verkehr, Mobilitätsverhalten, Wohnumfeldpräferenzen etc.) zwar keine „aktive" Rolle bei der Bildung von Lebensstilgruppen spielen, aber dennoch bzgl. räumlichem Verhalten der Lebensstilgruppen unterschiedliche Wirksamkeit und Relevanz aufweisen.

Methodisch können als Indikatoren für den Raumbezug von Milieus und Lebensstilen Faktoren wie Umzugsbereitschaft, Identifikation und Zufriedenheit mit der Wohnsituation, Haustypen und Wohnformen in die Analysen einbezogen werden.

2.3.3
Räumliche Segregation der Gesellschaft

Begriffsklärung. Unter Segregation wird allgemein die ungleiche räumliche Verteilung von sozialen Einheiten (sozialen Gruppen, Handlungsformen) verstanden (FRIEDRICH 1999: 271). Mit residentieller Segregation wird das sozialräumliche Auseinanderdriften der Wohnstandorte von Bevölkerungsgruppen bezeichnet. Sie kann zur Isolierung bzw. Abschottung gesellschaftlicher Gruppen führen, was die Diskriminierung der Bewohner „stigmatisierter" Viertel fördert (HERLYN & HARTH 1996: 258, GOTTDIENER 1995: 278).

Segregation und Stadtgesellschaft. Nimmt man an, dass Raum ein Bestimmungsfaktor für gesellschaftliche Verhältnisse ist (vgl. Kap. 2.3.1), können Segregationsmuster Rückschlüsse über soziale Strukturen und Prozesse liefern: Da die segregierten Nachbarschaften nicht gleichwertig nebeneinander stehen, sondern hierarchisch gestuft sind, können gesellschaftliche Hierarchiemuster oder soziale Trennungen der Bevölkerungsgruppen durch räumliche Segregation reproduziert bzw. verfestigt werden (LA GORY 1981: 267f). Dies lässt die neue gesellschaftliche Polarisierung (vgl. Kap. 2.2.1) in städtischen Raumstrukturen und damit verbundenen neuen städtischen Problemen deutlich zutage treten (vgl. DANGSCHAT 1996: 53, 58).

Ursachen für residentielle Segregation. Verschiedene Autoren beleuchten unterschiedliche Aspekte der Ursachen für residentielle Segregation in Städten:

- Die Ursachen für residentielle Segregation sieht BOURDIEU in der **Konkurrenz um soziale Positionen** in Form dreier sog. „Kapitalarten" – ökonomisches, kulturelles und soziales Kapital. Diese Faktoren entscheiden durch ihre jeweilige Kombination und Quantität über die soziale und räumliche Positionierung (Wohnung und Wohnstandort) eines Menschen (BOURDIEU 1983). Dabei bestimmt der Grad der Differenzierung der Sozialstruktur nach sozioökonomischen, soziokulturellen und demographischen Kriterien die Ausprägung von residentieller Segregation: Sie verstärkt sich mit zunehmender Einkommensungleichheit, höherer Statusdifferenzierung oder wachsendem Anteil der (ethnischen) Minderheiten an der Gesamtbevölkerung. Bildung scheint bei den Segregationsprozessen eine grössere Rolle zu spielen als Einkommen, was damit zu begründen ist, dass der Faktor Berufsqualifikation in der „Informationsgesellschaft" (vgl. Kap. 2.1.3) eine wachsende Bedeutung für die Segregation der Arbeitswelt hat (LA GORY 1981: 200). Einfluss auf die residentielle Segregation hat zudem die unterschiedliche Bedeutung der Wohnsituation je nach Lebenszyklusphase (FRIEDRICH 1999: 272).

- Zusätzlich wird der Trend zur Segregation unterstützt durch **Prozesse des Wohnungsmarktes**. HERLYN ET AL. thematisieren die Wichtigkeit der Ausdifferenzierung der Wohnraumsituation hinsichtlich Baustil, Baualter, Grösse, Lage, Ausstattung und Infrastruktur im Quartier für die residentielle Segregation: je eindeutiger die typische Ausprägung, desto grösser die Tendenz zur Entsprechung von Sozialgruppe und Raumausstattung (HERLYN & HARTH 1996: 259-260).
  Der städtische Wohnungsmarkt ist segmentiert, d.h. er setzt sich aus zahlreichen Teilmärkten zusammen, zwischen denen – aufgrund des unterschiedlichen Preisniveaus – räumliche und soziale Barrieren bestehen (KRÄTKE 1996: 182f). Durch diese Mechanismen werden Bevölkerungsgruppen in bestimmten Teilgebieten konzentriert und somit ungleiche räumliche Verteilungsmuster geschaffen.

- Die **Stadtentwicklungs- und Wohnungspolitik** ist seit ca. 30 Jahren mit der „A-Stadt-Problematik" konfrontiert, im Zuge derer sich Innenbereiche durch Randwanderung wohlhabender Schichten und Familien entleeren, während Arme, Alte, Ausländer, Auszubildende etc. zurückbleiben. Als Gegenmassnahme wird versucht, die Innenstadt für die „neuen" gehobenen städtischen Mittelschichten (wohlhabende, meist kinderlose Ein- und Zweipersonenhaushalte mit konsumorientiertem, hedonistischem Lebensstil und gut bezahlter, oft in der City lokalisierter Tätigkeit im Dienstleistungssektor), sowie für den Einkaufs- und Kongresstourismus attraktiv(er) zu machen. Gleichzeitig wird billiger Wohnraum vernichtet oder sein Ausbau

vernachlässigt. Der Rückgang an preiswerten Wohnungen ist angesichts des Anstiegs der bedürftigen Haushalte prekär.
- Einfluss auf die residentielle Segregation hat ferner das wachsende Bedürfnis nach **individueller Identitätsbestimmung** in einer globalisierten Welt mit immer weniger raum-zeitlichen Bezügen. Äussere Erscheinungsbilder werden notgedrungen wichtig für die Identifizierung und Beurteilung der sozioökonomischen Position des anderen. Die Wohnung als „räumlich lokalisierte Operationsbasis", von der aus sich „das Individuum räumlich-positional an die Welt bindet" (ODERMATT 1997: 1), wird Teil der Selbstdefinition. Diese kann über Symbolik erfolgen, wie z.B. stadtteilbezogene Kultur- und Wohnformen mit bestimmten Status- bzw. Lebensstilmerkmalen der Architektur und des Wohnumfeldes (HARVEY 1990: 82, MEIER-DALLACH ET AL. 1982).

Neue städtische Raummuster. Die vorindustrielle und die frühe industrielle Stadt bestanden aus Nachbarschaften, d.h. Gebieten mit relativ homogener Klassenzusammensetzung und entsprechender Infrastruktur. Folgende Raumstrukturen sind für heutige Grossstädte typisch:
- **Kleinräumige Fragmentierung.** Moderne Grossstädte, in denen sich der gesellschaftliche Umbruch konzentriert (vgl. DANGSCHAT 1996: 65), sind durch das enge räumliche Nebeneinander und die teilweise Überschneidung sozialräumlicher Muster einer heterogenen Bevölkerung aus unterschiedlichen Privatwelten oder Lebensstilen gekennzeichnet. Typisch ist heute eine „Auflösung der Lehrbuch-Geometrien der [fordistischen] Zonen und Sektoren der residentiellen Muster der Klassengesellschaft" (HELBRECHT 1997: 11) und eine kleinräumige Fragmentierung der verschiedenen Wohnmilieus mit zum Teil unklaren Grenzen („kleinräumiges Mosaik sozialer Welten", „Stadt der Inseln", „Oasen des gehobenen Wohnens" oder „Enklaven der Reichen und Armen", TIMMS 1971, SOJA 1995: 134, KRÄTKE 1996: 164).

CASTELLS prägt für die neue räumliche Struktur der Grossstädte der USA, die mit Abstrichen (je nach Einbindung in das globale Wirtschaftssystem und Phase der urbanen Restrukturierung) auf europäische Grossstädte zu übertragen ist, den Begriff „duale Stadt" (CASTELLS 1989) mit räumlicher Koexistenz einer kosmopolitischen Elite und einer lokal verwurzelten traditionellen Bevölkerungsgruppe. MARCUSE (1989) plädiert dagegen dafür, statt von der „dualen" von der „vielgeteilten" Stadt zu sprechen, die aus zeitlich und räumlich nebeneinander existierenden städtischen Einheiten besteht. Dabei handelt es sich um eine begrenzte Anzahl von fünf Unterteilungen (MARCUSE 1995: 244, siehe Tabelle 2.3).

Geringe räumliche Distanz bedeutet heute nicht mehr zwingend soziokulturelle Nähe (LA GORY 1981: 197). Unsichtbare Trennungslinien der räumlichen und ethnischen Fragmentierung in den Köpfen sind ebenso unüberwindbar wie physisch-materielle. Durch die enge räumliche Nachbarschaft werden Kontakte zu „fremden" Lebensstilen zwar häufiger, dennoch werden „echte" Nachbarschaftsbeziehungen loser, oberflächlicher. Solidaritätsempfinden und soziale Verantwortung im Nahraum werden geschwächt (GOTTDIENER 1995: 267f., GIDDENS 1997, „Entsolidarisierung").

Es ist das Paradoxon der postmodernen Gesellschaft, dass ihre Lebensräume sich immer kleinräumiger fragmentieren, während verbesserte Transport- und Kommunikationstechnologien räumliche Trennungen durch funktionale Vernetzung schrumpfen lassen (CASTELLS 1994).

- **Gentrifizierung.** Folge der einseitigen Fördermassnahmen in den sog. „Aufwertungsquartieren" ist teilweise Rückwanderung der neuen gentrifizierten Lebensstilgruppe, die nun – neben exklusiven Suburbs – bevorzugte Innenstadtlagen belegt: luxussanierte und verteuerte Wohngebiete, die zuvor sozial schlechter gestellten Gruppen vorbehalten waren. Entsprechende neue Dienstleistungen und Freizeiteinrichtungen folgen. Zwangsläufig kommt es zur kulturellen Überprägung (Mentalitäts- und Wertewandel) und ökonomischen Verdrängung der ursprünglichen Quartiersbevölkerung (HAHN 1999: 205). Es entstehen soziale Nutzungskonflikte im Raum.
- **Defensivräume.** Die neue räumliche Nähe von Armut und Wohlstand führt auf beiden Seiten zu Gefühlen der Bedrohung. Die von Verdrängung betroffene Bevölkerung versucht ihr Revier durch Abgrenzungs- und Abwehrreaktionen zu verteidigen (EHRET KÖNIG 2000: 208ff.). Wohlhabende Subgruppen empfinden Armut aufgrund der Assoziation mit Kriminalität als verunsichernd oder gar bedrohlich, durch sie belegte Räume werden ebenfalls zu abgeschotteten „Defensivräumen" (CASTELLS 1989: 227, FINCHER 1998: 53). In der Stadt entstehen so territorial abgeschlossene, überschaubare und soziokulturell homogene Nahbereiche, in denen sich soziale Subgruppen abgrenzen und engen Zusammenhalt pflegen (vgl. HASSE 1988: 68).
- **Negativräume.** Von der Verdrängung besonders betroffen sind ärmere Gruppen, wie Alleinerziehende und Ältere, deren räumliche Ausweichmöglichkeiten stark eingeschränkt sind („immobile Gruppen"). Ihnen bleiben „ihrem Status entsprechende" Negativräume mit schlechter Bausubstanz, mangelhafter Innenausstattung der Wohnungen, ungünstiger Erreichbarkeit, geringer Ausstattung mit sozialen und kulturellen Infrastruktureinrichtungen, hoher Baudichte oder negativen ökologischen Eigenschaften des Wohnumfelds (z.B. nicht sanierte Grosswohnsiedlungen der 1950er bis 1970er-Jahre in unattraktiven Lagen). Diese Räume werden in der Folge sozial und räumlich weiter abgewertet. Es kommt zu einem sog. „filtering-down-Effekt": Durch baulichen Verfall und mangelnde Investitionen werden Viertel für finanziell Bessergestellte unattraktiv. Ihr Wegzug führt dort zu einer Konzentration von unteren Einkommensgruppen. Folge ist eine kumulative Degradierung des Viertels mit weiterer Abnahme von baulichen und infrastrukturellen Investitionen. Ist für die ärmeren Bewohner degradierter Viertel ein Umzug in andere Gebiete nicht möglich, können hier sogar hohe Mieten verlangt werden. Das umgekehrte Phänomen der baulichen und sozialen Aufwertung wird als „filtering-up-Effekt" bezeichnet.
- **Soziale Brennpunkte.** Wo sozioökonomische und räumliche Benachteiligungen kumulieren, entstehen „soziale Brennpunkte". Darunter werden Quartiere verstanden, in denen gehäuft Lebensbedingungen der Bewohner und v.a. die Entwicklungschancen der Kinder und Jugendlichen von Negativfaktoren geprägt sind (HERLYN ET AL. 1991: 26). Die hier lebenden sozioökonomisch unterprivilegierten Gruppen sind gleich doppelt

diskriminiert: durch das Wohnen in stigmatisierten Gebieten und durch die Zugehörigkeit zur „Kultur der Armut" (SCHACHT 1999: 304).
Die Kumulation von räumlicher und sozialer Benachteiligung kann zudem dazu führen, dass Armut verfestigt wird, da nachteilige Wohnlagen Lebenslage und -chancen der Bewohner zusätzlich verschlechtern (HARVEY 1990: 114; FRIEDRICH 1999: 279). Je mehr Menschen von dieser Kumulation räumlicher und sozialer Benachteiligungen betroffen sind, umso wahrscheinlicher wird das Auftreten von „normabweichendem Verhalten", wie Alkoholismus, Drogenkonsum, Isolation und Aggressivität in den betreffenden „Brennpunkt-Quartieren" (FRIEDRICH 1999: 279, 283).
- **Unbeständigkeit der Segregationsmuster.** Da sich Lebensstile im Laufe des Lebenszyklus ändern, verbringt ein Individuum sein Leben in verschiedenen segregierten Räumen, die Segregationsmuster verändern sich dementsprechend (LA GORY 1981: 195). Dies ist ein Unterschied zu vorindustriellen Gesellschaften, in denen die unveränderliche Klassenzugehörigkeit segregationsbestimmend war.
- **Überlagerung traditioneller und moderner Raumstrukturen.** Trotz des heute beobachtbaren Wandels der städtischen Raummuster bleiben viele der „traditionellen" Strukturen erhalten (z.B. suburbane Wohngebiete der Mittelschicht). WYLY (1999: 335f) findet in ihrer Studie zu Kontinuität und Wandel von städtischen Raummustern in den USA (Untersuchungsgebiet Minneapolis–St Paul) in Bezug auf Familien- und Berufsstruktur zwischen 1980 und 1990 heraus, dass sich für verschiedene Familientypen die Wohnortmuster verändern, während sie für andere stabil bleiben. So verlagern sich Familien in neuere Suburbs am Stadtrand. Räume mit hohem Anteil an berufstätigen Frauen verschieben sich von den gut an die Innenstädte angeschlossenen Lagen in die Mittelklasse-Suburbs und ein grosser Anteil der kinderlosen Paare zieht aus den Innenstadtlagen in das suburbane Umland. Nicht-Familien-Haushalte bleiben dagegen in ihrer Kernstadtlage stabil. Nach WYLYS These überlagern neuere demographische Strukturen ein Muster der sozioökonomischen Segregation, das sich in mindestens vier Dekaden bereits tief in der Stadtentwicklung verwurzelt hat.

KRÄTKE (1996) unterteilt die sozialräumlichen Stadtstrukturen in drei Zonen:
- **Stabile Zone** der „etablierten Reproduzenten der Gesellschaft", das sind homogene Raumstrukturen der gehobenen Milieus; hier kumulieren sozialräumliche Privilegien.
- Die **Mobilitätszone** der (potentiellen) Veränderung der „Produzenten der neuen Gesellschaftsform", und die
- **labile Zone** des Konfliktpotentials der Diskriminierten und Marginalisierten sind von heterogenen Raumstrukturen geprägt. Hier überlagern sich im Zuge der Polarisierung lokaler Lebensverhältnisse und der kleinräumigen Segregation ökonomische, soziale und räumliche Marginalisierung. Unter bestimmten Umständen können sich sozialräumliche Spannungen verstärken.

Einige Autoren (z.B. MARCUSE, GEILING/SCHWARZER) haben bestimmten Sozialgruppen charakteristischen Wohnstandorttypen mit typischen baulichen Merkmalen zugeordnet (Tabelle 2.3).

Tabelle 2.3 Zuweisungen von Sozialgruppen und Wohnstandorttypen ausgewählter Autoren.

Autor	Sozialgruppen	Wohnstandorttypen
MARCUSE (1995)	Führungselite der wirtschaftlichen, gesellschaftlichen und politischen Hierarchie	Stadt der Herrschaft und des Luxus: exklusive Innenstadtlagen – inselhaft verteilte Zitadellen des Wohlstands
	Gentrifier (Yuppies: „young urban professionals", meist kinderlos)	Gentrifizierte Stadt: aufgewertete Altstadtquartiere
	Traditioneller Mittelstand (z.B. Facharbeiter, höhere Beamte)	Suburbane Stadt: bürgerliche innerstädtische Mietshausviertel oder Einfamilienhäuser am Stadtrand
	Traditionelle Arbeiter (Jobs geringerer Lohnklassen)	Mieter-Stadt: billigere Arbeiter-Mietskasernen oder neue Grosssiedlungen des sozialen Wohnungsbaus
	Sozial Ausgeschlossene (Arme, Arbeitslose)	Aufgegebene Stadt: verfallene Altstadtviertel, degradierte Neubausiedlungen
GEILING/ SCHWARZER (1999)	Gehobene soziale Lagen	Villen (1920er-Jahre), Einfamilienhäuser, gehobener Mietwohnungsbau (1970er-Jahre)
	Mittlere soziale Lagen der Respektabilität	gepflegte Aussenlagen und Solidität der Gebäude, Einfamilienhäuser, mehrgeschossiger Mietwohnungsbau von Wohnbaugenossenschaften der 1950er/60er-Jahre
	Mittlere soziale Lagen der Heterogenität	ältere Wohngebiete, bauliche Verdichtung, Wohnungsbau für ärmere Gruppen, Eigentumswohnungen für jüngere Familien
	Prekäre soziale Lagen 1	kleine Mietwohnungen aus den 1950er-Jahren, bescheidene Ausstattung, viele Orte der Geselligkeit, Versorgungseinrichtungen
	Prekäre soziale Lagen 2	gutsituiertes, wohlhabendes Umfeld, bis in 1980er-Jahre mehrgeschossige Wohnblocks v.a. für sozial mittlere Milieus, für besser Gestellte Einfamilien- und Reihenhäuser
	Prekäre soziale Lagen 3	Genossenschaftswohnungen, begrenzte Wohnflächen (in den 1980er-Jahren kaum noch zu vermieten), heute Sanierungsbemühungen

2.4
Synthese der Theorien und Trends neuer sozioökonomischer und räumlicher Strukturen als Basis der Empirie

Bedeutung von Postfordismus und Globalisierung. Diese Arbeit basiert auf der Grundannahme, dass die sozioökonomischen Bedingungen des Postfordismus und der Globalisierung neuere gesellschaftliche Prozesse beeinflussen. Für den einzelnen haben sich dabei Trends zu mehr Freizeit, mehr Freiheit von vorgegebenen Normen, Traditionen und vorgezeichneten Lebenswegen, aber auch mehr Verantwortung und Zwang zur Selbstbestimmung ergeben.

Während einerseits aufgrund des gespaltenen Arbeitsmarkts und struktureller Arbeitslosigkeit immer mehr Menschen vom Risiko des Abrutschens in prekäre Jobsituationen und Jobverlust betroffen sind, verzeichnen v.a. hochqualifizierte Berufsgruppen des Informationssektors wachsendes gesellschaftliches Prestige und günstigste Chancen auf dem Arbeitsmarkt. Die entstehende „neue soziale Ungleichheit" wird von stadtpolitischer Seite vermehrt in Kauf genommen, um angesichts der schwierigen Finanzsituation der Städte finanzkräftige Akteure an die Stadt zu binden.

Milieus und Lebensstile als neue Einheiten der Gesellschaftsstruktur. Durch veränderte gesellschaftsprägende Faktoren wie berufliches Gefüge, Einkommensverhältnisse, Geschlechterrollen, Ausbildung, Familienverhältnisse sowie durch damit verbundene Mentalitäten und Werthaltungen ergeben sich vielfältige horizontale Verschiebungen, Überlappungen und neue soziale Ungleichheiten innerhalb der ehemals homogenen, vertikal gegliederten Gesellschaftsschichten. Die neuen sozialen Gruppierungen werden als Milieus oder Lebensstile bezeichnet. Dies sind synthetische Konstrukte aus sozioökonomischen Komponenten, denen eine eindeutige definitorische und konzeptionelle Abgrenzung voneinander fehlt.

Da unterschiedliche Ressourcenverteilungen unterschiedliche Stilisierungschancen bedeuten, ist Lebensstilisierung eine bewusste soziale Abgrenzung und Identitätsbestimmung – häufig über symbolische Werte – und zugleich eine Dimension sozialer Ungleichheit. Die Diskussion um Lebensstile orientiert sich mit der Konzentration auf Verhalten und Mentalität gesellschaftlicher Trendsetter, Meinungsführer und Multiplikatoren hauptsächlich an der Mittelschicht. Zur Erfassung aller gesellschaftlichen Gruppen müssen daher zusätzlich die unteren Gesellschaftsschichten einbezogen werden.

Die Milieuforschung kombiniert objektive sozioökonomische Faktoren und subjektiven Mentalitäten aus der Perspektive des Aussenstehenden. Milieus als „Vermittler" zwischen der Mikroebene der Lebensstile und der Makroebene der gesamtgesellschaftlichen Sozialstrukturforschung eignen sich daher gut als Untersuchungseinheit für die räumliche Verteilung sozialer Gruppierungen der vorliegenden Studie.

Veränderte Raummuster. Sozialräumliche Strukturmuster können nicht isoliert in einer bestimmten Raumeinheit – z.B. einer Stadt – untersucht werden. Als Folge von strukturellen Veränderungen der Gesellschaft müssen sie in einem grösseren soziokulturellen Gesamtzusammenhang interpretiert werden. Dieser manifestiert sich in bestimmten räumlichen Einheiten und Massstabsebenen auf spezifische Weise.

Der Wandel weg von der homogenen Klassen- hin zur heterogenen Lebensstilgesellschaft wirkt sich derart auf physisch-materielle und soziale Konstellationen im Raum aus, dass ehemals homogene Viertel sozialräumlich ausdifferenziert und fragmentiert werden.

Raumbezug der Studie. Zentrale Thematik der vorliegenden Untersuchung sind weder die gesellschaftlichen Strukturen an sich, noch Interaktions- und Handlungsmuster von sozialen Akteuren im Raum, noch stehen institutionalisierte und normative Regulationssysteme im Vordergrund. Ausgehend von den sozioökonomischen Bedingungen der postmodernen Gesellschaft werden in dieser Studie im Sinne des sozial interpretierten Raumbegriffs materielle

Erscheinungsformen bzw. Nutzungsstrukturen des Raums flächendeckend analysiert. Diese manifestieren sich physisch-räumlich in neuen städtischen Sozialstrukturmustern (bzw. Wohnstandortmustern). Deren Anordnung wird jedoch nicht um ihrer selbst willen untersucht, sondern als räumliche Rahmenbedingung sozialer Interaktionsmöglichkeiten interpretiert.

Die These der „doppelten Wirksamkeit von Raum" – als Spiegel und Rahmenbedingung gesellschaftlicher Phänomene – impliziert, dass Unterschiede zwischen gesellschaftlichen Gruppen zur Entstehung verschiedenartiger Räume führen, da Nutzung und Produktion von Raum von finanziellen, kulturellen und sozialen Ressourcen abhängen. Umgekehrt beeinflusst die spezifische Raumausstattung der Wohnquartiere die Lebens- und Sozialisationschancen der Bewohner. Soziale Ungleichheiten werden demnach in räumlichen Beziehungsmustern reflektiert. So können aus dem räumlichen Symbol- und Repräsentationssystem in Form von verorteten Wohnumfeldcharakteristika sozialräumliche Funktionen, Strukturen und Zusammenhänge abgeleitet werden.

2.5 Hypothesen

Entsprechend der „doppelten Wirksamkeit" von Raum prägen gesellschaftliche Gruppen physisch-materielle und soziale Raumstrukturen und werden durch diese beeinflusst. Folgende hypothetische Zusammenhänge zwischen räumlichen und sozialen Strukturen werden in der vorliegenden raumbezogenen Stadtstrukturanalyse untersucht.

1. Die der Studie zugrunde liegenden Hypothesen beruhen auf der Annahme, dass der Trend zur sozialen und räumlichen Heterogenisierung bzw. Aufsplitterung der Stadtbevölkerung nicht nur qualitativ (und damit notwendigerweise auf kleine Untersuchungseinheiten beschränkt), sondern auch quantitativ auf der Basis relevanter Daten der amtlichen Statistik mit stadtweitem Raumbezug nachweisbar ist.

    1.a Durch geeignete Selektionskriterien lässt sich die Untersuchungspopulation in Sektionen mit ähnlichen Charakteristika wie die Lebensstilgruppen untergliedern.

    1.b Die Determinanten der „neuen sozialen Ungleichheit" treffen auch für die so gegliederten Gesellschaftsgruppen zu.

2. Eine von sozioökonomischen und soziokulturellen Unterschieden sowie durch Aufsplitterung in Teilgruppen geprägte Gesellschaft bildet als Folge der Konkurrenz um Wohnraum sozialräumliche (residentielle) Strukturen aus, die diese Differenzen und Spaltungen widerspiegeln („vielgeteilte Stadt"). Durch die zunehmende Heterogenisierung der Sozialstrukturen und die Auflösung der sozialen Gebundenheit kommt es zu einer Auflösung von sozial einheitlichen Viertelstrukturen und einer kleinräumigen Fragmentierung der städtischen Raummuster.

3. Für die einzelnen gesellschaftlichen Modernisierungsstufen sind dabei

unterschiedliche residentielle Strukturmuster zu erwarten. Es kommt zu einem engen räumlichen Nebeneinander unterschiedlicher Lebensformengruppen bzw. grossen räumlichen Entfernungen zwischen Wohnstandorten ähnlicher Sozialgruppen.

- 3.a Je „modernisierter" eine Gesellschaftsgruppe ist, desto eher sind für sie „neue", d.h. heterogen-inselartige residentielle Raummuster festzustellen. Die soziale Mobilität dieser Lebensformengruppen geht zudem mit einer grossen räumlichen Mobilität einher.
- 3.b Eher grossflächige, quartierorientierte residentielle Segregationsmuster sind dagegen für soziale Gruppen mit traditioneller Lebenseinstellung anzunehmen. Die einmal getroffene Wohnstandortwahl dieser sozial eher immobilen Lebensformengruppen ist langfristig stabil.

4. Da sich Verhaltensähnlichkeiten nicht mehr klassenspezifisch manifestieren, sondern sich auf den schichtübergreifenden Lebensstil beziehen, hängt heute das Bedürfnis nach einer bestimmten Qualität des Wohnstandortes eher mit der Zugehörigkeit zu einem Lebensformentyp als mit der Zugehörigkeit zu einer bestimmen Sozialschicht zusammen.

- 4.a Daher ist das Wohnstandortverhalten von Sozialgruppen vergleichbar, die soziokulturell ähnlichen Modernisierungsstufen, aber unterschiedlichen sozialen Lagen zuzuordnen sind.
- 4.b Zudem kongruiert räumliche Segregation mit soziokultureller Distanz: Sozialgruppen, die soziokulturell am weitesten voneinander entfernt sind, weisen die grössten Unterschiede in ihren residentiellen Raummustern auf (sozialräumliche Polarisierung).

5. Die räumliche Verteilung der städtischen Wohnbevölkerung steht in einem Beziehungszusammenhang zu physisch-materiellen Raumstrukturen. Sozial marginalisierte Gruppen mit (vermeintlich) erhöhtem sozialen Konfliktpotential werden auch räumlich ausgegrenzt und in qualitativ minderwertigen Wohngebieten isoliert. Sozioökonomisch privilegierte Gruppen „verteidigen" ihre qualitativ hochwertigen Wohnorte gegen unerwünschte Personen (in stärkster Ausprägung ist dieses Phänomen in amerikanischen Städten in Form von „gated communities" zu beobachten). Folge dieser Entwicklungen ist ein Trend zur – erzwungenen oder freiwilligen – Abschottung bzw. der räumlichen Differenzierung in „soziale Enklaven" mit bestimmten physisch-materiellen Strukturmerkmalen.

- 5.a Räume mit hochwertiger Wohnqualität werden vornehmlich von Haushalten mit hohem Sozialprestige bewohnt, Räume mit geringwertiger Wohnqualität werden tendenziell von Haushalten mit niedrigerem Sozialprestige bewohnt.
- 5.b Dieser Zusammenhang zwischen Raumausstattung und Sozialschichten besteht unabhängig von der Modernisierungsstufe.

3 Das Untersuchungsgebiet: Basel im Prozessfeld der Globalisierung

3.1
Wirtschaftsstrukturelle Trends im Raum Basel bis ca. 1990

Nach einer achtjährigen Rezessionsperiode von 1975 bis 1983 sind die Jahre 1985 bis 1990 in der Schweiz von wirtschaftlichem Aufschwung geprägt. Infolge des Golfkriegs und rezessiver Tendenzen der US-Wirtschaft beginnt ab Mitte 1990 bereits wieder eine konjunkturelle Schwächephase (GRAF & EIDENBENZ 1994: 10f).

Die ökonomische Situation im Raum Basel entspricht den konjunkturellen Entwicklungen des Wirtschaftsraums Nordwestschweiz. Diese Wirtschaftsregion umfasst die schweizerischen Gebiete nördlich der Jurakette (die Kantone Basel-Stadt, Basel-Landschaft, das aargauische Fricktal sowie die solotunische Region Thierstein/Donreck; siehe Karte 3.1). Aus der unmittelbaren Grenzlage der Region zu Deutschland und Frankreich ergeben sich wirtschaftsräumliche Beschränkungen, die nur durch einen möglichst liberalen Zugriff auf die ausländischen Arbeits- und Absatzmärkte kompensiert werden können. So wurde in der Nordwestschweiz z.B. in den von Arbeitskräftemangel geprägten Jahren 1989 und 1990 jede zusätzlich geschaffene Stelle mit einem „Grenzgänger" besetzt (Grenzgänger 1990: 46 000, Zuwachs + 12%; Vollbeschäftigte in der Nordwestschweiz insgesamt: 287 600, Quelle: FÜEG 1991: 32-33).

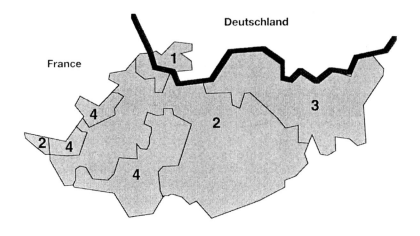

1) Kanton Basel-Stadt
2) Kanton Basel-Landschaft
3) Fricktal (Aargau)
4) Thierstein/Dorneck (Solothurn)

Karte 3.1 Der Wirtschaftsraum Nordwestschweiz. (Quelle: FÜEG 1998: 5)

Insgesamt verzeichnet der Kanton Basel-Stadt 1990 101 097 Erwerbstätige (mit mind. 6 Wochenarbeitsstunden), davon 25 914 (25.6%) im 2. Sektor und 64 106 (63.4%) im 3. Sektor (0.4% im 1. Sektor, bei 10.5% ist der Sektor unbekannt). Da in Basel-Stadt die wertschöpfungsintensivsten Branchen der Region (Chemie, Banken, Versicherungen) konzentriert sind, wurde hier der höchste Wertschöpfungszuwachs der Nordwestschweiz erwirtschaftet. Die regionale Leitbranche, die chemische Industrie (20% Anteil am regionalen Sozialprodukt), erzielte 1989 mit einem Umsatz- und Wertschöpfungszuwachs von 10% bzw. 13% das beste Resultat seit zehn Jahren. Auch die übrigen Nordwestschweizer Exportbranchen, die Maschinenindustrie (Maschinen /Apparate/Elektronik) und die grossen Dienstleistungsbranchen verzeichnen positive Wachstumstendenzen (FÜEG 1991: 15, 46).

Neben diesen Trends ist der Raum Nordwestschweiz 1990 geprägt durch typisch postfordistische Wirtschaftsentwicklungen: eine zunehmende Deregulierung und Globalisierung der Finanzmärkte infolge der wachsenden internationalen Konkurrenzsituation, einen Trend zur Tertiärisierung sowie weitreichende betriebswirtschaftliche Reorganisationen mit teilweisem Beschäftigtenabbau v.a. in der Exportwirtschaft (trotz steigender Wertschöpfung; FÜEG 1991). Dennoch lag die Arbeitslosenquote 1990 nur bei 1.2%.

Die folgenden überblickartigen Ausführungen zur wirtschaftsstrukturellen Entwicklung der Nordwestschweiz von 1985 bis 1991 basieren auf Daten und Analysen der Betriebszählung 1991 des schweizerischen Bundesamtes für Statistik (GRAF & EIDENBENZ 1994) sowie auf der Wirtschaftsstudie

Nordwestschweiz von 1991 (FÜEG 1991).

- **Global-City-Funktionen:** Es gibt einige Firmen, die mit ihren Headquarterfunktionen in Basel vertreten sind. Neben den grossen Chemiekonzernen Hoffmann-La Roche, Ciba-Geigy und Sandoz (die beiden letzteren sind mittlerweile zu Novartis fusioniert) haben eine Reihe grosser, weltumspannender Speditionsfirmen (z.B. Danzas oder das Gemeinschaftsunternehmen der europäischen Staatsbahnen Intercontainer-Interfrigo) hier ihren Hauptsitz. Die grosse Anzahl überregional und international erfolgreicher Finanzdienstleister und Versicherungen manifestiert die Bedeutung Basels als global agierender Finanzplatz. Zudem weist die überregionale Reichweite der Messe Basel mit zwei international bedeutsamen Veranstaltungen (die Uhren- und Schmuckmesse und die weltweit wichtigste Messe für moderne und zeitgenössische Kunst „Art Basel") auf die grenzüberschreitenden Verflechtungen der Stadt im wirtschaftskulturellen Bereich hin.
Dennoch bleibt die Anzahl der Global-City-Funktionen in Basel beschränkt. Im Gegensatz zu Zürich, der überragenden Wirtschafts- und Finanzmetropole der Schweiz, kann Basel nicht zu den grossen Global Cities oder Weltstädten Europas gerechnet werden. Das GAWC („Globalization and World Cities Study Group and Network", HALL ET AL.) rechnet als einzige Schweizer Städte Zürich („Beta World City") und Genf („Gamma World City") zu den 55 bedeutendsten Weltstädten (BEAVERSTOCK ET AL. 1999: 445f).

- **Tertiärisierung und Deindustrialisierung:** Die wirtschaftsstrukturelle Entwicklung der Stadt ist im Zeichen von wachsender Einbindung in globale Wirtschaftsstrukturen geprägt durch einen Trend zur Deindustrialisierung und Tertiärisierung (Informationsgesellschaft) mit internationaler Ausrichtung. Dementsprechend überwiegen bei den sozio-professionellen Kategorien 1990 (nach der Spitzenreitergruppe der Rentner mit 29.9%) die Berufe der Unternehmens- und Kommunikationsdienstleistungen (insgesamt 17.3%; davon Kader: 3.3%, intermediäre Berufe: 6.1%, Angestellte: 7.9%). Zudem lassen sich diese Trends anhand folgender wirtschaftsstruktureller Entwicklungen dokumentieren:
Innerhalb des Produktionssektors verlieren im Kanton Basel-Stadt von 1985 bis 1991 v.a. die Branchen mit Konkurrenz aus Billiglohnländern Beschäftigte (z.B. Bekleidung und Wäsche –35.0%, Lederwaren und Schuhe –30.9% oder Textilien –18.1%; siehe auch Abbildung 3.1). Demgegenüber werden solide Entwicklungen in den Hochtechnologiebranchen mit innovativen und investitionsintensiven Produktionsprozessen (z.B. chemische Industrie +7.6% oder Uhrenbranche +4.0%) verzeichnet. Diese positiven Entwicklungen der Beschäftigtenzahlen begründen sich darauf, dass der Wettbewerb etwas gemässigter ist. Zudem werden infolge neuer Techniken neue Produkte geschaffen, was die Nachfrage erhöht.
Den grössten Arbeitsstättengewinn werden v.a. in den Bereichen Forschung und Entwicklung (+48.1%), Beratung und Planung (+43.1%), Umweltschutz (+33.6%), Immobilien (+36.2%), Banken (+20.3%) und Versicherungen (+17.6%) erzielt. Diese Gewinne sind mit Nachfragesteigerungen,

erfolgreiche Bestrebungen zu Kartellisierung und Reglementierungen zu erklären (z.B. Banken bis 1991; vgl. GRAF & EIDENBENZ 1994: 19).
Die positiven Entwicklungen im Bauhauptgewerbe (Bauhauptgewerbe +6.6%, Ausbaugewerbe +10.9%) schätzt FÜEG allerdings als einmalige Situation infolge einer „überhitzten" Baukonjunktur ein FÜEG 1991: 16).
Aufgrund der grossen wirtschaftlichen Bedeutung des 2. Sektors ist Basel, und infrakantonal v.a. die industriell geprägten Kleinbasler Wohnviertel, verstärkt von der Deindustialisierung betroffen.
Zusammenfassend kann festgestellt werden, dass im Zeitraum von 1985 bis 1991 v.a. die sog. „höheren", hochqualifizierten und gut bezahlten Dienstleistungen boomen. Zudem nimmt in der Industrie der Anteil an Arbeitsplätzen mit hoch qualifiziertem Dienstleistungscharakter stetig zu FÜEG 1991: 45). Minderqualifizierte, haushaltsbezogene und soziale Dienstleistungen stagnieren oder erfahren einen Wertschöpfungsverlust (GRAF & EIDENBENZ 1994: 55).

Untersuchungsgebiet

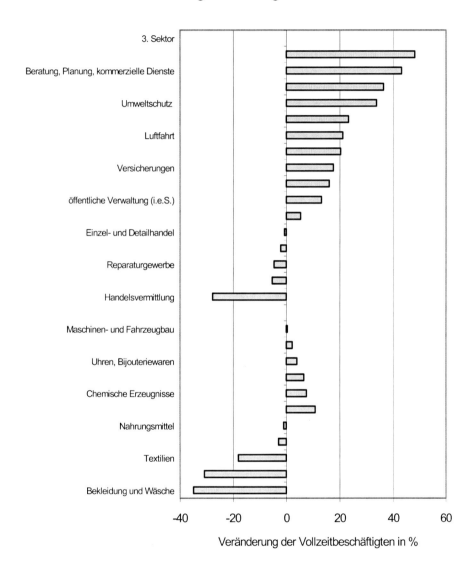

Abbildung 3.1 Beschäftigtenentwicklung im Kanton Basel-Stadt 1985-1991 in ausgewählten Branchen (eigene Darstellung, Quelle: GRAF & EIDENBENZ 1994: 55).

- **Betriebliche Restrukturierung:** Aufgrund des steigenden internationalen Konkurrenzdrucks sind Ende der 1980er, Anfang der 1990er-Jahre „Strukturbereinigungsprozesse" zwischen und innerhalb der Unternehmen in Form von Firmenübernahmen, -auflösungen und Fusionierungen mit Abbau von Arbeitsplätzen notwendig.
  Zudem wandelt sich aufgrund der veränderten Konsumnachfrage die Produktionsstrategie vom breiten Angebot hin zu eher eingeschränkten Produktpaletten in Kleinserienfertigung (FÜEG 1991: 46).

- Der **Wandel der Beschäftigtenstruktur** mit Verringerung der traditionellen Arbeiterbevölkerung lässt sich z.B. am zunehmenden Frauenanteil an der Beschäftigtenzahl nachvollziehen. Von 1980 bis 1990 steigt in Basel-Stadt die Zahl der erwerbstätigen Frauen von 40 506 auf 41 563, während im gleichen Zeitraum die Zahl der erwerbstätigen Männer von 60 374 auf 59 534 zurückgeht.
  Für beide Geschlechter hat dabei die Zahl der erwerbstätigen Schweizer jeweils ab- und die Zahl der erwerbstätigen Ausländer zugenommen. Dies ist v.a. mit der Überalterung bzw. der selektiven Abwanderung der Schweizer Bevölkerung zu erklären, wodurch immer weniger (junge) einheimische Erwerbspersonen zur Verfügung stehen (1980: 80 417 Schweizer und 21 856 Ausländer; 1990: 74 216 Schweizer und 29 754 Ausländer).
  Der Vergleich der Erwerbspersonen nach Heimat, Geschlecht und Wirtschaftssektor zwischen 1980 und 1990 (siehe Abbildung 3.2) zeigt, dass im Dienstleistungsbereich die Zahl der Schweizerinnen, Ausländerinnen und Ausländer zu-, die Zahl der Schweizer Männer jedoch abgenommen hat. Bei den einheimischen und den ausländischen Erwerbspersonen drehen sich im Untersuchungszeitraum jeweils die absoluten Zahlenverhältnisse um: 1990 sind absolut mehr Schweizerinnen als Schweizer und mehr Ausländer als Ausländerinnen in diesem Sektor tätig. Im Industriesektor verzeichnen dagegen nur die männlichen Ausländer einen geringen Erwerbstätigenzuwachs, sie sind damit als einzige in beiden Sektoren stärker vertreten.

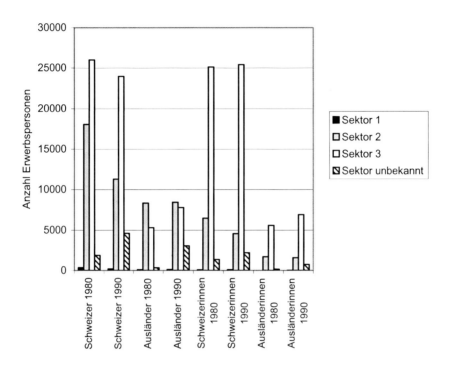

Abbildung 3.2 Erwerbspersonen nach Heimat, Geschlecht und Wirtschaftssektor 1980 und 1990 (Quelle: STATISTISCHES AMT DES KANTONS BASEL-STADT 1995: 84; eigene Darstellung).

Der Trend zu mehr Teilzeitarbeit ist zu 80% für den Anstieg der Beschäftigenzahlen in Basel-Stadt von 1985 bis 1991 (+7%) verantwortlich (STATISTISCHES AMT DES KANTONS BASEL-STADT 1997). Hohe Zuwachsraten an Teilzeitbeschäftigten werden v.a. im Dienstleistungssektor verzeichnet (+47%). Dies ist primär darauf zurückzuführen, dass die Tätigkeiten des wachsenden Dienstleistungssektors nicht mehr an fixe Arbeitszeiten gebunden sind. Auch im 2. Sektor nehmen Teilzeitarbeitsplätze zu, da die Flexibilisierung der Produktion zeitlich flexibel einsetzbare Arbeitnehmer erfordert. Im Zuge des Arbeitsplatzabbaus ist die Übernahme einer Teilzeitstelle für viele eine Alternative zur Entlassung.

Bei der Zunahme der Teilzeitarbeit zeigt sich ein deutlicher Unterschied zwischen den Geschlechtern: 78% der neu geschaffenen Vollarbeitsstellen werden von Männern, 79% der neuen Teilzeitstellen von Frauen belegt (GRAF & EIDENBENZ 1994: 11). Für letztere tun sich mit den flexiblen

Teilzeitstellen neue Berufsmöglichkeiten auf, bei denen sich Familie und Karriere vereinbaren lassen.

3.2
Der Kanton Basel-Stadt – eine Kurzcharakteristik der Stadtquartiere

Der Stadtkanton Basel-Stadt setzt sich aus 19 Quartieren und den zwei sog. Landgemeinden Riehen und Bettingen zusammen. Im folgenden werden die Stadtviertel im Sinne eines historisch-genetischen Überblicks über von den mittelalterlichen Altstädten über die frühen Stadterweiterungsquartiere des 19. Jahrhunderts zu den Arbeiterquartieren und die neueren Erweiterungsviertel am Stadtrand porträtiert (eine ausführliche Darstellung mit detailliertem Kartenmaterial zum Thema findet sich bei STATISTISCHES AMT DES KANTONS BASEL-STADT 2002: 52-100).

Altstädte. Die mittelalterlichen Stadtmauern umschlossen die heutigen links und rechts des Rheins gelegenen Innenstadtviertel Altstadt Gross- und Kleinbasel sowie das Quartier Vorstädte. Der Karte 3.2 ist zu entnehmen, dass in diesen Vierteln Familien mit Kindern unterdurchschnittlich oft vertreten sind. In diesen zentralen Viertel überwiegt heute die Geschäftstätigkeit (v.a. Dienstleistungsbetriebe des Freizeitsektors, Banken und Versorgungseinrichtungen) die Wohnnutzung (siehe Karte 3.3).

Untersuchungsgebiet

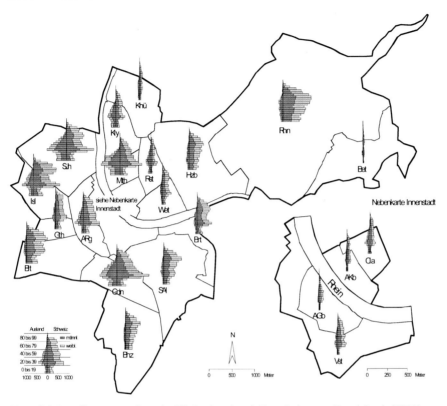

Karte 3.2 Bevölkerungsstruktur der Wohnviertel und Gemeinden von Basel-Stadt (1990).

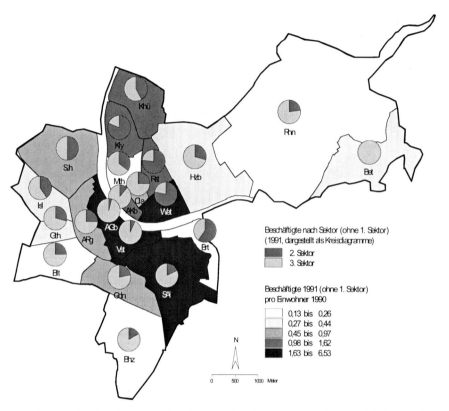

Karte 3.3 Beschäftigte 1991 pro Einwohner 1990 und Beschäftigte 1991 nach Sektor in den Wohnvierteln und Gemeinden von Basel-Stadt. Quellen: Betriebszählung 1991 und Volkszählung 1990.

Stadterweiterungen für Bürgertum und Mittelstand. Nach der Schleifung der äusseren mittelalterlichen Stadtmauern 1871 entstanden Mitte des 19. Jahrhunderts im grossen Stil sog. Stadterweiterungen. In relativ lockerer Bauweise wurden Wohnhäuser mit Gärten im gründerzeitlichen Villenstil für die wohlhabenderen Bürger erbaut. Die Viertel Am Ring, St. Alban, Bachletten, Gotthelf und Wettstein weisen zum Teil heute noch die damalige Bebauungsstruktur auf. Die Wohnbevölkerung dieser Quartiere ist heute (1990) grossenteils überaltert (vgl. Karte 3.2). Die innenstadtnahen Quartiere (Wettstein, St. Alban) sind stark gewerblich geprägt (vgl. Karte 3.3). Vor allem in St. Alban sind viele Dienstleistungsbetriebe (v.a. der Banken- und Versicherungsbranche) angesiedelt, im Wettsteinquartier hat die Chemiefirma Hoffmann–La Roche ihren Hauptsitz. Teile von St. Alban wurden luxussaniert, man kann hier von einer „gentrifizierten" Altstadt sprechen.

Arbeiterquartiere. Gegen Ende des 19. Jahrhunderts entwickelte sich in Basel als Folgebranche der Seidenbandfabrikation die chemische Industrie. Diese expandierte sehr stark. Für den grossen Bedarf an Arbeitskräften musste schnell entsprechender Wohnraum zur Verfügung gestellt werden. In dichter

Blockrandbebauung im Mietskasernenstil wurden ganze Quartiere beplant und überbaut. Häufig wurden die Innenhöfe mit gewerblichen Nutzungen nachverdichtet. Selten gab es (als Reaktion auf die zum Teil menschenunwürdigen Wohnverhältnisse) auch firmeneigene oder genossenschaftliche Reihenhaussiedlungen mit kleinen Gärtchen zur Selbstversorgung.

Von dieser Stadterweiterungsepoche zeugen die heutigen Quartiere Gundeldingen, St. Johann, Clara, Rosental, Matthäus, Klybeck und Kleinhüningen. Die lückenlose Überbauung der Viertel Breite und Iselin wurden erst später in Angriff genommen und erst 1950 abgeschlossen.

Diese ursprünglichen Arbeiterquartiere sind 1990 überdurchschnittlich dicht besiedelt (Bevölkerungsdichte 1990 im Matthäusquartier z.B. 302 Einwohner/ha [ohne Grün- und Industriezonen und Zonen für öffentliche Nutzung] – Oberschichtquartier Bruderholz: 58 Einwohner/ha [ohne Grün- und Landwirtschaftszonen sowie Zonen für öffentliche Nutzung]; Quelle: STATISTISCHES AMT DES KANTONS BASEL-STADT 1991: 12). Sie sind ausserdem durch einen vergleichsweise geringen Grünflächenanteil gekennzeichnet (z.B. Matthäus 15.7% Anteil nicht versiegelte Fläche an der Gesamtfläche – Bruderholz: 71.2%; Quelle: STATISTISCHES AMT DES KANTONS BASEL-STADT, Auswertung des Bodenbedeckungsfiles der amtlichen Vermessung). Zudem verzeichnen sie einen hohen Anteil an älteren Klein- und Kleinstwohnungen mit vernachlässigtem Unterhalt (z.B. weisen 80% der Wohnungen im Matthäus weniger als 4 Zimmer auf GASSER 2002: 23 und überdurchschnittlich viele Haushalte heizen noch mit den veralteten Energieträgern Holz und Kohle).

Die Bevölkerung ist zudem überdurchschnittlich jung (viel Kinder und wenig ältere Personen über 65 Jahre; vgl. Karte 3.2), was mit den hohen Ausländeranteilen in diesen Quartieren zusammenhängt (z.B. Matthäus 1990: 40.9%). Die im nördlichen Teil der Stadt gelegenen ehemaligen Arbeiterviertel sind auch heute noch stark industriell geprägt (Matthäus, Klybeck, Kleinhüningen, Rosental, St. Johann; vgl. Karte 3.3), was auf die hier ansässigen chemischen Industriebetriebe zurückzuführen ist. Reine Wohnquartiere sind Breite und Iselin.

Wohngebiete am Stadtrand. Im 20. Jahrhundert wurden in den bis dahin noch unbebauten Gebieten am Stadtrand v.a. Einfamilienhaussiedlungen errichtet. Im rechtsrheinisch gelegenen Quartier Hirzbrunnen wurden neben Reihenhäusern mit kleinen Gärten für den gehobenen Mittelstand relativ viele Genossenschaftswohnungen (der Genossenschafteranteil an der Wohnbevölkerung im Hirzbrunnen beläuft sich auf 33%) gebaut. Weitere Zeugen dieser Überbauungsepoche sind das Bruderholz und die Gemeinden Riehen und Bettingen, alle drei sind durch überwiegend freistehende Einfamilienhäuser (zum Teil exklusive Wohnlagen am Hang) geprägt und weisen eine eher suburbane Bebauungsstruktur auf. Charakteristisch für diese v.a. durch Wohnnutzung geprägten Quartiere (vgl. Karte 3.3) ist ein hoher Eigenheimanteil (z.B. höchster Eigenheimanteil in Basel-Stadt: Riehen: 57%, gefolgt von Bruderholz 1990: 34.3%). Mit Ausnahme des Hirzbrunnenquartiers (starke Überalterung) gibt es hier überdurchschnittlich viele Kinder (vgl. Karte 3.2).

3.3
Sozialräumliche Trends in Basel-Stadt

In Basel und Umgebung sind bis 1990 die Trends der neuen postfordistischen Gesellschafts- und Raumentwicklung der Sub- und Counterurbanisierung, der A-Stadt-Entwicklung und der soziokulturellen Entankerung (vgl. hierzu auch Kap. 2.1) nachvollziehbar:

Sub- und Counterurbanisierung: Die Stadtbevölkerung Basels hat sich seit den 1970er-Jahren im Zuge der sog. „Stadt-Land-Wanderung" (auch Sub- und Counterurbanisierung) um 16.4% reduziert. Vor allem Familien und Besserverdienende ziehen aus Gründen der Wohnumfeldverbesserung, der Vergrößerung der Wohnung oder dem Wunsch nach einem Eigenheim aus der Stadt in randstädtische und ländliche Gemeinden um, wobei der Agglomerationsgürtel um die Stadt stark anwächst (vgl. Abbildung 3.3).

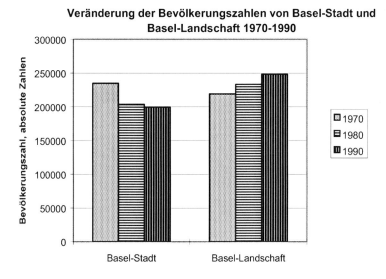

Abbildung 3.3 Veränderung der Bevölkerungszahlen Basel-Stadt und Basel-Landschaft 1970 bis 1990 (Quelle: STATISTISCHES AMT DES KANTONS BASEL-STADT 1998: 20; STATISTISCHES AMT BASEL-LANDSCHAFT 1996: 22; eigene Darstellung).

Betrachtet man das **Wanderungssaldo** der einzelnen Stadtquartiere (STATISTISCHES AMT DES KANTONS BASEL-STADT 1991: 85), ist für die 1970er-Jahre eine Bevölkerungsabnahme in allen Stadtquartieren bis auf Bettingen festzustellen. Ab den 1980er-Jahren schwächt sich der Bevölkerungsrückgang ab, in einigen Wohnvierteln kommt es sogar zu einem Bevölkerungsanstieg (Altstadt Grossbasel, Clara, Am Ring, Gundeldingen, St. Johann, Matthäus, Rosental,

Klybeck und Kleinhüningen). Die Bevölkerungszunahme in der „gentrifizierten Altstadt" Grossbasel ist mit der Luxussanierung von Altbauwohnungen zu erklären, die neue Bewohnergruppen anzieht (SCHNEIDER-SLIWA ET AL. 1999: 53). Die übrigen Viertel mit Bevölkerungsanstieg weisen hohe bis sehr hohe Ausländeranteile auf, ihr Wachstum ist auf den Zuzug und die höhere Geburten- und Sterberate (weniger alte Menschen) von Ausländern zurückzuführen. Gleichzeitig verzeichnen diese Viertel aber auch Wanderungsverluste, da niedrige Lebens- und Wohnqualität sowie mangelndes Wohnraumangebot v.a. Besser-verdienende und Schweizer zu einem Wegzug bewegen.

A-Stadt-Entwicklung: Die zunehmende Abwanderung einkommensstarker Bevölkerungsgruppen führt zu einer „A-Stadt-Entwicklung" im Kernstadtbereich. Dies ist durch folgende Indikatoren nachweisbar:

Zunahme des Ausländeranteils: Von 1980 bis 1990 stieg der Ausländeranteil der Stadt von 17.6% auf 21.5%. Dieser Trend ist auf den Zuzug von Ausländern sowie den Rückgang der Schweizer Stadtbevölkerung zurückzuführen. Kennzeichnend für Basel ist die sehr heterogene Zusammen-setzung der ausländischen Bevölkerung: 1990 kommt der grösste Anteil der ausländischen Haushalte aus Italien (27%), gefolgt von 16% aus Deutschland, je 12% aus Spanien und Jugoslawien, 11% aus der Türkei, und mit grösserem Abstand 3% aus Frankreich.

Im Basler Stadtgebiet kristallisieren sich zwei räumlich getrennte Schwerpunkte der ausländischen Bevölkerung heraus: Die Industriequartiere im Norden der Stadt und Gundeldingen. Die gehobenen Quartiere weisen dagegen einen geringen Ausländeranteil auf. Somit kann der Trend zur „Multikulturalisierung" nur für bestimmte Stadtviertel festgestellt werden (z.B. Bruderholz: 7.4% gegenüber Matthäus: 35%).

Auch bezüglich ihrer Nationalität sind Ausländer nicht gleichmässig über das Stadtgebiet verteilt. Hohe Anteile von Ausländern aus Industrienationen (z.B. Deutschland, Grossbritannien, USA – meist besserverdienende Akademiker oder hochqualifizierte Fachkräfte) finden sich v.a. in Vierteln mit niedrigen Ausländeranteilen. In den oben erwähnten Vierteln mit den höchsten Ausländeranteilen sind die häufigsten Herkunftsländer Italien, Jugoslawien, Spanien und Türkei. Die relativ gleichmässige Verteilung der Italiener über das Stadtgebiet kann damit zusammenhängen, dass diese Ausländergruppe der frühen Migrationswelle aufgrund ihrer längeren Anwesenheit am besten in die Basler Bevölkerung integriert ist und sie sich in ihrem Wohnstandortverhalten an diese angepasst hat (vgl. SCHNEIDER-SLIWA ET AL. 1999: 27).

Überalterung der Schweizer Stadtbevölkerung: Aus der Bevölkerungs-pyramide von Basel-Stadt für 1990 (siehe Abbildung 3.4) wird ersichtlich, dass der grösste Teil der Ausländer im erwerbsfähigen Alter zwischen 25 und 45 Jahre alt ist. Die ausländische Bevölkerung weist einen relativ hohen Kinder- und Jugendlichenanteil (17%) auf, der Anteil Rentner ist dagegen gering (über 65-Jährige 3.5%). Dies ist durch die höhere Geburtenziffer der Ausländer (1990: 14.2 Geburten pro 1000 Ausländer), die Rückkehr der ausländischen Mitbürger in ihre Heimat nach dem Ausscheiden aus dem Erwerbsleben sowie die Einbürgerung ausländischer Stadtbewohner zu erklären.

Im Gegensatz dazu ist für die Schweizer der Trend zur Überalterung festzustellen, mit hohem Anteil an Personen über 65 Jahre (25%). Hinzu kommt ein geringer Anteil an Kindern und Jugendlichen (0-14-jährige 9.6%). Dies ist eine Folge der Stadt-Land-Wanderung junger Schweizer Familien sowie der geringen Geburtenzahl der schweizerischen Bevölkerung (1990: 9 Geburten pro 1000 Schweizer).

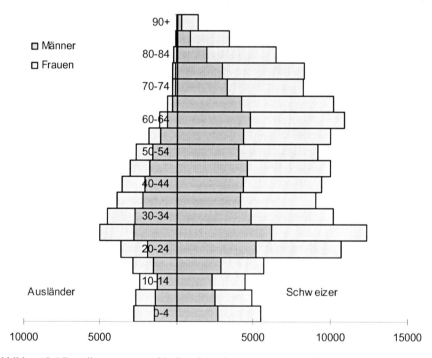

Abbildung 3.4 Bevölkerungspyramide Basel-Stadt nach Alter in Fünfjahresklassen, Geschlecht und Heimat 1990 (Quelle: STATISTISCHES AMT DES KANTONS BASEL-STADT 1991: 25; eigene Darstellung).

Berufsstatus. Der Bevölkerungsanteil mit prestige- und einkommensstarken Berufen (Selbständige und oberes Kader) ist 1990 in Basel-Stadt mit 14.8% geringer als in Basel-Landschaft (19.9%) – ein weiteres Indiz für die A-Stadt-Hypothese.

Soziale Marginalisierung. Ein Indikator für die zunehmende soziale Marginalisierung in Kernstädten ist der starke Anstieg der Ergänzungsleistungen und Beihilfen zur AHV und IV in Basel-Stadt von 1980 bis 1990 um bis zu 30% (STATISTISCHES AMT DES KANTONS BASEL-STADT 1995: 194).

Soziokulturelle Entankerung: Von 1970 bis 1990 ist für Basel-Stadt eine Abnahme der Familiengrössen festzustellen (Rückgang der Drei-, Vier- und

Mehrpersonenhaushalte und Anstieg der Einpersonenhaushalte, der Ehepaare und nicht verheirateten Paare ohne Kinder sowie der Alleinerziehenden mit Kind). Ursache hierfür sind die Zunahme von Alten und Verwitweten, veränderte Lebensformen und Wertvorstellungen (wie Individualisierung mit Akzeptanz unehelicher Lebensformen), die Gleichberechtigung der Frau im Erwerbsleben, gestiegener materieller Wohlstand sowie der Rückgang der Heiraten und Zunahme der Scheidungen. Auch kommt das städtische Wohnraum- und Versorgungsangebot den Bedürfnissen alleinstehender Menschen entgegen.

Nichtfamilienhaushalte. Ein in diesem Zusammenhang interessanter Aspekt sind die Nichtfamilienhaushalte, die 1990 mit 80.7% gegenüber Paaren mit Kindern (19.3%) überwiegen. Der Anteil der Alleinerziehenden beträgt 4.9% (gleichbleibender Anteil seit 1980). In 70% der Fälle ist die Situation der alleinerziehenden Eltern auf Scheidung zurückzuführen (vgl. SCHNEIDER-SLIWA ET AL. 1999: 32). Der Anteil Geschiedener liegt 1990 insgesamt bei 10.6%, 29.4% sind ledig.

Konfessionslosigkeit. Ein Hinweis auf neue „entankerte", sich von Traditionen lossagende Lebensstilgruppen, ist darüber hinaus der seit 1970 extrem gestiegene Anteil an Konfessionslosen. Während dieser 1970 noch 3.2% beträgt, liegt er 1980 bereits bei 13.9%. 1990 stellen Menschen, die keiner Konfession angehören die stärkste „Konfessionsgruppe" mit 38 % dar (STATISTISCHES AMT DES KANTONS BASEL-STADT 1998: 245). Der Trend der Kirchenaustritte in Basel-Stadt fällt mit der Abschaffung des automatischen Steuereinzugs zusammen. Seit die Kirchensteuer freiwillig geleistet wird, zeigt sich, dass immer weniger Menschen der traditionellen Kirche einen hohen Wert beimessen bzw. sich religiös gebunden fühlen. Die Kirchenaustrittsquoten sind in der Stadt am höchsten, der Trend greift aber bereits auf die umliegenden Agglomerationsgemeinden über (SCHNEIDER-SLIWA ET AL. 1999: 41).

3.4
Synthese

Die obigen Ausführungen zeigen, dass im Kanton Basel-Stadt – auch wenn dieser nicht zu den grossen europäischen Global-City-Regionen gerechnet werden kann – die wirtschaftsstrukturellen Auswirkungen der Globalisierung bzw. des Postfordismus bereits 1990 deutlich zu spüren sind. Dies belegen die Veränderung der Beschäftigtenstruktur hin zu mehr Frauen- und Teilzeitanteilen, der ökonomische Strukturwandel (Deindustrialisierung und Tertiärisierung) sowie die inner- und zwischenbetrieblichen Restrukturierungen mit Firmenübernahmen und -fusionierungen und damit verbundenem Arbeitskräfteabbau. Sozialräumliche Auswirkungen machen sich im Trend zur Sub- und Counterurbanisierung, einer „A-Stadt-Entwicklung" des Kernstadtgebietes sowie zunehmender soziokultureller Entankerung der Stadtbevölkerung bemerkbar.

4 Daten und Methodik

4.1 Überblick über den Forschungsgegenstand

Ziel der vorliegenden Untersuchungen ist die stadtweite Dokumentation residentieller Strukturmuster neuer Gesellschaftsgruppen auf der Basis von Volkszählungsdaten. Die hierfür entwickelten Gesellschafts- und Raumkonzepte müssen die sozioökonomische Struktur der gesamten Stadtbevölkerung sowie deren Interrelation mit gesellschaftsrelevanten Wohnumfeldfaktoren umfassen.

Methodikentwicklung. Die Herausforderung der Methodikentwicklung besteht darin, eine Gesellschaftsgliederung nach neuesten soziologischen Erkenntnissen (Lebensstile und soziale Milieus) und nach den Kriterien einer möglichst objektiven Gesellschaftsklassierung zu realisieren. Dies geschieht auf der Basis eines – im Vergleich zur Vielzahl der Variablen, die sich aus den umfangreichen Fragebögen der Lebensstilforschung ergeben, – begrenzten Datensatzes.

Ermittlung der neuen Sozialgruppen. Für systematische Gesellschaftsklassifikationen stehen verschiedene Methoden zur Auswahl. Das in der soziologischen Lebensstilforschung übliche und sehr objektive Klassierungsverfahren der Clusteranalyse kommt in der vorliegenden Studie aufgrund der riesigen Datenmenge nicht in Frage. Das dem Forschungsziel und der Untersuchungspopulation entgegenkommende Verfahren ist die Selektionsanalyse, bei der im voraus ausgewählte Merkmalskombinationen für die einzelnen Gesellschaftsklassen festgelegt werden. Um die hier mögliche subjektive Manipulation zu minimieren, müssen die einfliessenden Variablenkombinationen mit Bezug auf den theoretischen Hintergrund schlüssig begründet werden. Dieser wird durch das Konzept einer Gesellschaftsgliederung gebildet, die den Kerngedanken sozialwissenschaftlicher Milieu- und Lebensstilansätze und den Möglichkeiten des verfügbaren Datensatzes entspricht.

Abgrenzung gegenüber der soziologischen Lebensstilforschung. Die vorliegenden empirischen Analysen sollen die Bedeutung der aktuellen soziologischen Lebensstilforschung nicht in Frage stellen. Aufgrund der differierenden Forschungsperspektive muss das hier entwickelte Gesellschaftskonzept versuchen, sich dem sozialwissenschaftlichen Theorierahmen angesichts der reduzierten Variablenvielfalt bestmöglich anzunähern. Es stellt somit eine um die Raumkomponente erweiterte Variante der bestehenden sozialwissenschaftlichen Gesellschaftsforschung dar. Die den Untersuchungen zugrunde liegenden sozialen Einheiten werden „Lebensformengruppen" genannt, um sie begrifflich eindeutig von den sozialwissenschaftlichen Lebensstiltypen abzugrenzen.

4.2 Konzeptioneller Hintergrund für die Bildung der Gesellschaftsgruppen

Aufgrund des vorgegebenen Datenpools können nur relativ wenig statistische Merkmale in die Analysen einfliessen, die deduktiv abgeleitet und jeweils theoretisch begründet werden müssen. Dafür wird in Anlehnung an verschiedene sozialwissenschaftliche Lebensstil- und Milieuansätze (siehe Kap. 2.2.2.3) ein eigenes Konzept der Gesellschaftsstrukturierung entworfen. Ziel ist dabei, die durch bestimmte sozioökonomische Merkmale sowie Verhaltens- und Wertekriterien beschriebenen Lebensstil- und Milieugruppen der sozialwissenschaftlichen Literatur auf die aus der schweizerischen Volkszählung verfügbaren Variablen ähnlicher Aussagekraft zu übertragen.

Gesellschaftskonzept der Studie. Empirische Studien aus der Soziologie haben belegt, dass Milieus und Lebensstile nicht unabhängig von der sozialen Lage der Individuen sind (siehe Kap. 2.2.2.3). Das hier zugrunde liegende Gesellschaftskonzept basiert dementsprechend auf der These, dass die Zugehörigkeit zu den „vertikal" nach „sozialem Prestige" gestuften Gesellschaftsschichten (vgl. DANGSCHAT 1994: 180f, HRADIL 1987: 172, MÜLLER 1989: 55f, SPELLERBERG 1994: 27f) die sozioökonomische Grundlage bildet, auf der sich bestimmte Lebensformen nach individuellen Einstellungen oder Verhaltensmustern „horizontal" ausdifferenzieren.

Dementsprechend orientiert sich die Gesellschaftsgliederung in dieser Studie zunächst an verschiedenen, an die Kapitalarten BOURDIEUS (vgl. Kap. 2.2.2.1) angelehnten, sozioökonomischen Kenngrössen: dem „ökonomischen Kapital" in Form der beruflichen Position (sozio-professionelle Kategorien; diese kongruieren weitgehend mit dem Einkommensniveau) und dem „kulturellen Kapital" in Form des Bildungsniveaus. Diese Kriterien führen zur Einteilung der Bevölkerung in die drei klassischen Gesellschaftskategorien Ober-, Mittel- und Unterschicht (genauere Erläuterungen hierzu in Kap. 4.4.2). Am untersten Ende der sozialen Leiter steht die Gruppe der „Marginalisierten", d.h. der Menschen ohne Arbeit und eigenes Erwerbseinkommen oder mit geringer Rente.

Um die horizontale Ausdifferenzierung der sozialen Lagen in die Gesellschaftsstrukturierung einzubeziehen, werden die Gruppen zusätzlich zu ihrer Zugehörigkeit zu Gesellschaftsschichten nach individuellen Einstellungen oder Verhaltensmustern charakterisiert. Diese als „gesellschaftlicher Modernisierungsgrad" bezeichnete Lebensformen-Komponente lässt sich kategorisieren in traditionell, modern und postmodern.

- Die „traditionellen" Teilgruppen setzen sich aus Haushalten zusammen, die ausschliesslich nach traditionellen Normen und Verhaltensweisen leben. Sie sind in familiären Bindungen verankert und messen bestimmten soziokulturellen Normen Bedeutung bei, verbunden mit einer traditionellen Rollenaufteilung der Ehepartner.
- „Moderne" Lebensformengruppen setzen sich aus Haushalten zusammen, die

Daten und Methodik 71

in irgendeinem Punkt vom traditionellen oder postmodernen Schema abweichen. Sie kombinieren durch ihre Lebensweise traditionelle und (post)moderne Wertvorstellungen. Hierunter fallen z.B. unverheiratete Paare, die sich Kindererziehung und Unterhaltserwerb teilen oder die Gruppe der – freiwillig oder unfreiwillig – Alleinerziehenden.
- Unter „postmodernen" Lebensformengruppen werden Haushalte zusammengefasst, die ausschliesslich nach postmateriellen Wertvorstellungen leben. Darunter fallen z.B. Menschen, die sich von familiären Verankerungen und soziokulturellen Normen losgelöst haben und nach einer Selbstverwirklichung im Beruf streben, verbunden mit einer starken Frauenrolle.
- Die Gruppe der „Marginalisierten" wird nicht nach Modernisierungsstufen unterteilt, da für diese Personen die freie Wahl einer individualisierten Lebensform aus finanziellen Gründen auszuschliessen ist.

Aufgrund des hier verwendeten Gesellschaftskonzepts differenzieren sich zehn Lebensformengruppen aus, deren Operationalisierung in folgender Abbildung (Abbildung 4.1) nochmals überblickartig dargestellt ist.

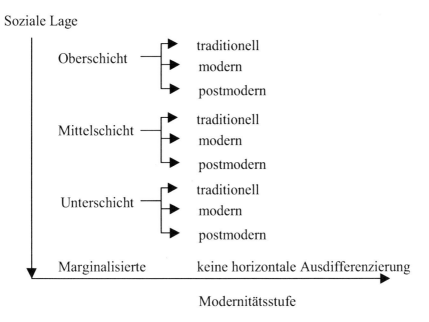

Abbildung 4.1 Operationalisierung der zehn Lebensformengruppen (eigene Darstellung).

4.3
Massstab

Für raumbezogene sozialgeographische Analysen gesellschaftlicher Prozesse muss zunächst geklärt werden, welche Massstabsebene die gerade vorliegende Fragestellung bedingt. Zur Lösung des Massstabproblems werden im folgenden verschiedene Ansätze kurz vorgestellt.

Landschaftsdimensionen nach NEEF. NEEF (1963) unterscheidet drei Grössenklassen von sog. „geographischen Dimensionen": von der kleinsten Ebene, der *topischen* Dimension, über die *chorische* zur *regionischen* Dimension. Dabei sind Topen die kleinsten, unteilbaren, in sich homogenen Flächeneinheiten. Die mittlere, chorische Dimension setzt sich aus einem Gefüge von Topen zusammen. Sie kann, muss aber nicht, nach aussen homogen sein. Die regionische Ebene ermöglicht überblickartige, vergleichende Aussagen.

Ursprünglich bezog NEEF seine theoretischen Überlegungen auf naturgeographische Landschaftseinheiten. Man kann diese Einteilung der Massstabsebenen jedoch problemlos auch auf gesellschaftsbezogene Forschungsgegenstände übertragen: Je nach Fragestellung und verfügbarer räumlicher Auflösung der Untersuchungseinheiten sind unter Topen innerhalb der Stadt z.B. einzelne Individuen und ihre Wohnorte bzw. Wohnhäuser zu verstehen. Auf dieser mikrogeographischen Massstabsebene werden Mentalitäts- und Verhaltensmuster von Lebensstilgruppen (z.B. das Verhalten von Individuen bei der Wohnstandortwahl) mit Methoden der qualitativen empirischen Sozialforschung erfasst und analysiert.

Die Stadt oder Agglomeration als Gesamtgebilde entspräche andererseits der regionischen oder makrogeographischen Massstabsebene. Diese ist z.B. relevant für vergleichende sozioökonomische Analysen von Städtesystemen (gesamtstädtische Wohnungsmarktanalysen, Wirtschaftsstrukturen von Global Cities etc.).

Für die hier angestrebten, quantitativ abgestützten Analysen sozialer Ungleichheit und physisch-materieller Raumausstattung ist die chorische oder mesogeographische Massstabsebene der Quartiere bzw. Quartierteilbereiche (z.B. Baublöcke) zu wählen. Sie vermittelt zwischen der Individual- und der übergeordneten regionischen Ebene, indem aggregierte Individuenmerkmale mit Eigenschaften der Wohnumgebung verknüpft werden.

Konzept der Soziotope. Der Ansatz stammt aus der Soziologie der 1970er-Jahre. Ausgangspunkt war die Erkenntnis, dass eine Verbesserung der Lebenssituation städtischer Jugendlicher nicht nur eine Aufwertung der sozioökonomischen, sondern auch der physisch-räumlichen Verhältnisse erfordert. Dieser Zusammenhang zwischen Sozialbedingungen und Raumausstattung wurde vom Soziologenteam um BIEHLER und BRANDT (BIEHLER 1996) aufgegriffen, die mit den „Soziotopen" eine Massstabsdimension für sozialräumliche Forschungen einführten.

Soziotope sind abgrenzbare, sozialökologische Einheiten mit realer Lebenswelt. Gemeint sind Areale unterschiedlicher Massstabsebenen, wie Quartiere oder Kleingemeinden. Einteilungskriterien sind jeweils typische ortsspezifische Charakteristika bezüglich sozioökonomischer und physisch-räumlicher Kennzeichen (z.B. Einkommen, Berufsstatus, Lebensstile; Baustrukturen, Verkehrsräume, Freiflächen etc.). Ein Stadtgebiet lässt sich flächendeckend in Soziotope gliedern. Sie sind keine statischen Gebilde, sondern verändern sich mit dem sozioökonomischen Strukturwandel. Die so verstandenen Soziotope lassen sich mit der chorisch-mesogeographischen Massstabsdimension parallelisieren.

Zusammenfassung. Tabelle 4.1 verdeutlicht den Zusammenhang zwischen Massstabsebene und Forschungsgegenstand in Theorie und Empirie von soziologischen und ökonomischen Studien: Auf der Mikroebene der Topen werden v.a. Lebensstile und Verhaltensweisen von Individuen mittels umfangreicher Befragungen von Stichproben der Bevölkerung untersucht. Die Mesoebene der Choren bietet die Möglichkeit, auf einem bestimmten räumlichen Niveau das unmittelbare soziale und räumliche Umfeld von Gesellschaftsgruppen, sog. „Milieus", sowie Beziehungen zwischen diesen zu untersuchen. Die Makroebene der Regionen beleuchtet überblickartig und vergleichend sozioökonomische Strukturen und Entwicklungen einer grösseren Raumeinheit.

Massstabsebenen der Studie. Die kleinste statistische Untersuchungseinheit dieser Arbeit ist der Haushalt, da davon ausgegangen wird, dass sich die hier konzeptualisierten sozialen Gruppen innerhalb einer Familie nicht mehr ausdifferenzieren. In die Studie fliessen in erster Linie Angaben zur Referenzperson des Haushaltes (entspricht dem Haushaltsvorstand; für eine genauere Definition siehe Kap. 4.4.1) ein. Selbst wenn unterschiedliche Lebenseinstellungen innerhalb eines Haushalts vorhanden sind, ist dies nur für individuell-handlungstheoretische Studien interessant. Das in der vorliegenden Arbeit interessierende raumrelevante Verhalten von Sozialgruppen wird von einem Haushalt als Gesamtheit getragen. Diese intern homogene Einheit kann jedoch noch nicht als „Soziotop" bezeichnet werden, da keine räumliche Komponente impliziert ist.

Für die Darstellung der residentiellen Verteilung der Gesellschaftsgruppen ist die Ebene der Baublöcke aus Datenschutzgründen die kleinste verfügbare Raumeinheit. Diese unmittelbare, durch Strassenzüge abgegrenzte sozialräumliche Lebensumgebung mit ihren Bewohnern wird als „Soziotop" bezeichnet. Als mikrogeographische Raumeinheit weist dieses ortstypische sozioökonomische und physisch-räumliche Charakteristika auf, ohne jedoch notwendigerweise homogen strukturiert zu sein: Einerseits kann es innerhalb eines Baublocks Strassenseiten oder Hinterhoflagen mit unterschiedlicher Wohnqualität geben, andererseits können verschiedene Sozialgruppen dort wohnen, die die Attraktivität des Raumes jeweils unterschiedlich bewerten (vgl. auch CASTELLS 1989: 217).

Die sich aus verschiedenen Baublöcken zusammensetzenden Stadtviertel werden konsequenterweise als „Soziochoren" bezeichnet. Sie können sozial und physisch-räumlich ebenfalls entweder monostrukturell oder heterogen strukturiert sein. Als mesogeographische standörtliche Milieus haben sie Einfluss auf die Entfaltung von Lebenschancen und Lebensstilen ihrer Bewohner.

Tabelle 4.1 Unterschiedliche Massstabs- und Analyseebenen der gesellschaftsbezogenen Stadtstrukturforschung (eigene Darstellung unter Verwendung von NEEF 1963 und WIEST 1997: 24-25).

	Mikroebene, topische Dimension	Mesoebene, chorische Dimension		Makroebene, regionische Dimension
		Untere Mesoebene	Obere Mesoebene	
Untersuchungs-einheit	Individuum	Baublock	Stadtviertel	Gesamtes Stadtgebiet, Stadtregion
Forschungs-fokus	Lebensstil, Habitus	Soziales Milieu, Lebensformengruppen		Soziale und wirtschaftliche Systeme
Theoretischer Hintergrund	Handlungstheorie	Konzepte zur sozialen Ungleichheit		Systemtheoretische Ansätze, z.B. Regulationstheorie, Globalisierungskonzepte
	→ Gesellschaftliche Unterschiede auf symbolischer Ebene repräsentiert; soziale Lage („Kapitalarten") als Voraussetzung für individuellen Handlungsspielraum	→ Gesellschaftliche Unterschiede basieren auf unterschiedlichen Lagebedingungen; konkreter Ort mit objektiver Ausstattung und sozialer Zusammensetzung ist Bestandteil sozialer Ungleichheit		→ institutionalisierte und normative Regulations-systeme als Grundlage für gesellschaftliche Produktion und Nutzung von Orten
Empirische Methoden	V.a. qualitative Sozialforschung; umfangreiche Befragungen	Qualitative und quantitative Methoden		Keine Empirie
Untersuchungs-gegenstand	- Soziale Lagen mit vertikalen und horizontalen Struktur-merkmalen ermittelt durch: - Individuell–subjektive Formen der Lebensführung: Verhaltensweisen, Kontakt- und Kommunikationsstrukturen - persönlichen Geschmack - Werthaltungen, Einstellungen und Orientierungen - Bedeutungszuweisungen von Raum und sozialen Beziehungen	- Bauliche, funktionale und soziale Strukturen von räumlichen Einheiten einer Stadt - Soziale Beziehungen innerhalb und zwischen den räumlichen Einheiten - Quartiergeschichte - Symbolik / Bedeutungszuweisung von Stadtstrukturen		- Wirtschaftsstrukturen - Prozesse des Wohnungs-marktes - Stadtpolitik - (Planungs-)ziele, Funktionen und Interaktionen von staatlichen (Stadtplanung) und privaten Akteuren (Banken, Immobilienfirmen) → „Public Private Partnerships"
Forschungs-anspruch	Qualitative Erfassung subjektiver Mentalitäts- und Verhaltensmuster	Objektive Darstellung von sozialen und physisch-materiellen Strukturen von Raumeinheiten		Erklärungsansätze liefern für gesamtstädtische oder gesamtgesellschaftliche Phänomene

4.4
Daten

4.4.1
Verfügbares Datenmaterial

Die sozialräumlichen Analysen dieser Untersuchung basieren auf Daten der amtlichen Statistik aus der schweizerischen Volkszählung von 1990 (die Daten der Volkszählung 2000 lagen zum Zeitpunkt der Untersuchung noch nicht vor). Als umfassende, flächendeckende und regelmässige statistische Primärerhebung ist dieser Zensus eine wichtige Informationsquelle für die demographische und sozioökonomische Struktur und Entwicklung der Schweizer Bevölkerung (Personen und Haushalte) sowie der Gebäude und Wohnungen des Landes (POLASEK & SCHULER 1996: 7, 15f). Als Basisstatistik mit 150-jähriger Tradition stellt er räumlich und zeitlich vergleichbare Grunddaten auf allen Massstabsebenen des schweizerischen Gemeinwesens (Bund, Kantone, Gemeinden) sowie auf infrakommunaler Stufe (Quartiere, Zählkreise, Baublöcke, Hektare) zusammen.

Die Daten werden als Vollerhebung auf Personenbasis mittels Personenfragebogen erfasst. Dieser bezieht sich auf Angaben zu Alter, Geschlecht, Zivilstand, Heimat, Wohnort, Wohnort vor fünf Jahren, Stellung im Haushalt (z.B. Haushaltsvorstand, Verwandter eines Haushaltsvorstandes), Konfession, Sprache, Erwerbssituation (z.B. berufliche Stellung, Tätigkeit), Ausbildung, Arbeitsweg (z.B. Arbeitsort, Zeitaufwand, Verkehrsmittel).

Die meisten in die Untersuchung einfliessenden sozioökonomischen Merkmale beziehen sich auf die Referenzperson (RP) des Haushaltes. Neben dieser gibt es in der Datenaufschlüsselung der Schweizer Volkszählung noch die sog. „Zusatzperson" (ZP). Für Haushalte mit mehr als einem Vorstand (Person über 15 Jahre) legt das Bundesamt für Statistik eine „Referenzperson" fest. Diese ist nach folgenden Kriterien (Alter, Erwerbstätigkeit, berufliche Stellung, Geschlecht) definiert (BUNDESAMT FÜR STATISTIK 1993: XXXVII):

1. Person ab 20 Jahren vor Person unter 20 Jahren;
2. Vollerwerbstätige vor teilerwerbstätiger vor erwerbsloser Person vor Rentner vor Person in Ausbildung vor übrigen Personen;
3. Person in leitender beruflicher Stellung vor selbständig Erwerbstätigem/-r vor mittlerem Kader vor Angestelltem/-r oder Arbeiter/-in vor mitarbeitendem Familienmitglied vor Lehrling/Lehrtochter.

In seltenen Fällen, in denen die Kriterien 1-3 nicht angewendet werden konnten:
4. männliche vor weiblicher Person;
5. höheres Alter vor niedrigerem Alter.

Der Partner oder die Partnerin der Referenzperson wird als „Zusatzperson" bezeichnet. Angesichts dieser dem klassischen Geschlechterrollenbild entsprechenden Unterscheidung der (Ehe-)Partner sind 64% der Referenzpersonen aller Haushalte (Alleinstehende, sowie verheiratete und unverheiratete Paare und Familien) männlich (und dies obwohl 61% der Alleinstehenden, die automatisch als Referenzpersonen kategorisiert werden, aufgrund der grossen Zahl an Witwen Frauen sind). Dieses Grössenverhältnis weist auf ein traditionelles Verständnis der Rollenverteilung in partnerschaftlichen Haushalten hin. Dies offenbart sich noch verstärkt für die Zusatzpersonen, die zu 94% weiblich sind.

4.4.2 Auswahl der Variablen

Um ein aussagekräftiges Bild der gewandelten, nach Lebensformengruppen untergliedernden Gesellschaftsstruktur zu erhalten, müssen Indikatoren gefunden werden, die traditionelle Schichtgrenzen und deren horizontale Verschiebungen aufdecken können. Hierfür sind neben sozioökonomischen Daten des sozialen Status als Basis der Gesellschaftsbeschreibung auch soziokulturelle Variablen relevant, die Aufschluss geben über Lebenseinstellungen und Wertorientierungen der Stadtbewohner, ihren „Modernisierungsgrad". Für die raumbezogenen Gesellschaftsanalysen müssen schliesslich auch geeignete und stadtweit verfügbare Merkmale des physisch-räumlichen Wohnumfeldes der jeweiligen Sozialgruppen mit einbezogen werden.

Einige empirische Studien haben den Stellenwert der einzelnen Variablen für die Bildung der Lebensstilgruppen ermittelt, z.B. HILPERT & STEINHÜBL (1998: 42f) oder SPELLERBERG & BERGER-SCHMITT (1998: 51). Bei beiden Untersuchungen zeigt sich, dass das Alter bzw. die Lebenszyklusphase die grösste Bedeutung für die Lebensstiltypisierung hat und nicht etwa Bildung, Einkommen und Berufsstand. Hier enden jedoch bereits die übereinstimmenden Ergebnisse: Bei HILPERT und STEINHÜBL steht Einkommen an dritter, Haushaltsgrösse an fünfter Stelle, gefolgt von Parteiensympathie, Nichterwerbstätigkeit, Familienstand, Arbeitspensum, Kinderzahl, und erst an elfter Stelle formale Bildung. Bei SPELLERBERG folgt dem Faktor Alter zunächst Bildung, dann Geschlecht, Haushaltsform und berufliche Stellung. Die Autorin fand heraus, dass die geschlechtsspezifische Differenzierung bei den jüngeren postmodernen und geselligeren Lebensstilgruppen immer mehr in den Hintergrund tritt. Kinder zu haben oder nicht spielt in Westdeutschland für die Lebensstilisierung kaum eine Rolle. Obwohl Einkommen offensichtlich nicht so stark wie andere soziostrukturelle Merkmale mit Lebensstilen korreliert, erhält es dennoch eine wachsende Bedeutung durch die sich weiter öffnende Einkommensschere.

Entscheidend für die Rangfolge der wichtigsten Variablen zur Differenzierung von Lebensstilen oder Milieus ist jedoch immer die Forschungsperspektive. Es ergeben sich unterschiedliche Hierarchien, je nachdem, ob die zu findenden sozialen Gruppierungen an ihrem Wahl-, Konsum- oder Wohnstandortverhalten gemessen werden. Zum Teil sind auch nur Teilsegmente der Gesellschaft für die Studien interessant. Bei der im Rahmen dieser Arbeit unternommenen Analyse geht es zunächst um die gesamtstädtische Erfassung neuer sozialer Gruppen. Die hierfür relevanten sozioökonomischen und -kulturellen Merkmale sind:

1. **Vertikale Gesellschaftsstruktur.** Alle hier konzeptualisierten Lebensformengruppen haben zunächst eine „vertikale Komponente", die sich aus sozioökonomischen Kenngrössen wie der beruflichen Position und dem „kulturellen Kapital" (Bildung) ergibt (vgl. Kap. 4.2). Diese Ressourcen bestimmen die Partizipation am Wohlstand und somit die Wahlmöglichkeiten eines

Individuums bezüglich seiner Lebensform.

- *Sozio-professionelle Kategorie:* Im Datenpool des schweizerischen Zensus bietet sich als Indikator für die vertikale Gesellschaftsdifferenzierung die sog. „sozio-professionellen Kategorie" an. Mit dieser Variablen bezeichnet das Bundesamt für Statistik eine synthetische Grösse, in die die Indikatoren „formale Bildung und Organisationskompetenz" (Management, Selbständige, Arbeitnehmer) als entscheidende Variable für soziales Prestige sowie „Typ der Aktivität" und „Typ des Arbeitgebers" (öffentlicher oder privater Sektor) eingehen. Der Indikator beruht auf theoretischen Ansätzen der Soziologie zu aktuellen Gesellschaftsstrukturen (BUNDESAMT FÜR STATISTIK 1995: 61; vgl. auch Kap. 2.2). Seine Verwendung wird auch durch die empirischen Befunde HRADILS (1999: 418f.) für Westdeutschland gestützt, in denen Berufsstellung und Bildungsstand als zwei wichtige Einflussgrössen für die senkrechte Schichteinteilung der sozialen Milieus erkannt werden.

- *Bildung*: Dieser Faktor als wichtige Dimension des sozialen Prestiges ist bereits in die synthetische Variable „sozio-professionelle Kategorie" eingeflossen und korreliert stark mit dieser (siehe auch Abbildung 4.2). Für die Zuteilung der Kategorien der Rentner, Erwerbslosen, nicht zuteilbaren Erwerbstätigen, mit Hausarbeit Beschäftigten und der übrigen Nichterwerbspersonen zu bestimmten sozialen Lagen wird das Ausbildungsniveau ergänzend in die Selektionsberechnungen einbezogen.

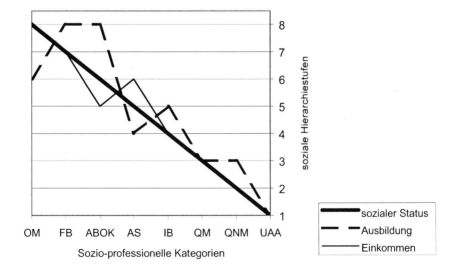

Abbildung 4.2 Vergleich der sozialen Hierarchiestufen sozio-professioneller Kategorien nach Einkommen, Ausbildung und sozialem Status, Abk.: OM: oberstes Management, FB: freie Berufe, ABOK: akademische Berufe u. obere Kader, AS: andere Selbständige, IB: intermediäre Berufe; QM: qualifizierte manuelle Berufe, QNM: qualifizierte nicht-manuelle Berufe, UAA: ungelernte Arbeiter und Angestellte (Quelle: BUNDESAMT FÜR STATISTIK 1995: 82; eigene Darstellung).

In dieser Studie folgt die vertikale Einteilung der Gesellschaft der Hierarchie des oben abgebildeten sozialen Status (dicke Linie). Dass die Berufskategorie der „anderen Selbständigen" durchschnittlich ein höheres Einkommen (dünne Linie) bezieht als die „akademischen Berufe und oberen Kader" muss hier ausser Acht gelassen werden. Auch das höhere Ausbildungsniveau (gestrichelt) der „freien Berufe" und „Akademiker und oberen Kader" gegenüber dem „obersten Management", oder der „intermediären Berufe" gegenüber den „anderen Selbständigen" kann hier nicht berücksichtigt werden. Die Kategorisierung bezieht mit den „unqualifizierten Arbeitnehmern" (UAA) eine soziale Gruppe mit ein, die sich in einer möglichen Vorstufe zu gesellschaftlichem Ausschluss oder „Marginalisierung" befindet (BUNDESAMT FÜR STATISTIK 1995: 132).

Weitere, in viele sozialwissenschaftliche Untersuchungen einfliessende soziodemographische und -ökonomische Merkmale der sozialen Schichtung (vgl. Kap. 2.2) werden in dieser Studie nicht berücksichtigt. Die Gründe hierfür werden nachfolgend erläutert:

- *Einkommen:* Als drittes wichtiges Einteilungskriterium für die senkrechte Schichteinteilung der Gesellschaft nennt HRADIL (1999: 418f.) das Einkommen. Einkommensverhältnisse oder Sozialhilfedichte werden jedoch in der Schweizer Volkszählung nicht erhoben und stehen daher für die vorliegende Studie nicht zur Verfügung. Dennoch lässt die Variable „sozio-professionelle Kategorie" auch ohne Berücksichtigung des Einkommensniveaus plausible Rückschlüsse auf das soziale Prestige der jeweiligen Gruppe zu. Eine Studie des Bundesamtes für Statistik konnte empirisch nachweisen, dass die Einkommensverteilung sehr stark mit den sozio-professionellen Kategorien übereinstimmen (BUNDESAMT FÜR STATISTIK 1995: 99f): Gute Ausbildung führt zu einem gut bezahlten, gesellschaftlich angesehenen Posten (siehe Abbildung 4.2).

- *Alter:* Als eine wichtige Determinante für soziale Ungleichheit gilt das Alter (s.o. und HRADIL 1999, ALISCH & DANGSCHAT 1998). Wie bereits erwähnt betrachtet SCHULZE (1994:49) Bildung und die Zugehörigkeit zu einer bestimmten Altersgruppe als einzig sichere Milieukennzeichen im Gegensatz zu den veränderlichen, kurzlebigen Moden unterliegenden Symbolen wie Musik oder Körperkultur (Kap. 2.2.2.2). Auch KRÄTKE (1996: 176f) stellt einen empirischen Zusammenhang zwischen Altersgruppen und bestimmten Lebensentwürfen fest (z.B. weisen v.a. jüngere Altersgruppen einen hedonistischen Lebensentwurf auf, während ältere Personen eher traditionelle Werthaltungen vertreten).
  Im Zusammenhang mit den sozio-professionellen Kategorien lässt sich eine soziale Aufwärtsmobilität im Laufe eines Lebens feststellen (BUNDESAMT FÜR STATISTIK 1995: 93f). Um statistische Gewichtungen zu vermeiden, fliessen aufgrund der hohen Korrelation der beiden Indikatoren Altersangaben ebenfalls nicht als Ausgangsvariablen in die Bestimmung der Lebensformengruppen ein. Für eine erste deskriptive Analyse dieser Gruppen stellt jedoch die Altersdifferenzierung ein interessantes Beschreibungsmerkmal dar.

- *Ethnie:* In der modernen Gesellschaft bestimmt die Zugehörigkeit zu einer bestimmten ethnischen Gruppe nicht mehr die soziale Klassenstufe. WIMMER (2000: 4) und KARRER (2000: 3f) fanden in Studien zu Integration und Segregation in verschiedenen Schweizer Städten heraus, dass der sozialer Status und nicht primär die Staatsangehörigkeit die Wahl des Wohnstandortes bestimmt: Schweizer mit hohem Sozialprestige leben in denselben Quartieren wie statushöhere Ausländer. Integrationsbedingungen sind in den Vierteln günstiger, in denen statushöhere Einheimische und Zuwanderer leben. Es besteht also eine enge Beziehung zwischen sozialem Status und Wohnort für alle Ethniengruppen. Auf die Variable „Heimatstaat" als Indikator für die Bildung von sozialen Schicht- oder Lebensformengruppen kann daher verzichtet werden. Sie stellt aber ebenfalls eine interessante Zusatzinformation für die Lebensformengruppen dar.

- *Geschlecht*: Auch in den hoch entwickelten Industrienationen bestehen immer noch geschlechtsspezifisch ungleiche Chancen in Beruf und Bezahlung. Verschiedene Autoren (z.B. ALISCH & DANGSCHAT 1998: 86f, DANGSCHAT 1998:63f, HRADIL 1987: 40f.) stellen fest, dass bei neuen Konzepten zu sozialer Lage und Milieus neben Haushaltsstrukturen und Alter das Geschlecht (immer noch) eine entscheidende Rolle spielt. Da für diese Studie jedoch keine Einkommensdaten als Verknüpfungsvariablen zur Verfügung standen, kann dieser Aspekt hier leider nicht berücksichtigt werden. Er findet jedoch bei den deskriptiven Analysen der Lebensformengruppen Erwähnung.

2. **Modernisierungsstufen.** Um die horizontale Ausdifferenzierung der Gesellschaft nach dem Grad ihrer gesellschaftlichen Modernisierung erfassen zu können, werden folgende Indikatoren in die Selektionsberechnungen einbezogen:

- *Haushalttyp (bzw. Haushaltsgrösse):* Nach MÜLLER bestimmen die Zuordnung zu einem bestimmten Lebensstiltyp neben objektiven, materiellen Faktoren und mentalen Werthaltungen auch bestimmte soziokulturelle Ressourcen wie die Haushaltsform. Diese prägt die Lebens-, Wohn- und Konsumeinheit eines Individuums (MÜLLER 1989: 65f, vgl. Kap. 2.2.2.1). Gestützt auf die These, dass Menschen ähnlicher Mentalität auch eine ähnliche Lebensführung aufweisen, können daher bestimmte Formen des (nicht-)familiären Zusammenlebens als Indizien für bestimmte Lebenseinstellungen (z.B. das Konsum-, Wohn- und Freizeitverhalten eines Individuums oder Haushalts) gelten. Als wichtiges Merkmal für die horizontale Ausdifferenzierung der Lebensformengruppen nach ihrem Modernisierungsgrad fliesst in dieser Studie die synthetische Variable „Haushalttyp" in die Selektionsberechnungen ein. Dieser Indikator umfasst die soziodemographischen Merkmale Zivilstand, Form des (nicht-)familiären Zusammenlebens und Haushaltsgrösse. Er ist in folgende Kategorien untergliedert:

    - Einpersonenhaushalte,
    - Ehepaare mit und ohne Kind(er), mit und ohne weitere Personen,
    - Konsensualpaare mit und ohne Kind(er), mit und ohne weitere Personen,
    - Elternteil mit Kind(ern), mit und ohne weitere Personen,
    - Einzelperson mit Elternteil oder beiden Eltern, mit und ohne weitere

Personen,
- Nichtfamilienhaushalte Nicht-Verwandter,
- Nichtfamilienhaushalte mit nur Verwandten oder mit Verwandten und weiteren Personen,
- Kollektivhaushalte (wie Anstalten oder Wohnheime) sowie
- Sammelhaushalte (Personen, die keiner Adresse zuteilbar sind).

- *Zivilstand:* Ebenso wie der Haushalttyp charakterisiert der Zivilstand die individuelle Lebenseinstellung und damit die horizontale Modernisierungsstufe. Dieser Indikator fliesst daher als Ergänzung zum „Haushalttyp" in die Selektionsberechnungen ein.

- *Erwerbsbeteiligung (Voll-/Teilzeitbeschäftigung):* Laut KRÄTKE (1996: 176f) benötigen Singles oder „DINKs" („Double Income – No Kids", d.h. Doppelverdiener-Haushalte ohne Kinder) als finanziellen Hintergrund für ihren mobilen und hedonistischen Lebensentwurf qualifizierte Berufe. Die Aufnahme der Merkmale der Erwerbsbeteiligung in den Variablensatz beruht auf der Überlegung, dass sich in dieser Variablen ebenfalls die Lebenseinstellung des Haushaltsvorstands ausdrückt. Der oft bei einer Teilzeitbeschäftigung gegebene Mangel an beruflicher Sicherheit und Qualifikation sowie materielle Einbussen werden in Kauf genommen, um anderen, ausserberuflichen Interessen (wie Kinderbetreuung, Freizeit) Zeit einzuräumen. Umgekehrt kann Vollerwerbstätigkeit ein Indikator sein für die Lebensziele bzw. folgende Arten der Lebensgestaltung:

    a. *traditionell:* materielle Sicherheit und traditionelles Geschlechterrollenverständnis (84% der Hausfrauen [mit Hausarbeit beschäftigte Zusatzpersonen] sind Partnerinnen von vollerwerbstätigen Referenzpersonen) oder
    b. *modern* oder *postmodern:* Selbstverwirklichung im Beruf und/oder Erfüllung kostenintensiver Freizeitgestaltung (für die besserverdienenden Berufskategorien).

    Die Erwerbsbeteiligung fliesst daher als Indikator für den Grad der horizontalen Modernisierungsstufe in die Selektionsberechnungen ein.

- *Erwerbstätigkeit der Frauen:* Als Ursache für die mit dem Individualisierungs- bzw. Biographisierungsprozess der Postmoderne verbundene Auflösung des Standard-Lebenszyklus gilt unter anderem die Frauenbewegung bzw. die Zunahme der Frauenerwerbstätigkeit (siehe Kap. 2.1.3). Die erwerbstätige Ehefrau oder Partnerin orientiert sich – sei es aus finanzieller Notwenigkeit oder gelebter Gleichberechtigung der Partner bei der Einkommenssicherung – ebenso wie der Mann (auch) am Beruf und nicht mehr nur an der Familie (BUNDESAMT FÜR STATISTIK 1995: 110). Ist der Haushalt kinderlos, kann man von einem „ent-traditionalisierten" Lebensstil mit Selbstverwirklichung im Beruf beider Partner ausgehen. Die Berufstätigkeit von Frauen in Partnerschaften wurde über Angaben zur Erwerbstätigkeit der Zusatzperson für postmoderne und moderne Teilgruppen in die Selektionsberechnungen aufgenommen (die Gleichsetzung von „Zusatzperson" und Frauen ist gerechtfertigt, da diese, wie oben erwähnt, zu

94% weiblich sind; siehe Kap. 4.4.1).

- *Konfession:* Die Variable „Zugehörigkeit zu einer Konfession" stellt einen Indikator für die Haltung einer Person gegenüber Traditionen dar. Auch wenn viele Kirchenaustritte in der Schweiz seit den 1980er-Jahren finanziell motiviert sind (in Folge der Änderung des Kirchensteuergesetzes, nach der die Kirchensteuer nicht mehr in den allgemeinen Steuern integriert ist; SCHNEIDER-SLIWA ET AL. 2002: 21, vgl. Kap. 3.3: hohe Quoten der „Konfessionslosen" in Basel-Stadt), sind mit dieser Entscheidung weitreichende Konsequenzen verbunden, wie der Verzicht auf kirchliche Sakramente und die damit verbundenen gemeinschaftlichen Anlässe. Da dies für alle Religionen in gleicher oder ähnlicher Weise gilt, wird in dieser Studie nicht nach verschiedenen Konfessionen unterschieden. In die Selektionsberechnungen der Lebensformengruppen fliesst nur die Angabe ein, ob der Haushaltsvorstand einer Konfession angehört oder nicht. Dies ist insofern gerechtfertigt, als für die grösste Religionsgemeinschaft in Basel-Stadt, die evangelisch-reformierte Kirche, in 67% der Fälle die Konfessionszugehörigkeit der Referenzperson mit derjenigen der Zusatzperson übereinstimmt, für die römisch-katholische Kirche trifft dies in 66% und für die moslemischen Religionsgemeinschaften in 78% der Fälle zu. Für die Konfessionslosen beträgt die Übereinstimmungsquote von Referenz- und Zusatzperson 74%.

- Auf weitere, in viele der zitierten Lebensstil- und Milieustudien einfliessende Indikatoren, wie *politisches Wahlverhalten* (erwies sich nach (VESTER 1993: 168) für die Bestimmung der sozialen Kohäsion als besonders trennscharf), *Vereinsmitgliedschaft, kulturelle Vorlieben* oder *Freizeitverhalten*, muss in der vorliegenden Studie verzichtet werden, da sie weder aus der Volkszählung noch aus anderen Quellen flächendeckend für Basel-Stadt zur Verfügung standen.

Resümee. Aufgrund dieser Variablenauswahl können Sozialgruppen mit gemeinsamem sozialen Hintergrund und Mentalitäten ermittelt werden. Die zur Verfügung stehenden sozioökonomischen Merkmale (sozio-professionelle Kategorie und Bildung der Referenzperson) kennzeichnen die Verankerung des Haushalts in einer bestimmten sozioökonomischen Lage. Die fünf soziodemographischen und -kulturellen Merkmale (Haushalttyp, Zivilstand, Erwerbstätigkeit der Referenzperson, Erwerbstätigkeit der Zusatzperson und Konfession der Referenzperson) geben den Grad der gesellschaftlichen Modernisierung der Haushalte an (von konventionellen, traditionellen Einstellungen bis zum postmodernen, individualisierten und selbstbestimmten Leben).

3. **Gesellschaftsrelevante Wohnumfeldfaktoren.** Die Position im Raum ist entscheidend für den Zugang zu Ressourcen und sozialen Kontakten. Laut LA GORY lässt die Wohnstandortwahl „ehrlichere" Aussagen über die soziale Situation und die Einstellungen einer Person zu als deren Ermittlung über Fragebögen (LA GORY 1981: 207). Weitere Autoren verweisen auf die Bedeutung des Wohnstandortes für neue soziale Ausdifferenzierungen (DANGSCHAT 1998: 74f, HERLYN ET AL. 1994: 34f, HRADIL 1987: 171f). Dennoch werden diese umfeldbezogenen Faktoren nicht in die Selektionsberechnungen einbezogen, sondern sie dienen zur Beschreibung der Wohnsituation oder als Grundlage für die Analysen der Zusammenhänge zwischen räumlichen und sozialen Strukturen. Zur Bestimmung der Wohn(umfeld)qualität werden folgende stadtweit verfügbare Indikatoren herangezogen:

- *Besiedlungsdichte* (Anzahl Bevölkerung pro ha) pro Baublock und
- *Verkehrsbelastung* (Lärmbelastung und NO_2-Immissionen).

Durch die Verschneidung dieser physisch-räumlichen Daten mit der Verteilung der Lebensformengruppen auf Baublockbasis bietet sich die Möglichkeit, Zusammenhänge zwischen der physisch-materiellen Wohnsituation und sozialen Strukturen zu erkennen.

- *Wohnungsbezogene Merkmale:* Wohnungsbezogene Indikatoren (wie Wohnfläche pro Bewohner, Bewohnertyp, Wohnortwechsel, Zustand der Wohnung und Mietpreisniveau) dienen als Beschreibungsmerkmale der deskriptiven Analysen der Lebensformengruppen.

4.5
Selektions- und Klassierungsverfahren auf verschiedenen Untersuchungsebenen

4.5.1
Selektionsverfahren der Lebensformengruppen auf Haushaltsbasis

Die zehn sozialstrukturellen Lebensformengruppen werden durch ein Selektionsverfahren mit der Statistiksoftware SPSS für Windows aus einem theoretisch abgeleiteten, in Kap. 4.1 konzeptualisierten Datenpool (sieben Merkmale für 99 926 Haushalte als Untersuchungseinheiten) gebildet.

Die Zugehörigkeit zu einer sozialen Schicht wird über Merkmale der sog. „sozio-professionellen Kategorie" (vgl. Kap. 4.4.2), teilweise in Kombination mit dem Ausbildungsniveau, bestimmt (siehe Tabelle 4.2).

- Die *Oberschicht* setzt sich aus den Berufskategorien oberstes Management, freie Berufe, akademische Berufe und oberes Kader zusammen.
- Die *Mittelschicht* wird aus den Kategorien andere Selbständige, intermediäre

Berufe, qualifizierte manuelle und nicht-manuelle Berufe, in Ausbildung stehende zukünftige Akademiker, Hausarbeit im eigenen Haushalt, Rentner, nicht zuteilbare Erwerbstätige, übrige Nichterwerbspersonen und Erwerbslose gebildet (die letzten sechs Kategorien sind mit einem mittleren Ausbildungsniveau gekoppelt).
- Die *Unterschicht* besteht aus den Kategorien ungelernte Arbeiter und Angestellte, in Ausbildung stehende zukünftige Nicht-Akademiker, Hausarbeit im eigenen Haushalt, Rentner, nicht zuteilbare Erwerbstätige, übrige Nichterwerbspersonen sowie Erwerbslose (die letzten sechs Kategorien sind an die Bedingungen keine oder andere Ausbildung gebunden).
- Die Gruppe der *„Marginalisierten"* setzt sich sehr heterogen aus Haushalten mit Referenzpersonen ohne eigenes Erwerbseinkommen oder Rente zusammen. Sie wird nicht in Lebensformengruppen unterteilt, da für diese Personen die freie Wahl eines Lebensstils aus finanziellen Gründen zu stark eingeschränkt ist. Bei dieser Gruppe besteht allerdings die Gefahr, dass Personen inbegriffen sind, die erst vor kurzem arbeitslos geworden und noch nicht in die gesellschaftliche Marginalisierung abgerutscht sind. Leider stehen jedoch keine Informationen über die Dauer des Arbeitslosenverhältnisses zur Verfügung. Diese Unklarheit muss bei den Analysen berücksichtigt werden.

Die folgende Tabelle 4.2 dokumentiert, aufgrund welcher Merkmalkombinationen die drei gesellschaftlichen Modernisierungsstufen selektiert sind.

Tabelle 4.2 Sozio-professionelle Kategorien und Ausbildungsniveau als Selektionskriterien für die soziale Schichteinteilung.

soziale Lage	sozio-professionelle Kategorie	höchste abgeschlossene Ausbildung
Oberschicht	• oberstes Management • freie Berufe • akademische Berufe und oberes Kader	
Mittelschicht	• andere Selbständige • intermediäre Berufe	
	• qualifizierte manuelle und nicht-manuelle Berufe	
	• in Ausbildung stehende zukünftige Akademiker	• wenn höchste abgeschlossene Ausbildung: Maturitätsschule
	• Hausarbeit im eigenen Haushalt • Rentner • nicht zuteilbare Erwerbstätige • übrige Nichterwerbspersonen	• wenn höchste abgeschlossene Ausbildung: Hochschule, höhere Fachschule, höhere Berufsschule, Maturitätsschule, Berufslehre
	• Erwerbslose	• wenn Erwerbslose, künftige Stelle zugesichert und höchste abgeschlossene Ausbildung: Hochschule, höhere Fachschule, höhere Berufsschule, Maturitätsschule, Berufslehre
Unterschicht	• ungelernte Arbeiter und Angestellte	
	• in Ausbildung stehende zukünftige Nichtakademiker	• wenn höchste abgeschlossene Ausbildung: nicht Maturitätsschule
	• Hausarbeit im eigenen Haushalt • Rentner • nicht zuteilbare Erwerbstätige • übrige Nichterwerbspersonen	• wenn höchste abgeschlossene Ausbildung: obligatorische Schule
	• Erwerbslose	• wenn Erwerbslose, künftige Stelle zugesichert und höchste abgeschlossene Ausbildung: obligatorische Schule
Marginalisierte	• Hausarbeit im eigenen Haushalt • Rentner • nicht zuteilbare Erwerbstätige • übrige Nichterwerbspersonen	• wenn keine, andere Ausbildung, Ausbildung ohne Angabe
	• Erwerbslose	• wenn Erwerbslose auf Stellensuche
	• Erwerbslose	• wenn Erwerbslose, künftige Stelle zugesichert und keine, andere Ausbildung, Ausbildung ohne Angabe

Tabelle 4.3 Selektionskriterien für die Einteilung nach dem Grad der gesellschaftlichen Modernisierung; → Fortschreiten der Selektion (eigene Darstellung).

Grad der gesellschaftlichen Transformation:			postmodern (3)	~~modern (20)~~	traditionell (4)
Zivilstand der Referenzp. (RP)	Haushalttyp	Erwerbstätigkeit (RP)		Erwerbstätigkeit der Zusatzperson (ZP)	Konfession (RP)
• ledig oder • geschieden oder • (noch) verheiratet	• Einpersonenhaushalt	• vollerwerbstätig			~~• ja~~ • nein
		~~• teilerwerbstätig oder sonstige~~			
	~~• Einzelperson mit Eltern(teil) oder Nichtfamilienhaushalt mit Verwandten~~				
	• Nichtfamilienhaushalt Nicht-Verwandter (WG)	• vollerwerbstätig			~~• ja~~ • nein
		~~• teilerwerbstätig oder sonstige~~			
	• Konsensualpaar (=*unverheiratet zusammenlebendes Paar*) ohne Kind(er)	• vollerwerbstätig		• ZP erwerbstätig (Voll- oder Teilzeit)	~~• ja~~ • nein
				~~• ZP nicht erwerbstätig (erwerbslos auf Stellens., in Ausbildung oder Rentner, Hausarbeit im eig. Haushalt od. sonstige Nichterwerbsp.)~~	
		~~• teilerwerbstätig oder sonstige~~			
	~~• Elternteil mit Kind~~ ~~• Konsensualpaar mit Kind(ern)~~				
	• Ehepaar mit Kind(ern) oder • Ehepaar ohne Kind(er)	• vollerwerbstätig		~~• ZP erwerbstätig (Voll- oder Teilzeit), erwerbslos und auf Stellens., in Ausb., Rentner~~	
				• ZP Hausarbeit im eig. Haushalt oder sonst. Nichterwerbsperson	• ja ~~• nein~~
		~~• teilerwerbstätig~~			
		• erwerbslos und auf Stellensuche, in Ausbildung, Rentner		~~• ZP erwerbstätig (Voll- oder Teilzeit), erwerbslos und auf Stellens., in Ausb., Rentner~~	
				• ZP Hausarbeit im eig. Haushalt oder sonst. Nichterwerbsperson	• ja ~~• nein~~
		~~• Hausarbeit im eig. Haushalt, sonstige Nichterwerbsperson~~			
• verwitwet	• Einpersonenhaushalt oder • Einzelperson mit Eltern(teil) oder • Nichtfamilienhaushalt mit Verwandten	• vollerwerbstätig			• ja ~~• nein~~
		~~• teilerwerbstätig~~			
		• erwerbslos und auf Stellensuche, Rentner			• ja ~~• nein~~
		~~• Hausarbeit im eig. Haushalt, sonstige Nichterwerbsperson~~			

Aus Tabelle 4.3 lässt sich neben der Reihenfolge der abgefragten Selektionskriterien (die Tabelle liest sich zeilenweise jeweils von links nach rechts) die jeweilige Zuordnung des herausgefilterten Haushalts zu einer der gesellschaftlichen Modernisierungsgruppen ablesen. Es ergeben sich drei postmoderne Teilgruppen, 20 moderne und vier traditionelle Modernisierungsstufen. Das erste Selektionskriterium ist der Zivilstand, wobei nach Haushalten mit ledigen, geschiedenen oder (noch) verheirateten Referenzpersonen und solchen mit verwitweten Referenzpersonen unterschieden wird. Die Familien- und Mehrpersonenhaushalte Nicht-Verwandter werden nicht nach ihrem Zivilstand differenziert, da hier v.a. der Haushaltyp bereits das entscheidende Merkmal für die Lebensform ist.

Die nächsten Abfragemerkmale beziehen sich auf den Haushaltyp und die Erwerbstätigkeit der Referenzperson, in bestimmten Fällen wird die Erwerbstätigkeit der Zusatzperson ergänzt. Haben diese Selektionskriterien noch nicht zu einer eindeutigen Bestimmung der Modernisierungsstufe geführt, wird als letztes Merkmal die Konfessionszugehörigkeit der Referenzperson hinzugezogen.

- **Einpersonenhaushalte** und **Nichtfamilienhaushalte Nicht-Verwandter** mit vollerwerbstätigen Referenzpersonen werden als „postmodernen" eingestuft, wenn sie aus der Kirche ausgetreten sind. Bei diesen Sozialgruppen mit nichtpartnerschaftlicher Lebensweise treffen hoher Stellenwert von Beruf bzw. ökonomischem Kapital und Loslösung aus soziokulturellen Verankerungen wie Familie und Kirche zusammen.

  Gehören sie einer Konfession als traditionelles Element in der Lebenseinstellung an, ist dies das entscheidende Kriterium für ihre Zuordnung zur „modernen" Lebensform.

  Ist die Referenzperson teilerwerbstätig (oder erwerbslos und auf Stellensuche, in Ausbildung oder im Rentenstatus) werden die Haushalte ebenfalls als „modern" eingestuft. Bei dieser Haushaltsgruppe fehlt nämlich die für einen postmodernen Lebensstil charakteristische Vorrangstellung des Berufs.

- Ledige, geschiedene oder (noch) verheiratete **Einzelpersonen mit Verwandten** werden auch der „modernen" Lebensform zugerechnet. Dies ist damit zu begründen, dass sich diese Sozialgruppen einmal für ein eheliches Zusammenleben entschieden haben, und jetzt als Alleinstehende Verwandte bei sich aufgenommen haben. Sie leben daher weder nach traditionellen noch nach „entankerten" postmodernen Mustern.

- **Konsensualpaare ohne Kind(er)** mit vollerwerbstätiger Referenzperson und nicht-erwerbstätiger Zusatzperson entsprechen nur bei der Unterhaltsbeschaffung und nicht bei der Familienorganisation traditioneller Lebensweisen. Sie werden daher als „modern" klassifiziert.

  Im Fall der erwerbstätigen Zusatzperson kann bei diesen Haushalten von einem hohen Stellenwert von Beruf und finanziellen Mitteln („DINKs") ausgegangen werden. Für diese Gruppe muss zusätzlich geprüft werden, ob die Referenzperson einer Konfession angehört oder nicht. Gehört sie keiner Konfession an, deutet dies auf eine niedrige Bewertung traditioneller Normen und damit eine „postmoderne" Lebenseinstellung hin. Gehört die

Referenzperson dagegen einer Konfession an, wird der Haushalt aufgrund dieses traditionellen Wertekriteriums als „modern" eingestuft.
Ebenfalls als „modern" gelten Konsensualpaare ohne Kind(er) mit teilerwerbstätiger Referenzperson, da hier nicht die „postmoderne", wichtige Stellung von Beruf und finanziellen Mitteln im Vordergrund steht.

- **Alleinerziehende** und **Konsensualpaare mit Kind(ern)** werden der „modernen" Lebensformengruppe zugeteilt. Diese Haushalte entsprechen klassischen Werthaltungen, weil sie Kinder haben. Gegen eine traditionell orientierte Mentalität spricht jedoch, dass sie nicht verheiratet sind oder zumindest nicht in einer ehelichen Familiengemeinschaft leben (im Datensatz kommen auch verheiratete Alleinerziehende vor).

- **Haushalte von Ehepaaren** (mit oder ohne Kinder) mit vollerwerbstätigen oder erwerbslosen und sich auf Stellensuche, sich in Ausbildung oder im Rentenstatus befindlichen Referenzpersonen und zudem erwerbstätigen Zusatzpersonen werden als „modern" klassifiziert, da sie durch ihre Eheschliessung zwar nach traditionellen Wertvorstellungen leben, jedoch nicht der klassischen Geschlechteraufteilung bei der Unterhaltsbeschaffung entsprechen.
Ist die Zusatzperson nicht erwerbstätig, muss wiederum unterschieden werden, ob die Referenzperson einer Konfession angehört oder nicht. Im ersten Fall wird von einer insgesamt „traditionellen" Gesinnung des Haushaltes ausgegangen, im zweiten Fall wird er der „modernen" Gesellschaftsgruppe zugeteilt.
Ist die Referenzperson teilerwerbstätig oder im eigenen Haushalt tätig, gilt der Haushalt ebenfalls als „modern".

- Die Gruppe der **verwitweten Einpersonenhaushalte** wird wie die Ehepaare differenziert nach voll- und teilerwerbstätiger, erwerbsloser und sich auf Stellensuche, in Ausbildung oder im Rentenstatus befindlicher oder im Haushalt tätiger Referenzperson. Sie unterscheidet sich von den ledigen, geschiedenen oder (nicht) verheirateten Einpersonenhaushalten durch die Unfreiwilligkeit ihres Alleinseins. Sind die Verwitweten vollerwerbstätig oder erwerbslos und auf Stellensuche oder im Rentenstatus und gehören sie zudem einer Konfession an, werden sie der „traditionellen" Modernisierungsstufe zugerechnet.
Gehören sie keiner Konfession an, sind sie als „modern" klassifiziert. Teilerwerbstätige oder im eigenen Haushalt tätige verwitwete Einpersonenhaushalte werden ebenfalls als „modern" eingestuft. Aufgrund der empirisch belegten engen Korrelation von Alter und Lebensstil (vgl. Kap. 2.2.2.3) wird davon ausgegangen, dass die Verwitweten, die zu über 89% über 60 Jahre alt sind, keine (oder eine sehr kleine und damit irrelevante Zahl von) postmodernen Lebensformen aufweisen.

Zusammenfassung. Die *postmoderne* Lebensformengruppe setzt sich aus drei verschiedenen Haushalttypen zusammen: Ledige, geschiedene oder (noch) verheiratete Einpersonenhaushalte, Nichtfamilienhaushalte Nicht-Verwandter und Konsensualpaare ohne Kind(er) mit jeweils vollerwerbstätiger und konfessionsloser Referenzperson. Konsensualpaare ohne Kind(er) müssen zudem eine erwerbstätige Zusatzperson aufweisen.

Die *traditionelle* Teilgruppe besteht aus vier Haushalten, die weder geschieden noch ledig sein dürfen: Ehepaare (mit oder ohne Kinder) sowie verwitwete Einpersonenhaushalte mit jeweils entweder vollerwerbstätiger oder erwerbsloser und sich auf Stellensuche oder im Rentenstatus befindlicher Referenzperson, die einer Konfession angehört, und nicht erwerbstätiger oder im eigenen Haushalt tätiger Zusatzperson.

Die *moderne* Lebensformengruppe umfasst 20 sehr verschiedene Hauhaltsgruppen. Sie ist die heterogenste Kategorie aus Sozialgruppen, deren Lebensweise weder ausschliesslich postmodernen noch traditionellen Mustern entspricht. In ihr sind z.B. die Gruppen der Alleinerziehenden, der Konsensualpaare mit Kind(ern), der Einpersonenhaushalte, der Nichtfamilienhaushalte Nicht-Verwandter, der Ehepaare (mit oder ohne Kinder) und der Konsensualpaare ohne Kind(er) mit teil-/nichterwerbstätiger oder im eigenen Haushalt tätiger Referenzperson zusammengefasst. Ist letztere vollerwerbstätig, muss sie zudem einer Konfession angehören, oder, im Fall der Konsensualpaare ohne Kind(er), die Zusatzperson nicht erwerbstätig sein. Bei den Ehepaaren muss dagegen bei vollerwerbstätiger oder erwerbsloser und auf Stellensuche befindlicher Referenzperson die Zusatzperson ebenfalls erwerbstätig sein.

4.5.2
Kartographische Darstellung der residentiellen Strukturmuster

Um die Verteilungsmuster der gefundenen Lebensformengruppen im Stadtraum darzustellen und analysieren zu können, werden Karten mit dem Geographischen Informationssystem ArcView® angefertigt. Auf diesen sind die Anteile jeder der in einem Baublock (von Strassen umgebener Raumabschnitt) wohnenden gesellschaftlichen Teilgruppen visualisiert. Die Blöcke werden nach Quantilen klassiert, um gut vergleichbare Gruppen mit gleich grossen Inhalten zu erhalten. Bei den Analysen muss berücksichtigt werden, dass die Homogenität von Baublöcken als Untersuchungseinheit nicht garantiert ist, da unterschiedliche Wohnsituationen von Strassenseiten oder Hinterhoflagen nicht berücksichtigt werden können. Baublöcke mit weniger als fünf Haushalten werden aus allen Analysen ausgeschlossen. Sehr kleine Raumeinheiten bergen nämlich die Gefahr, statistische Ausreisser oder Zufallskonstellationen zu sein, die das Gesamtergebnis verzerren könnten.

4.5.3
Berechnung der sozialräumlichen Ungleichverteilung

Sozialräumliche Segregation. Die räumliche Ungleichverteilung der Wohnbevölkerung wird nach folgender Formel des Segregationsindex (verändert nach FRIEDRICHS 1977: 220 und LICHTENBERGER 1998: 242) berechnet (siehe auch EDER 2001: 236):

Daten und Methodik

$$SI = \frac{1}{2} \cdot \sum_{i=1}^{n} \left| \frac{a_i}{A} - \frac{m_i - a_i}{M - A} \right| \cdot 100$$

Erläuterung:
- SI Segregationsindex
- $i_1, i_2, \ldots i_n$ Raumeinheiten (z.B. Baublock, Quartier)
- a_i Bevölkerung der Gruppe a in der i-ten Raumeinheit
- A Gesamtgrösse der Gruppe a im Gesamtgebiet
- m_i Anzahl Bewohner in der i-ten Raumeinheit
- M Anzahl Bewohner im Gesamtgebiet

Der Segregationsindex ist ein Wert zwischen 1 und 100, der die Ungleichverteilung von einer Bevölkerungsgruppe im Vergleich zu allen anderen Gruppen bezogen auf eine bestimmte Raumeinheit (hier Baublock oder Stadtquartier) beschreibt. Je höher der Indexwert, desto grösser ist die relative Ungleichverteilung im Raum (SI = 0; die betrachtete Gruppe ist gleich verteilt wie alle anderen Gruppen derselben Kategorie; SI = 100; die betrachtete Gruppe ist gegenüber allen anderen Gruppen maximal ungleich verteilt).

Einschränkungen: Der Segregationsindex ist „nur" ein Mass für die Ungleichverteilung bezogen auf eine bestimmte Raumeinheit, er lässt keine Aussagen über die Lage der einzelnen sozialen Gruppen im Stadtgebiet zu. Für konkret raumbezogene Aussagen wird dieses räumlich abstrahierte Ergebnis durch eine kartographische Verortung der Segregationsmuster über die anteilsmässige Verteilung der einzelnen Merkmalsgruppen im Stadtraum ergänzt.

Räumliche Ungleichverteilung zweier Milieugruppen - Dissimilaritätsindex.
Mit dem Dissimilaritätsindex kann mathematisch überprüft werden, ob zwei verschiedene Bevölkerungsgruppen (z.B. zwei Gruppen gleicher Modernisierungsstufe und unterschiedlicher sozialer Lage oder zwei Gruppen gleicher sozialer Lage und unterschiedlicher Modernisierungsstufe) sich in ihrer räumlichen Verteilung im Stadtgebiet ähneln oder unterscheiden. Folgender Indexwert beschreibt das Ausmass der räumlichen Ungleichverteilung zweier Bevölkerungsgruppen in einem Untersuchungsgebiet. Dabei bedeutet das Ergebnis DI = 0 die totale Gleichverteilung und DI = 100 die maximale Ungleichverteilung der untersuchten Sozialgruppen im Raum.

$$DI = \frac{1}{2} \cdot \sum_{i=1}^{n} \cdot \left| \frac{a_i}{A} - \frac{b_i}{B} \right| \cdot 100$$

Erläuterung: DI   Dissimilaritätsindex
$i_1, i_2, \ldots i_n$ Raumeinheiten (z.B. Baublock, Quartier)
a_i Bevölkerung der Gruppe a in der i-ten Raumeinheit
A   Gesamtgrösse der Gruppe a im Gesamtgebiet
b_i Bevölkerung der mit der Gruppe a verglichenen Gruppe b in der i-ten Raumeinheit
B   Gesamtgrösse der Gruppe b im Gesamtgebiet

4.5.4
Clusteranalyse der Baublöcke bezüglich ihrer Sozialstruktur

Mittels Clusteranalyse werden in einem nächsten Analyseschritt alle Baublöcke des Kantons Basel-Stadt bezüglich ihrer anteilsmässigen Zusammensetzung aus den oben berechneten Lebensformengruppen (zehn Merkmale und 1149 Baublöcke als Untersuchungseinheiten) klassiert. Die soziale Zusammensetzung und Raumverteilung der einzelnen Clustertypen, die auch als „Soziotope" bezeichnet werden können (vgl. Kap. 4.3), gibt Aufschluss darüber, welche Lebensformengruppen zusammen in einem Baublock wohnen und welche dieses enge nachbarschaftliche Verhältnis meiden.

Die einzelnen methodischen Schritte zur Ermittlung der Sozial- und Raumgruppen sind in Abbildung 4.3 nochmals schematisch dargestellt.

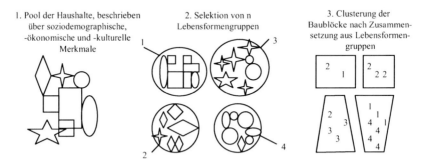

Abbildung 4.3 Bildung der Lebensformengruppen und Baublockzuordnung (eigene Darstellung).

Eigenschaften der Clusteranalyse. Das hier eingesetzte statistische Auswertungsverfahren der Clusteranalyse ermöglicht die mathematische Klassierung grosser Datenmengen, im vorliegenden Fall von Raumeinheiten nach ihrer Zusammensetzung aus bestimmten sozialen Gruppen. Es können Strukturen im Datensatz aufgefunden werden, die wichtige Interpretationshilfen z.B. für sozialwissenschaftliche Forschungsfragen darstellen.

Eine einmal gestartete Clusteranalyse – hier durchgeführt mit dem Statistikprogramm SPSS für Windows – läuft automatisch, ohne weitere Eingriffsmöglichkeit von aussen ab und führt immer zu einem Ergebnis. Dieses variiert je nach Wahl der Clustermethode, des Distanzmasses und der Anzahl der einfliessenden Variablen. Mit diesem Verfahren ist es daher unmöglich, das einzige und wahre Abbild der Realität zu finden.

Die methodischen Fragen lassen sich demzufolge nur im Zusammenhang mit der Zielsetzung der Untersuchung und mit den Beurteilungskriterien Plausibilität und Eindeutigkeit klären. Brauchbar ist eine Klassierung dann, wenn sie sich gut interpretieren lässt. In einem ersten Schritt muss daher herausgefunden werden, welches Verfahren und welche Ausgangsdaten für die vorliegende Studie am sinnvollsten sind.

Mathematische Voraussetzungen. Beim Clusterverfahren werden Ähnlichkeitsindices berechnet, die in sich möglichst homogene, aber voneinander möglichst verschiedene (intern homogene und extern heterogene) Gruppen auf der Basis mehrerer Merkmale abbilden. Je näher die Variablenwerte beieinander liegen, desto ähnlicher sind sich die entsprechenden Einheiten in Bezug auf ihre Merkmale (vgl. BAHRENBERG ET AL. 1992: 281). Zum Messen dieser mathematischen Nähe werden sog. „Distanzmasse" eingesetzt. Bei der Auswahl der Ausgangsvariablen ist daher auf folgende mathematische Bedingungen zu achten:

- *Skalenniveau der Ausgangsvariablen:* Nominalskalierte Variablen (Zahlenwerte stehen für bestimmte Eigenschaften, z.B. 1 für ledig, 2 für geschieden) eignen sich nicht für die Clusteranalyse, denn das Rechenprogramm begreift die Zahlen als Rangfolgen. Das Clusterergebnis ist unbrauchbar, da von Zahlenwerten her nahe beieinander liegende Variablen sich nicht automatisch ähnlich sind. Haben die in die Clusteranalyse eingehenden Daten verschiedene Grössenordnungen (bei statistischen Datenkodierungen durchaus üblich, z.B. 1 für Einpersonenhaushalt, 100 für Paare ohne Kinder), so erhalten sie bei der Bestimmung der Abstände auch eine unterschiedliche Gewichtung. Auch wenn die Variablen auf unterschiedlichen Skalenniveaus gemessen wurden, können die Ergebnisse irreführend sein. Es ist daher darauf zu achten, dass die in die Berechnungen einfliessenden Ausgangsdaten einheitlich metrisch oder binär (nur Werte 0 und 1) sind. Im vorliegenden Fall werden nur metrische Daten, nämlich die prozentualen Anteile der Lebensformengruppen je Baublock, verwendet.
- *Auswahl der Ausgangsvariablen:* Die bei den herkömmlichen, auf umfangreichen Befragungen basierenden Lebensstilanalysen übliche Vorschaltung einer Faktorenanalyse zur Reduktion redundanter Variablen ist hier überflüssig, da der Merkmalsraum mit den Anteilen der zehn Lebensformengruppen je Baublock in sich geschlossen ist und aus voneinander unabhängigen Einflussgrössen besteht.

Klassierungsmethoden. Da es im vorliegenden Fall keine „einzig richtige" oder „natürliche" Klassifikation der Datensatzobjekte gibt (s.o.), ist für die Auswahl des geeigneten Klassierungsverfahrens das Untersuchungsziel massgebend. Brauchbar ist dieses dann, wenn sich das Ergebnis gut interpretieren lässt. Wenn es wie bei der vorliegenden Studie nur um eine überschaubare und gut interpretierbare Zerlegung der Objektmenge geht, dann kommt zudem der Frage der „Natürlichkeit" der gefundenen Cluster keine so grosse Bedeutung zu wie in den Fällen, wo auch die Unterschiedlichkeit und Separiertheit der einzelnen Gruppen im Vordergrund steht. Hier ist es ausreichend, wenn die hinsichtlich der zur Klassifikation verwendeten Merkmale homogene und deutlich voneinander getrennte Klassen bilden. Für die Gruppenbildung stehen grundsätzlich die beiden folgenden Klassierungsmethoden zur Auswahl:

- Die *hierarchische Clusteranalyse*. Bei diesem Verfahren stellt am Anfang jeder Fall ein eigenes Cluster dar. Schrittweise werden dann jeweils die sich am nächsten liegenden Cluster zu einem übergeordneten Cluster vereinigt. Das Verfahren wird so lange fortgesetzt, bis nur noch zwei Cluster übrig sind. Da in jedem Schritt eine Distanzmatrix zwischen den gerade aktuellen Clustern berechnet wird, steigt der Rechenaufwand exponentiell zur Fallzahl an. Die Clusterung der 1149 Baublockcluster ist jedoch mit leistungsstarken Rechnern möglich.

- Die *Clusterzentrenanalyse* wird bei hohen Fallzahlen eingesetzt, da sie nicht so rechenintensiv ist wie das hierarchische Verfahren. Sie setzt einen mathematischen Algorithmus ein, der die vorherige Festlegung der Clusteranzahl erfordert. Man gibt die Startgruppierung (die anfängliche Zugehörigkeit der Objekte zu einem der n Cluster) vor und versucht, die Startgruppierung durch schrittweises Verschieben einzelner Objekte von einem Cluster zum anderen nach einem festgelegten Kriterium zu verbessern. Der Prozess ist beendet, wenn sich eine Gruppierung durch weiteres Verschieben von Objekten nicht mehr verbessern lässt. Für eine inhaltlich plausible Anfangspartition gibt es jedoch im vorliegenden Fall keine stichhaltigen Anhaltspunkte; bei einer ungeeigneten Anzahl von Clustern bestünde die Gefahr irreführender Ergebnisse.

Als Klassierungsverfahren wird für die Studie deshalb die hierarchische Clusterung gewählt. Bei dieser gibt es wiederum unterschiedliche Lösungsalgorithmen und Distanzmasse. Untersuchungen zu den unterschiedlichen Klassierungseigenschaften der möglichen Verfahren (z.B. BORTZ 1999, BÜHL & ZÖFEL 1996: 457, ECKES & ROSSBACH 1980, SCHMIDT 1996: 322, STAHL 1985) zeigen, dass das vorliegende Einsatzgebiet, die Raumanalyse, am besten durch folgendes Clusteranalyseverfahren gewährleistet werden kann (nach BORTZ 1999):

- *Lösungsalgorithmus „Average Linkage" oder „Linkage innerhalb der Gruppen"*. Bei diesem Lösungsalgorithmus wird zunächst für jeweils zwei Cluster der Durchschnitt aller Objektdistanzen berechnet, anschliessend werden die Cluster mit den kleinsten Durchschnittsdistanzen fusioniert. Die Distanz zwischen den Clustern ist somit gleich dem arithmetischen Mittel aller Objektdistanzen zwischen den beiden betrachteten Clustern. Um zwei Cluster zu fusionieren genügt es, dass deren Objekte im Mittel ausreichend ähnlich sind.
Wenn die beste Gruppierung aus Clustern unterschiedlicher Grösse besteht,

ist diese Methode dem sonst in soziologischen Studien häufig zur Gruppenbildung verwendeten Ward-Algorithmus überlegen.

Überprüfung der Klassifikationsergebnisse und Festlegung der Clusterzahl. Das Clusterergebnis muss nun anhand der Merkmale, die in die Analysen eingegangen sind, überprüft und seine Plausibilität im Hinblick auf die konkreten Forschungsfragen begründet werden. Die geeignetste Clusterzahl wird über statistische Berechnungen und inhaltliche Überlegungen herausgefunden.

Letztere müssen auf der Interpretierbarkeit der Klassierungsergebnisse beruhen. Bei mehr als zehn Klassen geht die Übersichtlichkeit verloren und es besteht die Gefahr, dass sich mit zunehmender Clusteranzahl nur noch uninteressante Detailmerkmale ausdifferenzieren. Bei kleineren Clusterzahlen ist zwar die Übersichtlichkeit gewährleistet, man riskiert aber, dass interessante Klassen in grösseren Clustern „verschluckt" werden. Weniger als fünf Cluster wären also inhaltlich zu wenig differenziert.

Ergeben sachspezifische Überlegungen kein eindeutiges Klassifikationsverfahren, so können mehrere Methoden angewendet und die Ergebnisse verglichen werden. Sind die Clusterergebnisse ähnlich, zeigt dies deutlich getrennte Klassen. Ein weiterer Hinweis auf deutlich getrennte Klassen ist die Auswertung des Dendrogramms, das eine eindeutige Separiertheit anzeigt, wenn Klassen über einen weiten Indexbereich unverändert bleiben. Auch die Auswertung von klassenspezifischen Kenngrössen, wie Mittelwert und Streuungen, kann über die Trennung der gefundenen Klassen Aufschluss geben.

Clustertypisierung. Abschliessend erfolgt die Typisierung der gefundenen Clustergruppen durch Beschreibung und Interpretation ihrer jeweiligen charakteristischen Merkmale.

Kritik an der Clustertechnik. Nachdem man sich für das genaue Verfahren entschieden hat, laufen die Berechnungen der Clusteranalyse ohne Beeinflussungsmöglichkeit von aussen automatisch ab. Es scheint hier also grösstmögliche Objektivität gewährleistet zu sein. SCHMIDT (SCHMIDT 1996: 332) hält jedoch fest, dass durch die Verfahrenswahl ein gewisses subjektives Moment bestehen bleibt und relativiert damit die Behauptung, dass die Anwendung statistischer Verfahren eine objektive Klassierung von Untersuchungseinheiten ermöglicht. Die vorgeschaltete Auswahl der Daten, des Verfahrens, des Lösungsalgorithmus, des Distanzmasses sowie der Massstabsebene der Untersuchungseinheiten beeinflussen jeweils die Klassierungsergebnisse. Zudem bergen statistisch-mathematische Berechnungen die Gefahr der Vereinfachung und Normierung (nach vorgegebenen Modellvorstellungen und Strukturen) der Wirklichkeit.

Der nicht zu unterschätzende Vorteil dieses statistischen Verfahrens liegt jedoch darin, dass es jederzeit wiederholbar, d.h. auf andere Räume oder Beobachtungszeitpunkte übertragbar ist.

Raumverteilung der Cluster. Als Grundlage für die Interpretation der räumlichen Strukturmuster der geclusterten Baublöcke wird ihre stadtweite Verteilung nun ebenfalls mit ArcView© GIS kartographisch dargestellt und mittels Segregations- und Dissimilaritätsindices mathematisch berechnet.

4.6
Analyse der Zusammenhänge von physisch-materiellen Raumgegebenheiten und sozialräumlichen Strukturen

Um Hypothese 5 zu überprüfen, ob und in welcher Form physisch-materielle Raumgegebenheiten von sozialen Strukturen beeinflusst bzw. „produziert" werden (Zitat LEFEBVRE 1991, siehe Kap. 2.3.1), müssen zunächst Kriterien festgelegt werden, die die Qualität des physisch-materiellen Wohnumfelds charakterisieren. Gemäss dem Anspruch dieser Studie, flächendeckende Sozialraumanalysen für ein Stadtgebiet durchzuführen, sind hierfür objektiv-messbare, für das gesamte Untersuchungsgebiet zur Verfügung stehende Raumdaten notwendig. Die in Frage kommenden Raumdaten beziehen sich auf folgende Merkmale der Wohnumfeldqualität:

- *Bevölkerungsdichte*: Aus dem Datensatz der Volkszählung von 1990 wurde berechnet, wieviel Personen pro ha in den einzelnen Baublöcken wohnen. Dann wurden die Zonen ausgeschieden, die eine dichtere Bebauung aufweisen als der Durchschnitt (117 Personen pro ha).
- Anteil an *lärmbelasteten Strassen* im Kanton Basel-Stadt: Die Daten sind dem Strassenlärmkataster entnommen, das auf einer Kombination des Lärmbelastungsplans Tag, Lärmschutzfachstelle, Baudepartement des Kantons Basel-Stadt, Ausgabe August 1999 und des Lärmempfindlichkeitsstufenplans, Entwurf 7/2000 vom 30.6.2000, Baudepartement des Kantons Basel-Stadt, beruht.
- Belastung durch *NO_2-Immissionen*. Die lokale Stickstoffdioxid-Belastung hängt von der Nähe und Exposition zu Verkehrsachsen ab. Im städtischen Gebiet treten die höchsten Werte in den Strassenschluchten auf, während die strassenabgewandten, autofreien Hinterhöfe nur noch halb so stark belastet sind. Die Immissionsdaten für das Jahr 2000 entstammen dem Lufthygieneamt beider Basel. Verzeichnet sind NO_2-Werte, die über dem Grenzwert von 35 mg/m^3 liegen. Die verfügbaren Messwerte sind in drei Kategorien (35 mg/m^3, 36-45 mg/m^3 und 46-55 mg/m^3) unterteilt. NO_2 ist eine Leitgrösse der Luftverschmutzung (Hauptquelle: motorisierter Strassenverkehr) und damit ein geeigneter Indikator für die lufthygienische Situation insgesamt.

Alle drei Merkmale sind kartographisch erfasst und in einem Format verfügbar, das mit den in der Studie verwendeten Arc View® GIS kompatibel ist. Für die Raumanalysen müssen nun zunächst mit dem GIS-Programm die Baublöcke selektiert werden, die die drei Zonen der negativen Wohnumfeldqualität schneiden. In einem nächsten Schritt wird dann ermittelt, aus welchen Sozialgruppen sich die Baublöcke zusammensetzen, die die markierten Flächeneinheiten schneiden oder sich mit diesen decken. Durch diese Verknüpfung von Sozial- und Raumdaten kann schliesslich bestimmt werden, welche Lebensformengruppen in einer qualitativ minderwertigen Umgebung wohnen.

5 Dokumentation der Untersuchungsergebnisse – neue Strukturen der Stadtgesellschaft

5.1 Soziale Merkmale der Lebensformengruppen

5.1.1 Aufteilung der Wohnbevölkerung des Kantons Basel-Stadt in Lebensformengruppen

Die zehn Lebensformengruppen verteilen sich wie folgt auf die baselstädtischen Haushalte (siehe Abbildung 5.1): Die Oberschicht ist mit rund 10% oder 9 737 Haushalten nach der Gruppe der Marginalisierten (3%, 2 776 Haushalte) die zweitkleinste der sozialen Lagen. Zur Unterschicht zählen 28% oder 27 977 der Haushalte und die Mittelschicht stellt mit 59% oder 59 136 die grösste sozioökonomische Einheit dar. Innerhalb der sozialen Lagen weisen die postmodernen Sektionen jeweils die kleinsten Prozentanteile auf (Ober- und Mittelschicht jeweils 12%, Unterschicht 9%). Die traditionelle Teilgruppe der Mittelschicht (13%) verzeichnet einen ähnlich geringen Anteil wie deren postmoderne Untergruppe, während die traditionellen Sektionen der Ober- (18%) und Unterschicht (21%) jeweils grössere Aneile einnehmen. Bei der Unterschicht ist dieser sogar mehr als doppelt so gross wie derjenige der postmodernen Sektion. Die überwiegende Mehrheit (ca. zwei Drittel) der Haushalte jeder Sozialschicht gehört der modernen Lebensformengruppe an.

Bestimmte Haushalte, deren Angaben auf dem Datenbogen lückenhaft (z.B. fehlende Angaben zur Erwerbssituation der Zusatzperson bei vollerwerbstätigen Verheirateten) bzw. inkorrekt sind, konnten bei der Selektionsabfrage nicht erfasst werden. Dies sind jeweils ca. 0.3% der Oberschicht- (27), der Mittelschicht- (204) und der Unterschichthaushalte (103).

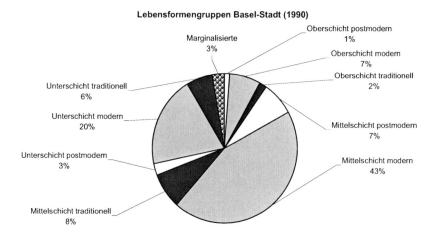

Abbildung 5.1 Prozentuale Zusammensetzung der Haushalte von Basel-Stadt aus den zehn Lebensformengruppen (1990).

5.1.2
Zusammensetzung der Modernisierungsstufen

Das in Tabelle 4.3 dargestellte Selektionsverfahren führt zu folgender Zusammensetzung der drei Modernisierungsstufen:
- Die *postmoderne Teilgruppe* ist in sich eher homogen strukturiert: Sie setzt sich mehrheitlich (76%) aus vollerwerbstätigen Einpersonenhaushalten ohne Konfession (siehe Tabelle 4.3) zusammen. Nächstgrössere Teilgruppe sind vollerwerbstätige Nichtfamilienhaushalte Nicht-Verwandter mit 13%. Die kleinste Sektion stellen Konsensualpaare ohne Kinder mit 11% dar.
- Die *moderne Modernisierungsstufe* setzt sich eher heterogen aus verschiedenen Haushalttypen mit ähnlich hohen Anteilen zusammen: Die grösste Teilgruppe sind Ehepaare mit und ohne Kind(er) mit (ehemals) erwerbstätiger, erwerbsloser oder in Ausbildung stehender Zusatzperson – 23% mit vollerwerbstätiger bzw. 13% mit arbeitsuchender Referenzperson. Grössere Anteile haben zudem teilerwerbstätige Einpersonenhaushalte (18%) und vollerwerbstätige Einpersonenhaushalte, die einer Konfession angehören (15%). 7% der modernen Haushalte sind Alleinerziehende. Einen Anteil von 3% haben verwitwete Einpersonenhaushalte in Ausbildung, Rente oder auf Stellensuche. Mit je 2% sind teilerwerbstätige Nichtfamilienhaushalte Nicht-Verwandter und vollerwerbstätige Nichtfamilienhaushalte Nicht-Verwandter mit Konfession vertreten.
- Die *traditionelle Sektion* ist ebenfalls heterogen strukturiert, sie setzt sich aus zwei ähnlich grossen Hauptgruppen zusammen: Die grösste Gruppe sind mit 51% verwitwete Einpersonenhaushalte mit Konfession, die im Rentenstatus oder erwerbslos sind. Ergänzende Analysen zeigen, dass 1990 89% der

Verwitweten in Basel-Stadt mindestens 60 Jahre alt sind. Aufgrund der empirisch von vielen Studien belegten hohen Korrelation von Alter und Lebensstil (siehe Kap. 2.2.2.3) verwundert es nicht, dass diese Gruppe durch traditionelle Werthaltungen gekennzeichnet ist. Zudem leben heute 85% der Verwitweten in Einpersonenhaushalten (die nächstgrössere Gruppe machen Alleinerziehende mit 8,7% aus), sie sind also keine „modernen" nicht-ehelichen Gemeinschaften eingegangen.

Die andere Hauptgruppe sind Ehepaare mit und ohne Kind(er) mit vollerwerbstätiger Referenzperson und im Haushalt tätiger Zusatzperson mit 42%. 6% der Traditionellen sind Ehepaare mit und ohne Kind(er) mit erwerbsloser, in Ausbildung oder im Rentenstatus stehender Referenzperson und im Haushalt tätiger Zusatzperson, die einer Konfession angehören. Verwitwete, vollerwerbstätige Einpersonenhaushalte mit Konfession stellen mit 2% die kleinste Teilgruppe dar.

5.1.3
Zusammensetzung der Lebensformengruppen aus den sozio-professionellen Kategorien

Die folgende Tabelle 5.1 (aus Platzgründen aufgesplittet in 5.1a und 5.1b) gibt einen Überblick über die Zusammensetzung der zehn Lebensformengruppen aus den sozio-professionellen Kategorien der Referenzperson in absoluten Zahlen und Prozentanteilen. Einige der hier dargestellten Merkmale ergeben sich bereits aus der Selektion der Lebensformengruppen. Dazu zählen die Berufskategorien als Kriterien für die Schichteinteilung (siehe Tabelle 4.2) und die unter „Erwerbstätigkeit sonstige" fallenden Attribute Rentner, Hausarbeit und Ausbildungsstatus kombiniert mit dem Bildungsniveau als Einteilungskriterien für die Modernisierungsstufen. Diese Werte werden daher an dieser Stelle nicht mehr detailliert für die einzelnen Lebensformengruppen dargestellt. Erläutert werden nur aussagekräftige Merkmalskombinationen, die sich nicht implizit aus dem Selektionsverfahren ergeben.

Eine interessante Konstellation ist zum Beispiel, dass sich die postmoderne Mittelschicht überwiegend aus „neuen Berufskategorien" der Unternehmens- und Kommunikationsdienstleistungen zusammensetzt. Diese zählen zu den in Kap. 2.1.1 erläuterten neuen Berufssparten der „tertiärisierten Informationsgesellschaft", die heute zunehmende wirtschaftliche Bedeutung und soziales Prestige gewinnen. Diese Befunde passen auch zu der in Kap. 2.2.2.3 aufgedeckten Übereinstimmung zwischen postmoderner Lebenseinstellung und „Aufstiegswilligkeit" der oberen Sozialschichten.

Bei den verschiedenen Modernisierungsstufen innerhalb der Oberschicht können dagegen keine wesentlichen Abweichungen der Anteile an den verschiedenen sozio-professionellen Kategorien festgestellt werden. Für das Sozialprestige der Kaderpositionen spielt es offenbar keine Rolle, ob sie neuen oder traditionellen Berufssparten angehören.

Bei der postmodernen Unterschicht sind die Anteile an Produktions- und Dienstleistungsberufen vergleichbar hoch. Eine Erklärung hierfür ist, dass die gering qualifizierten und schlecht bezahlten Dienstleistungsjobs den unteren sozialen Lagen ebenso wenig Möglichkeiten zu sozialem Aufstieg bieten wie die niedrig qualifizierten Jobs des Bau- und Produktionsgewerbes. Offensichtlich kann v.a. die postmoderne Teilgruppe der Mittelschicht in hochqualifizierten Dienstleistungsberufen von sozioökonomischen Aufstiegsmöglichkeiten profitieren.

Ein weiteres interessantes Detail, das der Tabelle entnommen werden kann, ist, dass die traditionellen Teilgruppen der Mittel- und Unterschicht höhere Anteile an Rentnern (jeweils beinahe doppelt so viel) aufweisen als die modernen. Offenbar hängt die Art der Lebensführung mit der Lebenszyklusphase zusammen – je älter desto traditioneller die Einstellung. Zahlenmässig gehören die meisten Rentner zwar der modernen Mittelschicht (12 302) an. Im Vergleich zu den anderen Gruppen, die Rentner beinhalten, weist diese Lebensformengruppe jedoch die kleinsten Anteile auf (28%). Der höchste Rentneranteil (82%) ist für die traditionelle Teilgruppe der Unterschicht festzustellen. Dies entspricht den in Kap. 2.2.2.3 für verschiedene Lebensstilstudien dokumentierten Attributen traditionell eingestellter Gesellschaftsgruppen der unteren sozialen Lagen – „isolierter älterer Mensch", „Volksmusikrentner", „passiv-zurückgezogene Senioren".

Bei den Marginalisierten fällt auf, dass sie aus zwei (interpretierbaren) Hauptgruppen – Erwerbslosen und Rentnern ohne Ausbildung und damit mit sehr geringem Einkommen – besteht, deren Anteile in etwa gleich hoch sind (34% bzw. 33%). Es muss allerdings angemerkt werden, dass Teile der den Marginalisierten zugerechneten Bevölkerungsgruppen evtl. (noch) nicht sozioökonomisch degradiert sind. Die verfügbaren Angaben zu den Erwerbslosen lassen nämlich offen, wie lange diese bereits aus dem Berufsleben ausgeschieden und damit evtl. finanziell noch nicht „marginalisiert" sind. Im Gegensatz dazu kann man davon ausgehen, dass die zweite Hauptgruppe der marginalisierten Rentner infolge ihrer beruflichen Nichtqualifizierung mindestens für die Dauer ihres Erwerbslebens den finanziell schlechtest gestellten Bevölkerungsteilen angehört.

Tabelle 5.1a Zusammensetzung der zehn Lebensformengruppen (Oberschicht, Mittelschicht) aus den sozio-professionellen Kategorien (Teil I).

	Oberstes Management		Freie Berufe		Ingenieure und technisches Kader		Kader der Unternehmens- und Kommunikationsdienstleistungen		Kader im sozialen und persönlichen Dienstleistungsbereich	
Postmoderne OS (1174)	105	9%	111	9%	82	7%	444	38%	432	37%
Moderne OS (6770)	680	10%	716	11%	631	9%	2176	32%	2601	38%
Traditionelle OS (1766)	263	15%	130	7%	166	9%	687	39%	535	30%

	Landwirte und Handwerker	Selbständige im DL-Bereich	Intermediäre Techniker	Intermediäre Berufe der Unternehmens- und Kommunikationsdienstleister	Intermediäre Berufe im sozialen und persönlichen Dienstleistungsbereich	Technische Angestellte	Angestellte der Unternehmens- und Kommunikationsdienstl.	Angestellte im sozialen und persönlichen Dienstleistgsb.	Gelernte Arbeiter u. Angestellte	Nicht zuteilbare Erwerbstätige	Erwerbslose	In Ausbild. Stehende ab 15 J.	Rentner	Hausarbeit im eigenen Haushalt	Übrige Nichterwerbspersonen
Postmoderne MS (7067)	3%	8%	7%	16%	8%	5%	21%	9%	17%	6%					
	224	573	503	1156	545	327	1509	619	1194	432					
Moderne MS (44120)	2%	6%	6%	9%	7%	2%	13%	7%	11%	4%	0.5%	2%	28%	1%	0.3%
	1050	2489	2473	4179	3312	1067	5894	3157	4744	1620	200	987	1230	639	141
Traditionelle MS (7745)	2%	4%	8%	9%	5%	2%	6%	4%	10%	2%	0.1%	0.2%	49%		
	177	281	586	702	358	153	472	277	746	182	10	19	382		

Tabelle 5.1b Zusammensetzung der zehn Lebensformengruppen (Unterschicht, Marginalisierte) aus den sozio-professionellen Kategorien (Teil II).

	Ungelernte Arbeiter in der Landwirtschaft	Ungelernte Arbeiter in Produktion und Baugewerbe	Ungelernte Angestellte im DL-Bereich	Nicht zuteilbare Erwerbstätige	Erwerbslose	In Ausbildung Stehende ab 15 J.	Rentner	Hausarbeit im eigenen Haushalt	Übrige Nichterwerbspersonen
Postmoderne US (2525)	0.7% 17	39% 996	30% 759	30% 762					
Moderne US (19500)	0.4% 82	19% 3708	21% 4115	10% 1996	0.3% 59	4% 852	40% 7840	4% 828	0.3% 57
Traditionelle US (5849)	0.2% 9	7% 393	6% 349	5% 276	0.1% 6	0.3% 19	82% 4808		

	Nicht zuteilbare Erwerbstätige		Erwerbslose		Rentner		Hausarbeit im eigenen Haushalt		Übrige Nichterwerbspersonen	
Marginalisierte (2776)	828	30%	945	34%	921	33%	82	3%	5	0.2%

5.1.4
Soziodemographische Zusammensetzung der Lebensformengruppen

In Tabelle 5.2 ist die soziodemographische Zusammensetzung der drei sozialen Lagen, der drei Modernisierungsstufen und der zehn Lebensformengruppen nach den Kriterien Haushaltsgrösse, Alter, Geschlecht sowie Nationalität überblickartig zusammengestellt. Im Folgenden werden die interessantesten Phänomene erläutert.

Tabelle 5.2 Kurzcharakteristik der soziodemographischen Zusammensetzung der drei sozialen Lagen, drei Modernisierungsstufen und zehn Lebensformengruppen.

	Personen pro Haushalt (Ø)	Durchschnittsalter (RP)	Altersgruppen in %				Geschlecht (RP) in %		Nationalität (Herkunftsländer) – grösste Gruppen (RP) in %			
			junge Erwachsene 20-25 J.	mittlere Altersgr. 26-45 J.	gesetzte Altersgr. 46-65 J.	Ältere 66+ J.	männlich	weiblich	Schweiz	Mittel- und Nordeuropa, USA	Südeuropa	Südosteuropa/Türkei
Oberschicht	2.45	44.61	2	52	43	3	85	15	83	11		
Mittelschicht	1.93	49.57	9	37	31	23	66	34	85	5	5	
Unterschicht	1.83	55.52	7	29	26	38	52	48	69		16	10
Marginalisierte	1.79	49.29	10	41	23	27	58	42	71	5	10	11
Postmoderne OS	1.26	40.78	3	65	31	1	73	27	74	17		
Moderne OS	2.38	44.62	2	52	42	4	84	16	84	10		
Traditionelle OS	3.47	47.15		45	54	1	99	1	88	7		
Postmoderne MS	1.26	38.74	11	59	29		66	34	79	8	8	
Moderne MS	1.98	49.47	10	35	32	23	66	34	85	5	5	
Traditionelle MS	2.24	59.96	1	24	33	42	66	34	91	3	3	
Postmoderne US	1.33	38.58	14	56	30		75	25	48		33	12
Moderne US	1.99	53.11	8	31	29	32	57	43	66		18	12
Traditionelle US	1.50	70.81	1	10	14	75	26	74	86		4	8
Postmoderne	1.28	38.89	11	59	29		69	31	71	8	14	5
Moderne	2.02	49.93	8	36	32	24	65	35	80	5	9	5
Traditionelle	2.10	62.61	1	21	28	50	54	46	88	3	3	5

- *Haushaltgrösse:* In Oberschichthaushalten leben durchschnittlich die meisten Personen (2.45), mit sinkendem Sozialprestige nimmt die Haushaltsgrösse bis zu 1.79 Personen (Marginalisierte) ab. Offensichtlich können sich finanziell Bessergestellte grössere Familien „leisten", kleine Haushaltsgrössen kongruieren dagegen häufig mit Einkommensschwäche.
  Die durchschnittliche Haushaltsgrösse nimmt von der postmodernen (1.28) über die moderne (2.02) zur traditionellen Teilgruppe (2.10) zu. Dies hängt mit den Selektionskriterien der einzelnen Modernisierungsstufen zusammen, bei denen Kinderreichtum oder Kinderlosigkeit eine Rolle spielt.
  Bei der Ober- und Mittelschicht verzeichnen die postmodernen Teilgruppen, d.h. Ein- oder Zweipersonenhaushalte ohne Kinder, mit 1.26 die kleinsten Haushaltsgrössen innerhalb ihrer Sozialschichten und die traditionellen, familiär eingestellten Sektionen jeweils die grössten. Anders stellt sich dies bei der Unterschicht dar. Hier weist die postmoderne Teilgruppe zwar auch die kleinste Haushaltsgrösse auf, die traditionelle Sektion verzeichnet jedoch weniger Personen pro Haushalt als die moderne. Dies hängt mit dem grossen Anteil an verwitweten Einpersonenhaushalten der traditionellen Unterschicht zusammen.
- *Alter der Referenzperson*: Die Unterschicht weist mit grösstem Rentneranteil das höchste Durchschnittsalter auf, die Oberschicht das niedrigste. Mittelschicht und Marginalisierte sind durch ein ähnliches Durchschnittsalter gekennzeichnet.
  Die „Marginalisierten" verzeichnen nur das dritthöchste Durchschnittsalter, da sie relativ hohe Anteile an jungen und mittleren Altersgruppen aufweisen, gleichzeitig aber auch hohe Anteile an Personen, die älter als 66 Jahre sind.
  Innerhalb der Sozialschichten verzeichnet jeweils die traditionelle Teilgruppe das höchste Durchschnittsalter (hier fallen die Verwitweten stark ins Gewicht und dass mit der Familiengründung viele Frauen ihre Berufstätigkeit aufgeben) und die postmodernen Teilgruppen jeweils das niedrigste. Das ist damit zu begründen, dass bei den Postmodernen Personen über 66 Jahre fehlen bzw. sehr niedrige Anteile aufweisen (postmoderne Oberschicht: 1%).
  Auffällig ist, dass bei der Unterschicht die Differenz zwischen dem Durchschnittsalter der traditionellen und der postmodernen Teilgruppe 46% ausmacht. Mit steigendem Sozialprestige verkleinert sich diese Differenz, bis sie für die Oberschicht nur noch 14% beträgt. Dies liegt daran, dass die traditionelle Unterschicht mit höchstem Anteil an Personen über 66 Jahre auch insgesamt das höchste Durchschnittsalter (70.8 Jahre) aufweist, und deren postmoderne Sektion mit hohem Anteil an in Ausbildung stehenden zukünftigen Nichtakademikern mit 38.6 Jahren das niedrigste. Die postmoderne Oberschicht verzeichnet dagegen das höchste Durchschnittsalter aller postmodernen Teilgruppen, da die Berufe des obersten Sozialprestige erst nach einer gewissen Anzahl Berufsjahren erreicht werden können. Das innerhalb der traditionellen Teilgruppe mit Abstand geringste Durchschnittsalter der Oberschicht ist damit zu begründen, dass bei der Selektion des obersten Sozialprestiges Rentner ausgeschlossen wurden.
- *Geschlecht der Referenzperson*: Die Unterschicht weist mit einem hohen Witwenanteil den höchsten Frauenanteil der Referenzpersonen auf. Den

zweitgrössten Frauenanteil verzeichnet die Gruppe der Marginalisierten, die zusätzlich zu den Witwen durch hohe Anteile von alleinerziehenden Müttern gekennzeichnet sind. Der hohe Männeranteil der Oberschicht ist auf die sozio-professionellen Kategorien zurückzuführen, die v.a. von Männern belegt werden. Für die Geschlechterzusammensetzung kann daher ebenfalls ein Zusammenhang mit der sozialen Lage festgestellt werden. Die Marginalisierten liegen, was den Männeranteil betrifft, zwischen der Mittel- und der Unterschicht. Dies kann mit den relativ hohen Anteilen an erwerbslosen männlichen Referenzpersonen und an Witwen ohne Ausbildung erklärt werden.

Bezüglich der Modernisierungsstufe zeigen sich jedoch schichtbezogene Unterschiede: Während bei der Oberschicht die traditionelle Teilgruppe mit 99% die höchsten und die postmoderne mit 73% die niedrigsten Männeranteile der Referenzpersonen aufweisen, stimmt bei der Mittelschicht die Geschlechterzusammensetzung der Referenzpersonen mit 66% Männer und 34% Frauen für alle Modernisierungsstufen überein. Bei der traditionellen Mittelschicht halten sich die nach konventionellen Rollenmustern lebenden Haushalte und Witwenanteile die Waage. Die den Postmodernen dieser Sozialschicht offenstehenden Berufssparten sind Frauen offenbar besser zugänglich als diejenigen der Oberschicht. Insgesamt weisen damit alle Modernisierungsstufen der Mittelschicht höhere Frauenanteile auf als die der Oberschicht.

Bei der Unterschicht ist das Geschlechterverhältnis der Referenzpersonen der postmodernen und traditionellen Teilgruppen gerade umgekehrt: Höchste Männerquoten der postmodernen Teilgruppe (75%) mit hohen Anteilen an alleinstehenden jungen Männern stehen hier höchsten Frauenquoten der traditionellen Modernisierungsstufe (74%) mit hohen Anteilen an alleinstehenden Witwen im Rentenalter gegenüber.

- *Nationalität der Referenzperson*: Die Mehrheit aller sozialer Lagen setzt sich aus Schweizern zusammen, allerdings nehmen deren Anteile mit niedriger werdender sozialer Lage ab, während die Anteile an Süd- und Südosteuropäern zunehmen.

Bei den „Marginalisierten" fällt auf, dass sie sich aus vielen Nationalitätengruppen zusammensetzen: zu fast drei Vierteln aus Schweizern, immerhin 5% Mittel- und Nordeuropäern sowie Nordamerikanern, aber auch aus jeweils rund 10% Süd- und Südosteuropäern. Dies hängt damit zusammen, dass diese in sich sehr inhomogene Sozialgruppe zum Teil aus sozial degradierten Schweizern und Mitteleuropäern besteht und zum Teil aus Nationalitätengruppen, denen aufgrund soziokultureller Einschränkungen der Zugang zu höheren Sozialschichten versperrt ist.

Die Mittel-, Nordeuropäer und Nordamerikaner als sog. „Elitemigranten" (in gut bezahlten Berufen tätig) gehören neben den „Marginalisierten" (s.o.) nur den beiden oberen Sozialschichten an, mit jeweils höchsten Anteilen bei den postmodernen Sektionen. Es handelt sich bei diesen Migranten nämlich häufig um jüngere Alleinstehende, die aus Karrieregründen einige Zeit in guten beruflichen Positionen international ausgerichteter Firmen in der Schweiz tätig sind, um dann wieder in ihre Heimatländer zurückzukehren (vgl. auch SCHMIDT 2002).

Der Anteil an Schweizern nimmt für alle sozialen Lagen von der traditionellen zur modernen und postmodernen Modernisierungsstufe ab. Die höchsten Anteile an Südeuropäern verzeichnen die postmoderne (33%) und moderne Unterschicht (18%), gefolgt von der postmodernen (8%) und modernen Mittelschicht (5%). Dies ist mit den hohen Anteilen an unverheirateten Arbeitnehmern zu erklären, die dieser Lebensformengruppe angehören. Diese Migranten der ersten Einwanderungswelle konnten sich bereits in Berufen der Mittelschicht etablieren. Die Gruppe der Südost- und Osteuropäer als Hauptmigranten der jüngeren Einwanderungswelle verzeichnet höhere Anteile nur bei der Unterschicht und den Marginalisierten; höchste Anteile von je 12% weisen die moderne und postmoderne Unterschicht auf, dicht gefolgt von den Marginalisierten mit 11%. Die Nationalität ist also sowohl mit der Zugehörigkeit zu einer Sozialschicht als auch mit der Zugehörigkeit zu einer Modernisierungsstufe korreliert.

5.1.5
Synthese und Diskussion der Befunde

Den soziodemographischen Analysen zufolge kann man die baselstädtische Wohnbevölkerung mit 69% Mittel- und Oberschichthaushalten gegenüber 31% Unterschichthaushalten und Marginalisierten als eine „Zweidrittelgesellschaft" bezeichnen. Diese Befunde entsprechen dem in Kap. 2.2.1 erläuterten Trend zur zunehmenden sozialen Polarisierung der postfordistischen Epoche.

Die vorwiegend aus vollerwerbstätigen Einpersonenhaushalten ohne Konfession zwischen 26 und 45 Jahren zusammengesetzte *postmoderne Teilgruppe* stellt innerhalb der Sozialschichten jeweils die kleinste der Modernisierungsstufen dar. Den geringsten gruppeninternen Anteil verzeichnet die postmoderne Unterschicht, absolut gesehen ist jedoch die postmoderne Oberschicht die kleinste der Lebensformengruppen. V.a. die postmoderne Sektion der Mittelschicht kann von „neuen" sozioökonomischen Aufstiegsmöglichkeiten in hochqualifizierten Dienstleistungsberufen, die zu den neuen Berufssparten der „tertiärisierten Informationsgesellschaft" zählen, profitieren. Diese Befunde passen zu der in Kap. 2.2.2.3 angesprochenen Übereinstimmung von postmoderner Lebenseinstellung und gesellschaftlicher „Aufstiegswilligkeit". Letztere setzt allerdings genügend sozioökonomisches und kulturelles Kapital voraus und steht damit nur den oberen Sozialschichten offen.

Alle Sozialschichten setzen sich überwiegend aus Haushalten mit *„moderner" Lebensführung* zusammen. In dieser sozial sehr heterogenen Gruppe weisen klassische Familien, Alleinerziehende sowie Einpersonenhaushalte Erwerbstätiger grössere Anteile auf.

Die *traditionelle Modernisierungsstufe* verzeichnet innerhalb der Ober- und Unterschicht jeweils grössere Anteile als innerhalb der Mittelschicht. Sie wird aus zwei Hauptgruppen gebildet, nämlich verwitweten Einpersonenhaushalten und Ehepaaren mit und ohne Kind(er) mit vollerwerbstätiger Referenzperson und im Haushalt tätiger Zusatzperson. Die traditionell Eingestellten verzeichnen die grössten Rentneranteile, mit einem Höchstwert von 82% bei der traditionellen Unterschicht.

Wie die Unterschicht besteht auch die Gruppe der *Marginalisierten* aus zwei

Hauptgruppen: Rentnern ohne Ausbildung und Erwerbslosen. Da unter letzteren auch Kurzzeitarbeitslose enthalten sind, muss damit gerechnet werden, dass Teile dieser Gruppe (noch) nicht am untersten Ende der sozialen Leiter stehen. Bei den Analysen ist daher zu berücksichtigen, dass die unterstellte sozioökonomische Degradierung der Marginalisierten nicht 100% gesichert ist.

Der in Kap. 2.2.1 als eine Determinante der „neuen sozialen Ungleichheit" bezeichnete Zusammenhang zwischen *Familiengrösse* und sozialem Status kann aufgrund der vorliegenden Befunde bestätigt werden: Mit steigendem Sozialprestige nimmt die durchschnittliche Personenzahl eines Haushalts zu. Obwohl die Haushaltsgrösse direkt über den Haushalttyp in den Selektionsanalysen der Lebensformengruppen impliziert ist, korrespondiert sie nur für die beiden obersten Sozialschichten auch mit der Modernisierungsstufe: Je höher das Sozialprestige und je traditioneller die Lebensführung, desto mehr Personen umfassen die Haushalte. Aufgrund des hohen Anteils an verwitweten Alleinstehenden weist dagegen die traditionelle Sektion der Unterschicht durchschnittlich weniger Personen pro Haushalt auf als die moderne.

Eine weitere Bestimmungsgrösse der „neuen sozialen Ungleichheit", die *Lebenszyklusphase*, lässt für alle Sozialschichten eine Korrelation zur Art der Lebensführung erkennen: Je höher das Durchschnittsalter desto „traditioneller" die Lebenseinstellung. Die grossen Altersdifferenzen innerhalb der Unterschicht und die relativ geringen Altersunterschiede innerhalb der Oberschicht sind zum Teil mit den Selektionskriterien der sozialen Lagen – dem Fehlen von Rentnern in der Oberschicht – zu erklären. Die hohen Anteile an Personen über 66 Jahre und unter 26 Jahre, die der Unterschicht angehören, geben einen Hinweis darauf, dass das Risiko einer sozialen Degradierung sowohl mit frühen als auch mit späten Lebenszyklusphasen verbunden ist. Dies lässt sich auch für die Marginalisierten bestätigen, die allerdings auch hohe Anteile an (erwerbslosen) mittleren Altersgruppen aufweisen.

Das *Geschlecht* der Referenzperson bestätigt sich ebenfalls als eine Kenngrösse der „neuen sozialen Ungleichheit": je niedriger das Sozialprestige, desto höher der Frauenanteil. Die Marginalisierten als heterogene Gruppe aus Witwen ohne Ausbildung und erwerbslosen männlichen Referenzpersonen gliedern sich nicht in diese soziale Rangfolge ein. Bei den Modernisierungsstufen lassen sich allerdings keine übereinstimmenden Gesetzmässigkeiten für die drei sozialen Lagen festhalten – während sich die Frauen- und Männeranteile von Ober- und Unterschicht gerade spiegelbildlich darstellen, ändert sich die Geschlechterzusammensetzung aller Modernisierungsstufen der mittleren Sozialschicht nicht. Nur bei der Oberschicht entspricht die Geschlechterzusammensetzung den Attributen der Modernisierungsstufen, wie z.B. ein hoher Männeranteil der Referenzpersonen bei den Traditionellen, was auf eine klassische Rollenverteilung der Haushalte hindeutet. Bei den beiden anderen Sozialschichten überprägen Alter und Erwerbsbeteiligung diesen Trend: Hohe Frauenanteile bei der traditionellen Unterschicht beruhen auf einem hohen Witwenanteil im Rentenalter mit niedrigem Ausbildungsniveau. Diesen Frauen war der Zugang zu höherer Bildung noch grösstenteils vorenthalten. Dieser Trend wird in den nächsten Jahrzehnten rückläufig sein, wenn sich das höhere Bildungsniveau der jüngeren Frauengeneration bemerkbar macht. Die relativ hohe Frauenquote der postmodernen Mittelschicht ist dagegen auf die leichtere Zugänglichkeit für

Frauen zu Berufen des mittleren Sozialprestiges als zu denjenigen der Oberschicht zurückzuführen. Während so die hohe Männerquote der postmodernen Oberschicht zu erklären ist, beruht der hohe Anteil an alleinstehenden jungen Männern bei der postmodernen Unterschicht darauf, dass Frauen mit niedrigem Bildungsniveau oft frühzeitig heiraten und damit einer anderen Modernisierungsstufe zugehören. Der Trend zur Auflösung der klassischen Geschlechterrollenverteilung bei postmodernen Haushalten kann hier also nicht bestätigt werden.

Neben dem Alter korreliert nur noch die *Nationalität* mit sozialer Lage *und* Modernisierungsstufe: Mit niedriger werdendem Sozialprestige und zunehmender „Modernität" der Lebensführung nimmt der Anteil an Schweizer Haushalten ab. Eine Besonderheit stellen wieder die Marginalisierten als eine heterogen zusammengesetzte Gruppe aus sozial degradierten Schweizern und Ausländern ohne Zugang zu sozialen, ökonomischen und kulturellen Ressourcen dar.

5.2
Residentielle Strukturmuster in Basel-Stadt

Entsprechend den Hypothesen 2 bis 3 (siehe Kap. 2.5: „Spiegelung von sozialen Phänomenen im Raum") werden in diesem Kapitel die residentiellen Strukturmuster der Lebensformengruppen dokumentiert und interpretiert.

5.2.1
Sozialräumliche Strukturen der Lebensformengruppen

Die Analysen zur Wohnstandortverteilung der zehn Lebensformengruppen stützen sich neben der kartographischen Darstellung der residentiellen Strukturmuster auf Segregations- und Dissimilaritätsindices.

5.2.1.1
Segregationserscheinungen der Lebensformengruppen

Zunächst wird die räumliche Ungleichverteilung der Lebensformengruppen in Basel-Stadt anhand von Segregationsberechnungen (siehe Abbildung 5.2) beschrieben und analysiert.

Untersuchungsergebnisse

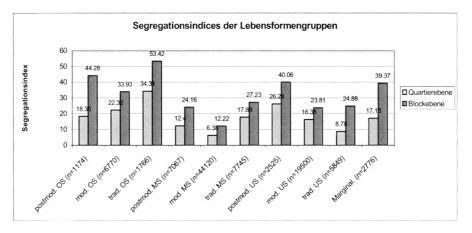

Abbildung 5.2 Segregationsindices der zehn Lebensformengruppen, Quartier- und Blockebene.

- Es zeigt sich, dass der *Betrachtungsmassstab* einen entscheidenden Einfluss auf das Untersuchungsergebnis hat: Die Segregationswerte der residentiellen Ungleichverteilung sind für das Blockniveau generell höher als für die Quartierebene. Dies weist darauf hin, dass für Basels Wohnbevölkerung zum Zeitpunkt der Datenerhebung 1990 der Stadtviertelcharakter weniger entscheidend für die Wohnstandortwahl war als die Wohnqualität des betreffenden Baublocks.

- Die zahlenmässig kleinste der hier unterschiedenen vier Sozialschichten ist die Gruppe der „*Marginalisierten*" (2 776 Mitglieder). Sie wohnt mit geringen Anteilen (1-10% der Haushalte je Baublock) auf alle Stadtquartiere verteilt (siehe Karte 5.1). Baublöcke mit höheren Anteilen von 11-20% sind dagegen räumlich konzentriert in den beiden Altstädten, dem Quartier Vorstädte und in den Arbeiterquartieren St. Johann und Gundeldingen, aber auch in Ungunstlagen in bürgerlichen und gehobeneren Wohnquartieren. Bemerkenswert ist, dass sich die Baublöcke mit den höchsten Konzentrationen dieser Teilgruppe vielfach aus weniger als fünf Haushalten zusammensetzen.
Die Gruppe wohnt auf relativ viele Viertel verteilt, was der mittlere Segregationswert auf Quartierebene (SI = 17.17) untermauert. Auf Baublockebene verzeichnet sie einen sehr hohen Segregationswert (SI = 39.38), d.h. sie wohnt innerhalb dieser Stadtviertel stark auf bestimmte Baublöcke konzentriert.

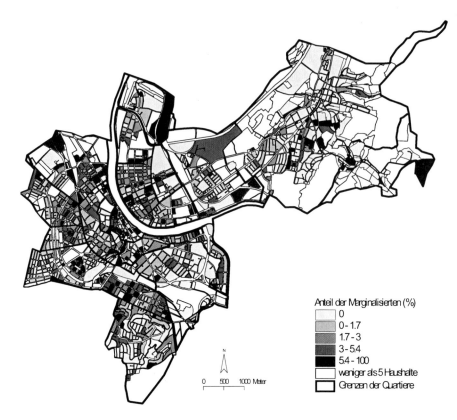

Karte 5.1 Residentielle Strukturmuster der „Marginalisierten" (1990).

- Für die 27 977 Haushalte der *Unterschicht* errechnen sich ebenfalls mittlere Segregationswerte auf Quartier- (SI = 16.89) und Blockebene (SI = 24.26). Es lassen sich jedoch residentielle Schwerpunkte (mit Anteilen von über 30% je Baublock) in den industrie- und verkehrsbelasteten Quartieren des Unteren Kleinbasel sowie in den traditionellen Grossbasler Arbeiterquartieren ausmachen.

Die drei Modernisierungsstufen dieses Sozialprestiges sind unterschiedlich im Stadtraum verteilt: Mit zunehmender Modernisierungsstufe wachsen auch die Segregationswerte auf Quartierebene. Die *postmoderne Sektion* (2 525 Mitglieder; SI = 26.24) wohnt schwerpunktmässig in den traditionellen Arbeiterquartieren (unteres Kleinbasel, Breite, St. Johann und Gundeldingen), und vereinzelt-inselhaft in Ungunstlagen der innenstadtnahen Quartiere (siehe Karte 5.2). Die grosse Gruppe der *modernen Unterschicht* (19 500 Mitglieder) ist bei niedrigeren Segregationswerten (SI = 16.38) zudem auch in mittelständischen Vierteln zu finden (z.B. Hirzbrunnen, Iselin; siehe Karte 5.3). Die *traditionelle Teilgruppe* (5 849 Mitglieder) ist bei niedrigen Segregationswerten auf der Quartierebene (SI = 8.78) sehr gleichmässig über

Untersuchungsergebnisse 109

das Stadtgebiet verteilt (siehe Karte 5.4).

Während die moderne und die traditionelle Teilgruppe mit mittleren Segregationswerten auf der Blockebene ($SI_{mod} = 23.81$ und $SI_{trad} = 24.88$) nicht so stark auf bestimmte Baublöcke konzentriert sind, segregiert die postmoderne Unterschicht hier sehr hoch ($SI = 40.06$). Für letztere kommen offensichtlich nur vergleichsweise wenig Baublöcke als Wohnstandorte in Frage.

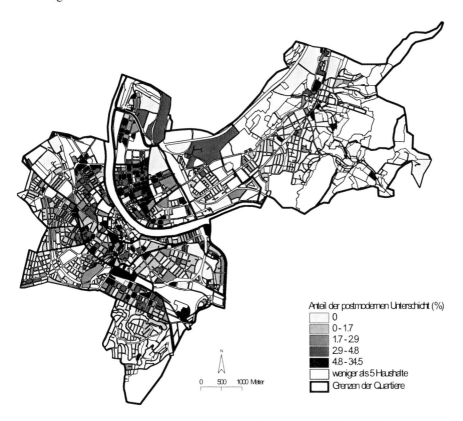

Karte 5.2 Residentielle Strukturmuster der postmodernen Unterschicht (1990).

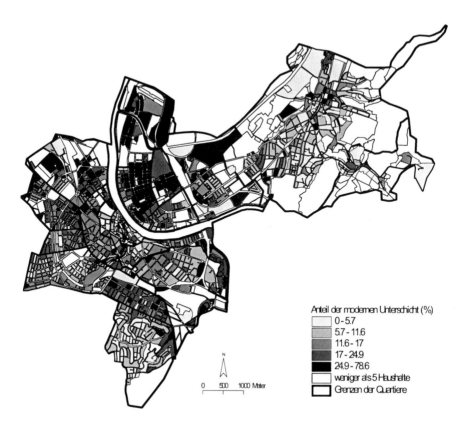

Karte 5.3 Residentielle Strukturmuster der modernen Unterschicht (1990).

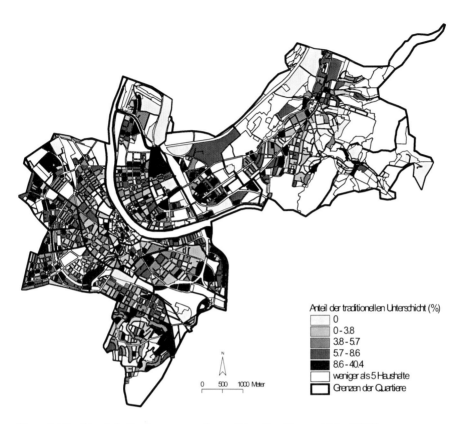

Karte 5.4 Residentielle Strukturmuster der traditionellen Unterschicht (1990).

- Angehörige des *mittleren Sozialprestiges*, der mit 59 136 Mitgliedern grössten Teilgruppe der sozialen Schichten, sind mit niedrigsten Segregationswerten auf beiden Massstabsebenen (SI_q = 8.35; SI_b = 15.08) sehr gleichmässig über Baublöcke und Stadtgebiet verteilt. Räumliche Schwerpunkte sind generell für Stadtrandlagen (in Industrie-, gutbürgerlichen oder gehobenen Wohnvierteln) auszumachen.

Innerhalb der generell niedrigen Segregationswerte dieser Sozialschicht ergeben sich für die *traditionelle Teilgruppe* (7 745 Mitglieder) auf Quartier- und Blockebene die höchsten Werte (SI_q = 17.83; SI_b = 27.23). Sie wohnt v.a. innerhalb der gutbürgerlichen und gehobenen Quartiere primär in Stadtrandlagen (äusseres Iselin, Gotthelf, Hirzbrunnen, Bachletten, Bruderholz und die Landgemeinden). Sehr vereinzelt findet man höhere Anteile auch in Gunstlagen von Quartieren mit weniger gutem Image (St. Johann, Gundeldingen, Kleinhüningen; siehe Karte 5.5). Die insgesamt grösste Lebensformengruppe der *modernen Mittelschicht* (44 120 Mitglieder) segregiert auf Quartier- und Blockebene am niedrigsten (SI_q = 6.38; SI_b = 12.22). Ohne erkennbare Quartierpräferenzen ist sie über das ganze

Stadtgebiet verteilt, weniger begehrte Wohnstandorte sind lediglich die Industrie- und Arbeiterquartiere (unteres Kleinbasel, Unteres St. Johann, Gundeldingen; siehe Karte 5.6). Die *postmoderne Teilgruppe* (7 067 Mitglieder) verzeichnet im schichtinternen Vergleich mittlere Segregationswerte auf beiden Massstabsebenen ($SI_q = 12.40$; $SI_b = 24.16$). Ihre Wohnorte sind mosaikartig über fast alle Stadtvierteln verstreut, jedoch weniger häufig in Stadtrandlagen (siehe Karte 5.7).

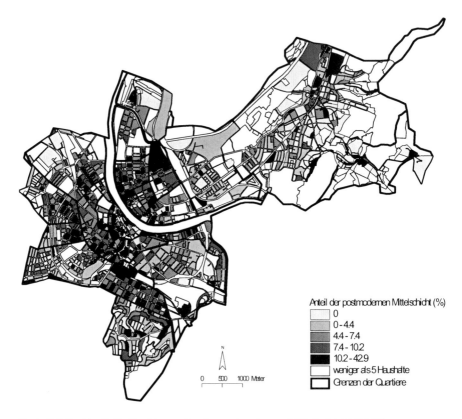

Karte 5.5 Residentielle Strukturmuster der postmodernen Mittelschicht (1990).

Untersuchungsergebnisse 113

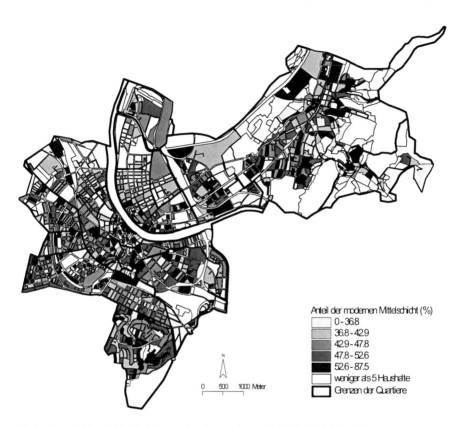

Karte 5.6 Residentielle Strukturmuster der modernen Mittelschicht (1990).

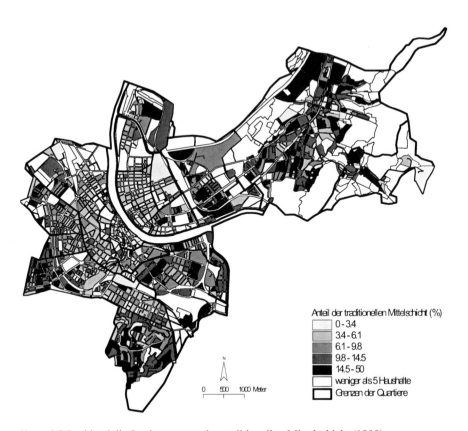

Karte 5.7 Residentielle Strukturmuster der traditionellen Mittelschicht (1990).

- Die sehr hohen Segregationswerte des *obersten Sozialprestiges* (zweitkleinste Gruppe mit 9 737 Mitgliedern) auf Quartier- und Baublockebene (auf Quartierebene sind die höchsten Werte (SI = 24.35) im Vergleich mit den anderen sozialen Schichten, auf Blockebene (SI = 35.28) die zweithöchsten Werte zu verzeichnen) verweisen darauf, dass sich diese Schicht auf bestimmte Quartiere und innerhalb dieser auf bestimmte Baublöcke konzentriert. Angehörige dieser Schicht wohnen v.a. in den gehobenen Quartieren Bruderholz, Bachletten, St. Alban, der Landgemeinde Riehen sowie an bevorzugten Lagen der beiden Altstädte und dem Quartier Vorstädte. Mit sehr wenigen Ausnahmen (bevorzugte Lagen, z.B. angrenzend an den Kannenfeldpark im St. Johann) werden die Arbeiter- und Industriequartiere von dieser Gruppe als Wohnorte gemieden.

Die *traditionelle Teilgruppe* (1 766 Mitglieder) weist für beide Massstabsebenen die höchsten Segregationswerte der Lebensformentypen auf (SI_q = 34.31; SI_b = 53.42). Sie wohnt vorzugsweise in den sozial eher homogen strukturierten gehobenen Quartieren Bruderholz, Bachletten, Altstadt Grossbasel und Vorstädte (hier v.a. in Rheinnähe) sowie in Riehen (siehe Karte 5.8). Auch die von dieser Bevölkerungsgruppe belegten Baublöcke sind sozial sehr homogen zusammengesetzt. Für die *moderne Untergruppe* (6 770 Mitglieder) ist eine grössere soziale Durchmischung auf beiden Massstabsebenen festzustellen (SI_q = 22.32; SI_b = 33.93), dennoch sind die gleichen räumlichen Schwerpunkte wie für die traditionelle Teilgruppe festzustellen (siehe Karte 5.9). Im Gegensatz dazu steht die kleinste der Lebensformengruppen, die *postmoderne Oberschicht* (1 174 Mitglieder), die sich bei vergleichsweise niedrigem Segregationsindex auf Quartierebene (SI = 18.35) über fast alle Stadtviertel verteilt (Ausnahme bilden die Arbeiter- und Industriequartiere im Norden der Stadt und Gundeldingen; siehe Karte 5.10). Innerhalb dieser sind jedoch – wie bei der traditionellen Sektion – ihre Wohnstandorte bei hohen Segregationswerten auf Blockebene (SI = 44.28; Wert vergleichbar mit der postmodernen Unterschicht) auf wenige, sozial eher homogen strukturierte Baublöcke beschränkt. Die von dieser Teilgruppe bewohnten Baublöcke nehmen in Richtung Innenstadt zu (hier belegt sie v.a. Gunstlagen), nur vereinzelt-inselhaft findet man sie in den gehobenen Stadtrandquartieren Bruderholz und Riehen. Dies lässt sich erklären durch das Bedürfnis dieser Gruppe nach Nähe zum Arbeitsplatz, Versorgungs- und kulturellen Einrichtungen.

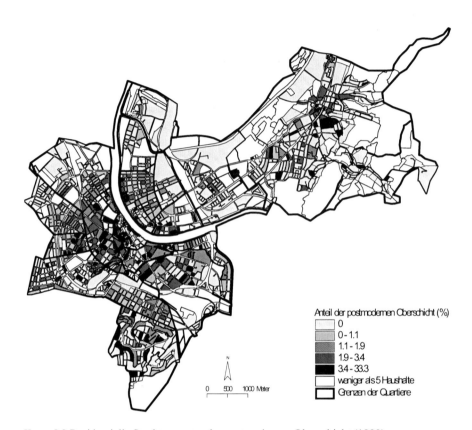

Karte 5.8 Residentielle Strukturmuster der postmodernen Oberschicht (1990).

Untersuchungsergebnisse 117

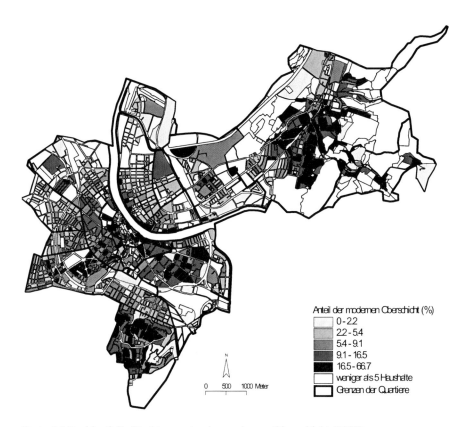

Karte 5.9 Residentielle Strukturmuster der modernen Oberschicht (1990).

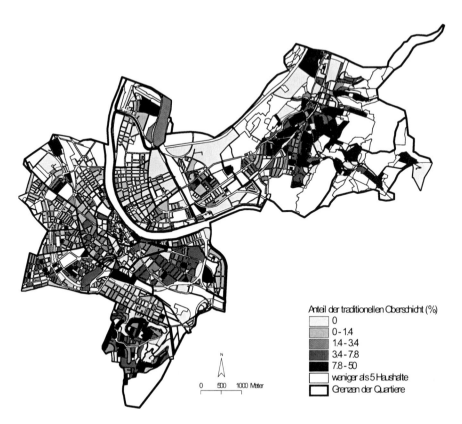

Karte 5.10 Residentielle Strukturmuster der traditionellen Oberschicht (1990).

Synthese und Erklärungsansätze. Zusammenfassend kann festgehalten werden, dass die unterschiedlichen Modernisierungsstufen aller Sozialschichten verschieden segregieren (vgl. Abbildung 5.3):

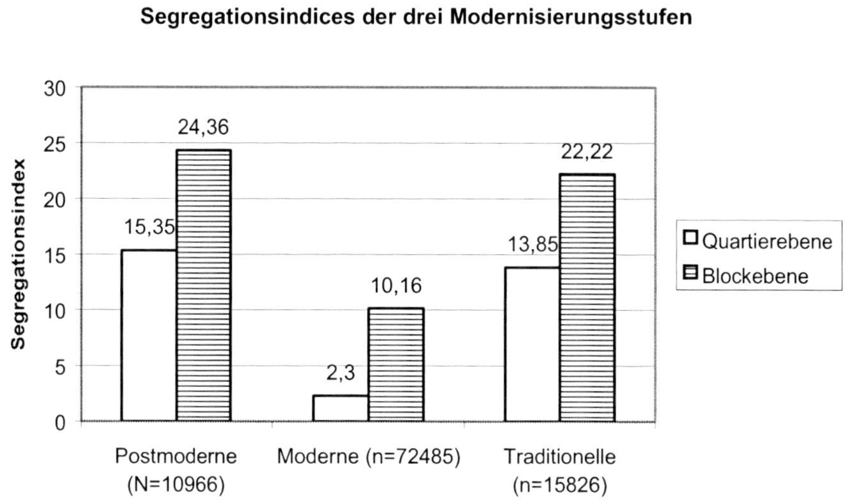

Segregationsindices der drei Modernisierungsstufen

Bar chart showing segregation indices:
- Postmoderne (N=10966): Quartierebene 15,35; Blockebene 24,36
- Moderne (n=72485): Quartierebene 2,3; Blockebene 10,16
- Traditionelle (n=15826): Quartierebene 13,85; Blockebene 22,22

Abbildung 5.3 Segregationsindices der drei Modernisierungsstufen, Quartier- und Blockebene.

- Die *postmoderne Teilgruppe* (n = 10 966) weist insgesamt die höchsten Segregationswerte (SI = 15.35) auf, d.h. ihre Wohnorte konzentrieren sich tendenziell auf bestimmte, innenstadtnahe Stadtquartiere. Vereinzelt-inselhaft leben Angehörige dieser Modernisierungsstufe auch in (luxus-)sanierten Wohnungen in insgesamt qualitativ benachteiligten Quartieren.

  Beleuchtet man die Wohnortverteilung der als „postmodern" eingestuften Nichtfamilienhaushalte (Singles und Nichtfamilienhaushalte Nicht-Verwandter), so lässt sich ein deutliches Kern-Rand-Gefälle erkennen (vgl. auch SCHNEIDER-SLIWA ET AL. 1999: 35-36). Hohe Anteile dieser Sozialgruppe konzentrieren sich in Basel-Stadt auf die beiden Altstädte sowie auf die innenstadtnahen Wohnviertel (50-55%). In den äusseren, wohlhabenden Vierteln haben sie nur noch geringere Anteile (z.B. Bruderholz: 32%, Riehen: 28%). Dieses Gefälle ist zum grössten Teil auf das vorhandene Wohnraumangebot, aber auch auf die Konzentration von Versorgungs- und Vergnügungseinrichtungen in der Innenstadt zurückzuführen. Analog zur Verteilung der Nichtfamilienhaushalte finden sich in den innenstadtnahen Quartieren auch die höchsten Anteile an Konfessionslosen. Die ebenfalls „postmoderne" Lebensform der Konsensualpaare ohne Kinder („DINKs") verteilen sich dagegen über das gesamte Stadtgebiet. Dies ist darauf zurückzuführen, dass diese Gruppe über genügend finanzielle Mittel verfügt, um sich auf dem Wohnungsmarkt frei zu bewegen, ohne Einschränkung auf familiengerechte Wohnqualität in bestimmten Wohnvierteln.

- Die Angehörigen der *traditionellen Modernisierungsstufe* (n = 15 826) verzeichnen insgesamt ebenfalls hohe Segregationswerte (SI = 13.85), wobei

nur die Ober- und Mittelschicht stark nach Stadtvierteln getrennt wohnen. Ihre residentiellen Strukturmuster entsprechen in etwa denen der fordistischen Klassengesellschaft, d.h. sozial homogene Mittelstands- und Oberschichtquartiere (vgl. auch Kap. 2.3.1 und Kap. 2.4).
Die Oberschicht ist sowohl im Stadtkern (Altstadt Gross- und Kleinbasel und St. Alban), als auch im peripher gelegenen Bruderholz sowie den Stadtrandgemeinden Riehen und Bettingen vertreten.

- Die zahlenmässig grösste Modernisierungsgruppe setzt sich aus Bevölkerungsteilen mit *„moderner" Lebensführung* zusammen (n = 72 495). Sie verteilt sich bei sehr niedrigem Segregationswert (SI = 2.3) am gleichmässigsten über das Stadtgebiet. Dies ist darauf zurückzuführen, dass die „Modernen" sehr heterogen aus verschiedenen Haushalttypen mit differierenden Wohnortansprüchen und unterschiedlichen finanziellen Möglichkeiten zusammengesetzt sind. So kann z.B. ein Teil der Alleinerziehenden am ehemaligen Familienwohnsitz verbleiben, während ein anderer aus finanziellen Gründen gezwungen ist, in eine preisgünstigere Wohnlage umzuziehen (vgl. auch EDER 2001: 244).

- *Inselhaft-mosaikartige Wohnstandortverteilungen.* Die zahlenmässig grösste Gruppe der modernen Mittelschicht ist wie die postmoderne Teilgruppe der mittleren – und bedingt der oberen – sozialen Lage relativ gleichmässig und inselhaft-mosaikartig über das Stadtgebiet verteilt. Diese Gruppen bevorzugen historisch–gewachsene Wohnstandorte mit alter, aber gut erhaltener Bausubstanz (z.B. hohe Anteile postmoderner Mittelschicht im alten Dorfkern des ehemaligen Fischerdorfes Kleinhüningen oder hohe Anteile postmoderner Oberschicht in luxussanierten Altstadtlagen). Von primärer Bedeutung ist für sie offensichtlich die Nähe zu urbanen Versorgungs- und Freizeiteinrichtungen, die der Verwirklichung des gewählten Lebensentwurfs am besten entspricht (Oberschicht) oder ein identitätstiftendes unmittelbares Wohnumfeld (Mittelschicht). Niedrige Segregationswerte sind zudem für die Wohnstandorte der traditionellen Unterschicht typisch. Letztere ist auch deshalb in vielen Stadtvierteln vertreten, da viele Verwitwete zum Teil noch in den „familienfreundlichen" Quartieren wohnen.
Zudem verteilen sich moderne und traditionelle Unterschicht sowie die Marginalisierten auf viele Viertel, dort beschränken sich ihre Wohnstandorte jedoch auf die qualitativ benachteiligten Lagen. Derselbe Trend ist auch für die postmoderne Oberschicht festzustellen: Sie wohnt ebenfalls auf relativ viele Stadtviertel, dort aber auf wenige, qualitativ hochwertige Baublöcke verteilt. Diese drei Gruppen wohnen also in tendenziell heterogen strukturierten Stadtvierteln. Für sie steht offensichtlich geeigneter Wohnraum – d.h. luxuriöse oder preisgünstige Wohnungen – in vielen Stadtvierteln, aber dort nur in bestimmten Baublöcken zur Verfügung.

- *Sozial homogene Viertelstrukturen.* Soziale Homogenität ist dagegen für die moderne Oberschicht, die postmoderne Unterschicht und am stärksten ausgeprägt für die traditionelle Oberschicht zu beobachten. Geeigneter Wohnraum steht für diese Gruppen offensichtlich nur in bestimmten Quartieren zur Verfügung. So ist z.B. die postmoderne Unterschicht aufgrund knapper finanzieller Mittel auf preisgünstige Klein- und Kleinstwohnungen des unteren Wohnungsmarktsegments beschränkt.

Ein Vergleich der beiden „Enden der sozialen Leiter" zeigt auf beiden Massstabsniveaus einen spiegelbildlichen Trend: Während bei der Oberschicht die traditionelle Teilgruppe die höchsten Segregationswerte aufweist, ist diese Tendenz (bei jeweils ähnlichen Segregationswerten) bei der Unterschicht für die postmoderne Untergruppe festzustellen. Beide Bevölkerungsteilgruppen wohnen in ihren jeweiligen – sozial eher homogen strukturierten – „traditionellen" Quartieren, d.h. in gehobeneren Wohnvierteln respektive in Arbeiter- und Industriequartieren.

5.2.1.2
Räumliche Dissimilarität zwischen ausgewählten Lebensformengruppen

Räumliche Dissimilarität der sozialen Lagen. Bei einem Vergleich der räumlichen Verteilung der verschiedenen sozialen Lagen auf der Quartierebene zeigt sich, dass Ober- und Unterschicht die höchsten Dissimilaritätswerte aufweisen (DI = 33.85), d.h. die räumliche Verteilung der beiden Gruppen im Stadtraum am verschiedensten ist. Interessant ist, dass sich ein leicht geringerer Dissimilaritätswert für das Vergleichspaar Oberschicht–Marginalisierte (DI = 31.80) ergibt. Dies könnte damit zusammenhängen, dass die Marginalisierten zu einem Teil ursprünglich auch aus dem Oberschichtmilieu stammen und daher noch dieselben Wohnorte belegen. Die ähnlichste Verteilung der Wohnorte ergibt sich für die Vergleichspaare Mittelschicht–Unterschicht (DI = 14.77) und Marginalisierte–Unterschicht (DI = 15.78). Marginalisierte und Mittelschicht (DI = 18.77) und Mittel- und Oberschicht (DI = 19.69) weisen ebenfalls relativ niedrige Dissimilaritätswerte auf.

Räumliche Dissimilarität der Lebensformengruppen. Bei einem Vergleich der Wohnortunterschiede der verschiedenen Lagen (ohne Marginalisierte) und Modernisierungsstufen der zehn Lebensformengruppen (siehe Tabelle 5.3) fällt auf, dass die grössten Dissimilaritätswerte innerhalb der Oberschicht, mit Abstand gefolgt von der Unter- und Mittelschicht zwischen den postmodernen und traditionellen Teilgruppen der jeweiligen sozialen Lage zu verzeichnen sind (DI_{OS} = 35.37; DI_{US} = 28.62; DI_{MS} = 26.98). Die Vergleichspaare postmodern–modern sowie modern–traditionell weisen jeweils sehr ähnliche Dissimilaritätsindices auf. Am ähnlichsten segregiert wohnen die traditionelle und die moderne Unterschicht (DI = 13.44).

Tabelle 5.3 Dissimilaritätsindices zwischen verschiedenen Modernisierungsstufen gleicher sozialer Lage, Quartierebene.

Oberschicht			Mittelschicht			Unterschicht		
postmodern–modern	modern–tradionell	postmodern–traditionell	postmodern–modern	modern–tradionell	postmodern–traditionell	postmodern–modern	modern–tradionell	postmodern–traditionell
17.48	18.10	35.37	13.86	13.81	26.98	15.48	13.44	28.62

Bezieht man den Vergleich zwischen den sozialen Lagen mit ein (siehe Tabelle 5.4), so stellt man fest, dass die Dissimilaritätswerte für alle Modernisierungsstufen an beiden Enden der sozialen Leiter (Vergleichspaar Oberschicht–Unterschicht) mit Abstand am höchsten sind. Die grössten Unterschiede in der Wohnstandortverteilung ergeben sich für deren traditionelle Teilgruppen (DI = 40.36). Zudem zeigen die Ergebnisse, dass für die Vergleichspaare Oberschicht–Mittelschicht und Oberschicht–Unterschicht die beiden modernen Teilgruppen in ihrer Raumverteilung am ähnlichsten sind, dicht gefolgt von den postmodernen Modernisierungsstufen. Die jeweiligen traditionellen Teilgruppen weisen für beide Paare die grössten Unterschiede in den residentiellen Standorten auf.

Die Werte für das Vergleichspaar Mittelschicht–Unterschicht weichen von diesen Befunden ab: Bei generell ähnlich hohen Dissimilaritätsindices verzeichnen die postmodernen Teilgruppen einen leichten Vorsprung vor den modernen und traditionellen Modernisierungsstufen. Letztere weisen die geringsten Wohnortunterschiede aller Vergleichspaare (DI = 15.80) auf.

Tabelle 5.4 Dissimilaritätsindices zwischen gleichen Modernisierungsstufen verschiedener sozialer Lage, Quartierebene.

Oberschicht – Mittelschicht			Mittelschicht – Unterschicht			Unterschicht – Oberschicht		
postmodern	modern	traditionell	postmodern	modern	traditionell	postmodern	modern	traditionell
19.22	18.46	24.85	18.52	16.15	15.80	33.68	33.30	40.36

Im Vergleich zu den Marginalisierten verzeichnen alle drei Modernisierungsstufen der Oberschicht die höchsten Dissimilaritätswerte (siehe Tabelle 5.5). Innerhalb der sozialen Lagen weisen die traditionellen Teilgruppen der Ober- und Mittelschicht die grössten Wohnortunterschiede zu den Marginalisierten auf.

Interessant ist, dass – allerdings bei generell niedrigen Dissimilaritätswerten aller Modernisierungsstufen des Vergleichspaares Marginalisierte–Unterschicht –

für die postmoderne Unterschicht die grössten Wohnortunterschiede zu den Marginalisierten festzustellen sind. Dies kann damit begründet werden, dass im Vergleich zu den beiden anderen Modernisierungsstufen der Unterschicht die soziodemographische Zusammensetzung dieser beiden Lebensformengruppen am stärksten differiert (vgl. Tabelle 5.2: postmoderne Unterschicht: eher junge, ethnisch sehr gemischte Haushalte; Marginalisierte: mittlere und ältere Altersgruppen, 71% Schweizer).

Innerhalb der Ober- und Mittelschicht sind die postmodernen Teilgruppen jeweils am ähnlichsten im Vergleich zu den Marginalisierten im Stadtraum verteilt. Die postmoderne Mittelschicht wohnt insgesamt am ähnlichsten (DI = 12.11), die traditionelle Oberschicht (DI = 45.93) differiert am stärksten in ihrer räumlichen Verteilung.

Tabelle 5.5 Dissimilaritätsindices zwischen Marginalisierten und den Lebensformengruppen von Ober-, Mittel- und Unterschicht, Quartierebene.

Marginalisierte –								
Unterschicht			Mittelschicht			Oberschicht		
postmodern	modern	traditionell	postmodern	modern	traditionell	postmodern	modern	traditionell
20.10	15.81	19.63	12.11	18.88	29.60	24.12	30.49	45.93

5.2.1.3
Synthese

Um das Wohnstandortverhalten der Lebensformengruppen vergleichen zu können, wird im folgenden überblickartig dargestellt, welche Gruppen verschiedene und welche ähnliche residentielle Verteilungsmuster aufweisen.
- *Differierende Wohnortverteilung.* Die Ergebnisse der Dissimilaritätsberechnungen zeigen, dass grosse Diskrepanzen bezüglich der soziokulturellen Stellung zweier Bevölkerungsgruppen auch grosse Unterschiede in ihrer räumlichen Verteilung im Stadtraum nach sich ziehen. So ist für den Vergleich der Lebensformengruppen festzustellen, dass innerhalb aller sozialen Lagen die beiden soziokulturell entferntesten Modernisierungsgrade, die traditionellen und postmodernen Untergruppen, die grössten Wohnortunterschiede aufweisen. Gleichzeitig wachsen mit der Entfernung der verglichenen Lagen die Wohnortunterschiede, d.h. gleiche Modernisierungsstufen von Ober- und Unterschicht verzeichnen die grössten Unterschiede in ihren residentiellen Verteilungsmustern.
Zudem sind die traditionellen Lebensformengruppen verschiedener Sozialschichten im Vergleich zu den beiden anderen Modernisierungsstufen am unterschiedlichsten im Stadtraum verteilt. Die drei traditionellen

Teilgruppen konzentrieren sich offenbar in ihrer Wohnortverteilung auf die angestammten Stadtquartiere ihrer jeweiligen Sozialschichten.
- *Ähnliche Wohnortverteilung.* Ähnlichkeiten bezüglich des Wohnstandortverhaltens bzw. niedrige Dissimilaritätswerte zeigen sich für soziokulturell näher beieinander stehende soziale Lagen (Oberschicht–Mittelschicht und Mittelschicht–Unterschicht) und Modernisierungsstufen. Generell errechnen sich für die Vergleichspaare postmodern–modern und modern–traditionell der drei Lagen relativ geringe Dissimilaritätswerte. Die Befunde zeigen zudem, dass sich bei ähnlich gering differierender Wohnstandortverteilung die modernen Gruppen ähnlicher als die postmodernen verteilen. Die grösste Übereinstimmung in der Wohnstandortverteilung weisen die traditionellen Teilgruppen von Unter- und Mittelschicht auf. Die beiden Gruppen finden offenbar geeigneten Wohnraum in ähnlichen Quartieren. Bei dem Vergleichspaar Marginalisierte–Unterschicht ist dagegen die moderne Unterschicht am unterschiedlichsten zu den Marginalisierten im Stadtraum verteilt.

5.2.2
Clusterung der Baublöcke nach ihren Anteilen an Lebensformengruppen – Bildung von Soziotopen

Die Clusterung der Baublöcke nach ihrer Zusammensetzung aus den zehn Lebensformengruppen lässt erkennen, welche gesellschaftlichen Teilgruppen in nächster räumlicher Nachbarschaft desselben Baublocks wohnen und welche diese meiden. Die Ergebnisse ergänzen die Befunde von Kapitel 5.2.1.1, in dem die räumlichen Verteilungsmuster der Lebensformengruppen auf Baublockebene analysiert wurden. Hier wird dokumentiert, welche Lebensformengruppen in sozial homogenen und welche in sozial heterogenen Baublöcken oder „Soziotopen" wohnen. Im Gegensatz zu den Segregationsberechnungen kann durch die Clusteranalyse nun genau aufgeschlüsselt werden, welche Lebensformengruppen in dieselben Baublöcken bewohnen.

Die Clusterung nach der Methode „Linkage innerhalb der Gruppen" (siehe Kap. 4.5.4) führt zu fünf gut interpretierbaren, da inhaltlich sinnvoll strukturierten und grössenmässig nicht zu stark voneinander abweichenden Ergebnisclustern. Schon bei sechs Clustern ist dies nicht mehr der Fall.

Die Übersicht über die schrittweise Clusterbildung (was aus den Diagrammen der Clusteranalyse, dem Dendrogramm oder dem Eiszapfendiagramm, ablesbar ist, die hier jedoch aus Platzgründen nicht abgebildet werden können) lässt erkennen, dass beim Schritt von vier auf fünf Klassen sich aus dem Cluster vom Typ 4 das Cluster 2 abspaltet. Dieses ist von grossem inhaltlichen Interesse, da es hohe Anteile an Postmodernen enthält. Nach dem Ergebnis mit fünf Clustern wird Cluster 1 in zwei Klassen aufgespalten, deren inhaltliche Unterscheidung für die vorliegende Fragestellung nicht mehr interessant ist (aus dem Cluster 1 mit hohen Anteilen an moderner Mittelschicht entsteht ein Cluster mit hohen Anteilen an moderner Mittelschicht und eines mit hohen Anteilen an traditioneller Mittelschicht). Diese beiden Blocktypen lassen keine relevanten Unterschiede in ihren residentiellen Verteilungsmustern erkennen. Bei den weiteren

Klassenbildungen (Überprüfung bis zehn Cluster) entstehen keine inhaltlich interessanten neuen Gruppierungen mehr (z.B. spalten sich bis zu diesem Clusterschritt die Blöcke mit hohen Anteilen an Marginalisierten nicht aus dem „postmodernen" Cluster 2 ab). Eine höhere Clusterzahl als zehn wäre zudem im Rahmen der vorliegenden Fragestellung nicht mehr interpretierbar.

Um das Ergebnis zusätzlich abzusichern, wurde ein Vergleich mit den Ergebnissen eines anderen Clusterverfahrens (Ward-Methode mit quadrierter euklidischer Distanz) durchgeführt. Die Resultate sind für die verglichenen fünf Ergebniscluster ähnlich, was ebenfalls für deutlich getrennte Klassen spricht.

5.2.2.1
Beschreibung der Blockclustertypen oder Soziotope

Tabelle 5.6 zeigt die anteilsmässige Zusammensetzung der fünf Ergebniscluster aus sozialen Schichten, Modernisierungsstufen und Lebensformengruppen. Während die Mehrheit der Cluster absolut gesehen zum grössten Teil aus Modernen und Mittelschichthaushalten besteht, gibt es deutliche Unterschiede in ihren relativen Anteilen an den einzelnen Lebensformengruppen. Diese charakterisierenden Eigenschaften sind ausschlaggebend für die Benennung bzw. Typisierung der fünf Cluster (letztere dient lediglich der erleichterten Nachvollziehbarkeit der folgenden Analysen).

Tabelle 5.6 Zusammensetzung der fünf Baublockcluster aus sozialen Schichten, Modernisierungsstufen und Lebensformengruppen; Prozentangaben.

| höchste Anteile | niedrigste Anteile |

Zusammensetzung aus:	Cluster 1	Cluster 2	Cluster 3	Cluster 4	Cluster 5
Anzahl Baublöcke	*274*	*280*	*68*	*104*	*423*
Oberschicht	14.2	13.1	48.5	30.9	6.2
Mittelschicht	70.8	64.2	45.0	58.6	53.8
Unterschicht	13.8	18.6	5.1	8.4	37.2
Marginalisierte	1.3	4.1	1.4	2.1	2.8
Postmoderne	3.8	13.9	3.0	8.0	11.2
Moderne	70.0	72.4	68.2	78.7	72.4
Traditionelle	25.9	13.5	27.7	12.8	16.1
postmoderne Oberschicht	0.7	2.0	1.3	2.1	0.9
moderne Oberschicht	8.9	8.9	31.1	23.8	4.2
traditionelle Oberschicht	4.7	2.2	15.7	4.8	1.1
postmoderne Mittelschicht	2.6	9.6	1.4	4.9	6.8
moderne Mittelschicht	51.8	48.2	33.5	47.6	39.3
traditionelle Mittelschicht	16.1	6.3	9.7	5.8	7.5
postmoderne Unterschicht	0.6	1.8	0.3	0.7	3.3
moderne Unterschicht	8.4	12.3	2.9	5.8	26.8
traditionelle Unterschicht	4.8	4.5	1.6	1.9	7.1

- Clustertyp 1 *(homogene Mittelschicht-Blöcke)*: Dieser mittelgrosse Clustertyp besteht aus 274 Baublöcken. Er setzt sich sozial sehr homogen aus modernen und traditionellen Mittelschichthaushalten zusammen. Geringste Anteile verzeichnen die Marginalisierten sowie die postmodernen Teilgruppen.

- Clustertyp 2 *(postmoderne Ober- und Mittelschicht-Blöcke)*: Dieser mit 280 Baublöcken zweitgrösste Clustertyp wird aus den zweithöchsten Anteilen an Mittelschichthaushalten sowie – interessanterweise – den höchsten Anteilen an Marginalisierten gebildet. Die postmoderne Ober- und Mittelschicht sind hier mit höchsten Anteilen vertreten, die postmoderne Unterschicht weist dagegen nur mittlere Anteile auf. Hohe Anteile sind ausserdem für die moderne Mittelschicht festzustellen. Niedrigste Werte erreichen die traditionellen Teilgruppen der Ober- und Mittelschicht. Die traditionelle Unterschicht verzeichnet mittlere Anteile.
  Dieses Blockcluster ist in sich sozial sehr heterogen zusammengesetzt, wobei die traditionellen Teilgruppen von Ober- und Mittelschicht diese Baublöcke eher meiden und deren postmoderne Lebensformengruppen diese favorisieren. Die Unterschicht ist hier mit mittleren Anteilen aller Modernisierungsstufen vertreten.

- Clustertyp 3 *(traditionelle Oberschicht-Blöcke)*: Dieser kleinste Clustertyp besteht aus 63 Baublöcken und ist sozioökonomisch eher homogen strukturiert. Hier wohnen die grössten Anteile an Oberschichthaushalten und die geringsten Anteile an Mittelschicht- und Unterschichthaushalten sowie Marginalisierten. Die traditionelle Teilgruppe verzeichnet hier mit Abstand die höchsten Anteile aller Blockclustertypen, die moderne Oberschicht wohnt ebenfalls am häufigsten hier. Die postmoderne Teilgruppe weist dagegen sehr geringe Werte auf.

- Clustertyp 4 *(moderne Ober- und Mittelschicht-Blöcke)*: Dieser zweitkleinste Clustertyp setzt sich aus 104 Baublöcken zusammen. Er ist ein vornehmlich aus modernen Oberschicht- und modernen Mittelschichthaushalten zusammengesetztes Blockcluster. Ausserdem wohnt hier die postmoderne Oberschicht anteilsmässig seltener als in Cluster zwei, die traditionelle Mittelschicht am seltensten. Unterschichthaushalte sind ebenfalls unterdurchschnittlich häufig vertreten. Die Blockcluster dieses Typs sind was die soziale Schichtung und die Modernisierungsstufen angeht, eher homogen strukturiert.

- Clustertyp 5 *(Unterschicht-Blöcke)*: Der mit 423 Baublöcken weitaus grösste Clustertyp weist die höchsten Anteile an Unterschichthaushalten auf. Charkateristisch ist, dass hier alle drei Modernisierungsstufen der Unterschicht mit grössten Anteilen vertreten sind. Oberschichthaushalte sind in diesen Baublöcken kaum anzutreffen. Grössere Anteile verzeichnet nur noch – neben der in allen Clustertypen mit hohen Anteilen vertretenen modernen Mittelschicht – die postmoderne Mittelschicht. Die traditionelle Mittelschicht hat mittlere Anteile. Die Blockcluster dieses Typs sind demnach in sich sozioökonomisch eher homogen, nach der Zusammensetzung an Modernisierungsstufen dagegen sehr heterogen strukturiert.

Synthese.
- *Soziale Schichten*: Aus der sozioökonomischen und -kulturellen Zusammensetzung der fünf Clustertypen oder Soziotope lässt sich ableiten, dass das enge nachbarschaftliche Zusammenleben in einem Baublock nur für bestimmte Sozialschichten und Lebensformengruppen in Frage kommt. So wohnen die sozialen Lagen an beiden Enden der sozioökonomischen Leiter in eher homogen zusammengesetzten Soziotopen. Am ausgeprägtesten zeigt sich dies in den Clustertypen 3 (*traditionelle Oberschicht-Blöcke*), 4 (*moderne Ober-/Mittelschicht-Blöcke*) und 5 (*Unterschicht-Blöcke*). Interessanterweise unterscheiden sich diese drei Clustertypen in ihrer Zusammensetzung aus Modernisierungsstufen: Cluster 3 ist v.a. durch traditionelle Teilgruppen, Cluster 4 durch moderne und Cluster 5 durch postmoderne Untergruppen charakterisiert. Die sozioökonomisch heterogen zusammengesetzten Baublöcke der Clustertypen 1 und 2 weisen sehr hohe Anteile an Mittelschichthaushalten und jeweils mittlere Anteile der Ober- und Unterschichthaushalte auf. Die beiden Cluster unterscheiden sich jedoch in ihren Anteilen an Marginalisierten: Während in Cluster 1 die niedrigsten Anteile dieser Sozialgruppe zu verzeichnen sind, findet sich in Cluster 2 die anteilsmässig grösste Gruppe der Marginalisierten. Diese nicht am Erwerbsleben teilnehmenden Bevölkerungsteile sind also nicht vorwiegend – wie man vermuten könnte – in denselben Baublöcken wie die Unterschicht zu finden, sondern sie wohnen in von postmodernen Gruppen der beiden oberen Sozialschichten favorisierten und damit sozioökonomisch heterogenen Blöcken.
- Wie bei den sozialen Lagen schliessen sich auch bestimmte *Modernisierungsstufen* gegenseitig aus: In Soziotopen von Typ 1 und 3 wohnen v.a. traditionelle Teilgruppen der Mittel- (1) und Oberschicht (3), während in Clustertyp 2 v.a. die postmodernen Untergruppen dieser beiden sozialen Lagen wohnen. Die moderne Mittelschicht „verträgt" sich mit beiden Clustertypen, man findet sie mit hohen Anteilen sowohl in Baublöcken des Typs 1 als auch in Baublöcken des Typs 2. In Baublöcken des Clustertyps 5 mit ebenfalls hohen Anteilen an der postmodernen Modernisierungsstufe konzentrieren sich v.a. die postmoderne Unter- und Mittelschicht. Die postmoderne Teilgruppe ist in sich demnach nach sozialen Lagen unterteilt: Die postmoderne Oberschicht meidet Wohnorte der postmodernen Unterschicht. Die postmoderne Mittelschicht wohnt dagegen mit beiden Gruppen – tendenziell mehr mit der Oberschicht – in denselben Baublöcken.

Die moderne Teilgruppe wohnt mit hohen Anteilen in Baublöcken aller Soziotop-Typen. Die höchsten Werte werden in Clustertyp 4 erreicht, der sich zudem durch niedrige Anteile an traditionellen Teilgruppen auszeichnet. Die moderne Ober- und Mittelschicht wohnt in bestimmten Baublöcken eher mit der postmodernen Teilgruppe der gleichen sozialen Lage (Clustertypen 2 und 4) oder mit der traditionellen Sektion (Clustertypen 1 und 3) zusammen. Die moderne Teilgruppe der Unterschicht wohnt dagegen überwiegend in denselben Baublöcken wie die postmoderne und traditionelle Modernisierungsstufe derselben sozialen Lage.

Es fällt auf, dass alle drei Modernisierungsstufen der Unterschicht ein ähnliches Wohnstandortverhalten an den Tag legen: Sie wohnen tendenziell in Baublöcken des Clustertyps 5 und meiden Blöcke des Clustertyps 3 (v.a. traditionelle Oberschicht) als Wohnstandorte. Dieses Phänomen findet sich bei den anderen sozialen Lagen nicht – eine Ausnahme stellt die Oberschicht in dem „Unterschicht"-Soziotop 5 dar, dessen Baublöcke von allen drei Modernisierungsstufen der höchsten sozialen Lage in gleichem Masse gemieden werden. Eine Erklärung für das Wohnstandortverhalten der Unterschicht könnte sein, dass für diese Bevölkerungsgruppe die finanziellen Beschränkungen auf dem Wohnungsmarkt eine freie Wahlmöglichkeit derart einschränken, dass verschiedene Lebensformengruppen ihre unterschiedlichen Wohnstandortansprüche nicht in demselben Ausmass wie die anderen Sozialschichten, oder gar nicht verwirklichen können. Umgekehrt können sich alle Modernisierungsstufen der Oberschicht ihre Ablehnung „leisten", in unmittelbarer räumlicher Nachbarschaft zu Unterschichthaushalten zu wohnen. Während die traditionelle und moderne Mittelschicht Baublöcke des Clustertyps 5 ebenfalls meiden, finden sich hier hohe Anteile ihrer postmodernen Teilgruppe. Letztere könnte es sich finanziell zwar leisten, in andere Blöcke zu ziehen, sie kann sich aber mit der engen räumlichen Nachbarschaft zu den „unteren" Sozialgruppen arrangieren oder sucht diese sogar.

5.2.2.2
Räumliche Verteilung der Blockclustertypen oder Soziotope

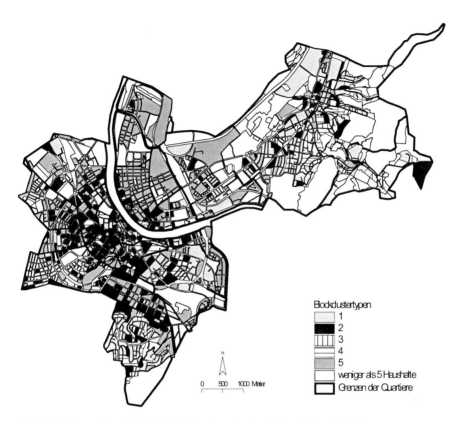

Karte 5.11 Verteilung der fünf Blockcluster oder Soziotope in Basel-Stadt.

Die beschreibenden Analysen zu den residentiellen Verteilungsmustern der fünf Soziotop-Typen basieren auf einer Kombination von Segregationsberechnungen und der kartographischen Darstellung ihrer räumlichen Verbreitung im Stadtgebiet (siehe Abbildung 5.4 und Karte 5.11). Ihre Verteilungsmuster decken sich grossenteils mit den in Kap. 5.2.1 dokumentierten Raumgefügen.

Segregation. Am gleichmässigsten über das Stadtgebiet verteilt sind die Blockcluster des Soziotop-Typs 2 (SI = 29.65), die durch höchste Anteile an postmoderner Ober- und Mittelschicht gekennzeichnet sind. Sie finden sich in allen Stadtquartieren, schwerpunktmässig jedoch in innenstadtnahen Lagen und in Gunstlagen der Arbeiter- und Industriequartiere bzw. historisch–gewachsenen Wohnarealen mit alter, aber hochwertiger Bausubstanz und charakteristischer Identität (Nähe zu Innenstadtparks, dem Rheinufer oder historischen Ortskernen). Häufig liegen Baublöcke dieses Typs inselartig in insgesamt qualitativ benachteiligten Quartieren.

Die höchsten Segregationswerte werden für das Soziotop 3 (höchste Anteile an traditioneller [und moderner] Oberschicht) mit SI = 52.34 erreicht. Man findet die Baublöcke dieses Typs v.a. in den „klassischen" Oberschichtvierteln, entweder ausserhalb der Innenstadt (Bachletten, Bruderholz, Riehen und Bettingen) oder in der Stadtmitte (Altstadt von Gross- und Kleinbasel – hier v.a. die Rheinuferlagen). Ebenfalls hohe Segregationswerte errechnen sich für den Clustertyp 1 (SI = 42.14), der v.a. durch hohe Anteile an traditioneller (und moderner) Mittelschicht gekennzeichnet ist. Baublöcke dieser Kategorie finden sich – ähnlich wie Clustertyp 3 – v.a. in Vierteln mit hoher Wohnqualität ausserhalb der Innenstadt und in Mittelschichtquartieren (Bruderholz, Bachletten, Hirzbrunnen, Riehen und Bettingen und St. Alban). Das bedeutet, dass v.a. die nach traditionellen (und modernen) Lebensentwürfen lebenden Sozialgruppen des oberen und mittleren Sozialprestiges in der unmittelbaren räumlichen Nachbarschaft des Baublocks mit ihresgleichen zusammen wohnen. In qualitativ benachteiligten Quartieren sind Baublöcke des Typs 1 nur sehr vereinzelt und in besonderen Gunstlagen (Nähe zu Parks oder dem Rheinufer) anzutreffen.

Mittlere Segregationswerte erzielen die Clustertypen 4 (SI = 38.43) und 5 (SI = 40.12). Für die v.a. durch hohe Anteile moderner Ober- und Mittelschicht (4) charakterisierten Baublöcke fällt die häufige Nähe zu Baublöcken des Typs 2 (höchste Anteile an postmoderner Ober- und Mittelschicht) auf, häufiger als diese sind sie jedoch in den „klassischen" Oberschichtvierteln, d.h. in reinen Gunstlagen (Bruderholz, Riehen und Bettingen, St. Alban) anzutreffen. Baublöcke des Typs 5, in denen überwiegend Unterschichthaushalte aller Modernisierungsstufen wohnen, finden sich v.a. in den „klassischen" Arbeiter- und Industriequartieren, aber auch in Ungunstlagen der gehobenen und Mittelschichtviertel. Die Karte 5.11 der Blockclusterverteilung zeigt, dass in randlichen und ungünstigen Wohnlagen der Arbeiter- und Industriequartiere Soziotope des Typs 5 sehr grossflächig-homogen zu finden sind. In Ober- und Mittelschichtvierteln kommen sie v.a. in (randlichen) Ungunstlagen vor.

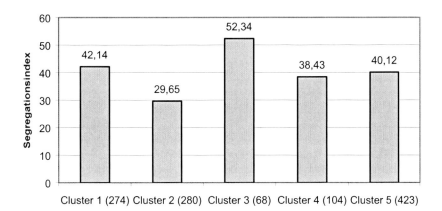

Abbildung 5.4 Segregationsberechnungen für die fünf Baublockcluster (Linkage 5), Quartierebene.

Dissimilarität. In Abbildung 5.5 sind die Raummuster aller Blockclustertypen paarweise miteinander verglichen. Am ähnlichsten in ihrer Raumverteilung zeigen sich die Soziotope 1 und 3 (DI = 29.81), die beide durch hohe Anteile an traditionellen Teilgruppen der Mittel- und Oberschicht gekennzeichnet sind. Die Abweichungen zu den Ergebnissen aus Kap. 5.2.1.2 (hier sind die niedrigsten Dissimilaritätswerte für die traditionellen Teilgruppen der Mittel- und Unterschicht errechnet) lassen sich dadurch erklären, dass hier die Unterschicht nicht nach Modernisierungsstufen differenziert ist. Ebenfalls stark übereinstimmend im Raum verteilt sind ausserdem die Baublöcke der Cluster 1 und 4 (DI = 32.82), die hohe Anteile an traditioneller Mittel- und moderner Oberschicht aufweisen. Relativ ähnlich im Raum verteilt sind zudem die Blockcluster 2 und 5 (DI = 35.41) sowie 2 und 4 (DI = 37.91). Sowohl Blöcke mit vorwiegend modernen Oberschichthaushalten (4), wie Soziotope mit allen Modernisierungsstufen der Unterschicht (5) sind in räumlicher Nachbarschaft zu Blöcken mit überwiegend postmodernen Ober- und Mittelschichthaushalten (2) anzutreffen. Mittlere Werte errechnen sich für die Blockcluster 3 und 4 (DI = 39.08), die beide durch hohe Oberschichtanteile gekennzeichnet sind.

Die höchsten Dissimilaritätswerte werden für das Vergleichspaar Cluster 3 und 5 (DI = 1.45) errechnet. Während die Soziotope des Typs 2 (postmoderne Ober- und Mittelschicht) in vielen Quartieren in Innenstadtlage zu finden sind, konzentrieren sich die Blöcke des Typs 5 (alle Modernisierungsstufen der Unterschicht und postmoderne Mittelschicht) in den traditionellen Arbeiter- und Industriequartieren. Eine ebenfalls sehr unterschiedliche räumliche Verteilung ist für das Clusterpaar 2 und 3 (DI = 60.11) festzustellen. Hier zeigen sich die unterschiedlichen Wohnstandortansprüche von traditionellen und postmodernen Teilgruppen der Ober- und Mittelschicht. Weiterhin hohe Dissimilaritätswerte errechnen sich für das Vergleichspaar 4 und 5 (DI = 58.77) sowie 1 und 5 (DI = 53.88).

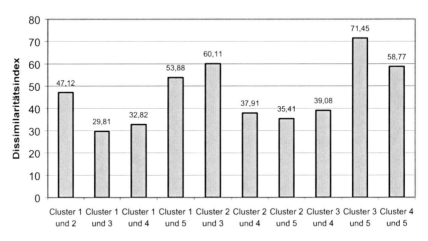

Abbildung 5.5 Dissimilaritätsberechnungen für zehn Vergleichspaare der fünf Baublockcluster (Linkage 5), Quartierebene.

5.2.2.3
Synthese und ergänzende Beobachtungen

Die Analysen der räumlichen Ungleichverteilung der Soziotope ergeben, dass die Clustertypen je nach ihrer Zusammensetzung aus bestimmten sozialen Lagen und Modernisierungsstufen verschiedene Raummuster aufweisen:
- Am ehesten auf bestimmte Quartiere beschränkt sind Wohnstandorte von Bevölkerungsgruppen des *oberen* und – in nicht so starkem Ausmass – *mittleren Sozialprestiges mit traditionellen Lebensentwürfen*. Die für diese Lebensformengruppen in Frage kommenden Stadtquartiere – am Stadtrand oder in innerstädtischen Gunstlagen – sind für andere Sozialgruppen nicht attraktiv – sei es aus finanziellen (Unterschicht) oder Standortgründen (postmoderne Gruppen der Ober- und Mittelschicht). Über die nächstkleinere räumliche Einheit der Baublock-Nachbarschaften geben die quartierbezogenen Segregationsberechnungen keine Auskunft. Die kartographische Darstellung (Karte 5.11) zeigt jedoch, dass sozial homogene Nachbarschaften für diese beiden Soziotope nur in den Stadtrandgebieten mit vorteilhafter Wohnqualität bestehen. In den innerstädtischen Gunstlagen (z.B. am Rheinufer, in der sanierten historischen Altstadt oder in der Nähe städtischer Parkanlagen) treten Baublöcke dieser sozialen Zusammensetzung nur sehr vereinzelt auf. Ursache dafür ist das dürftige Wohnraumangebot für

Familien mit gehobenen Wohnansprüchen und entsprechenden finanziellen Mitteln.
- Baublöcke mit höchsten Anteilen an *postmoderner Ober- und Mittelschicht* sind eher gleichmässig über das Stadtgebiet verteilt. Räumliche Schwerpunkte stellen innenstadtnahe Lagen dar. Vereinzelt-inselhaft findet man diese Baublöcke auch in den Stadtrandlagen der Oberschicht- und Arbeiterquartiere mit charakteristischer, oft historisch–gewachsener Identität. Für diesen Clustertyp ist offensichtlich die räumliche Nachbarschaft zu seinesgleichen von untergeordneter Bedeutung. Eine heterogene Nahumgebung (was soziale und räumliche Strukturen betrifft) wird in Kauf genommen oder sogar bewusst gesucht.
- Baublöcke mit hohen Anteilen an *moderner Ober- und Mittelschicht* sind bei mittleren Segregationswerten sowohl in Stadtrandlagen als auch in Innenstadtnähe zu finden, allerdings schwerpunktmässig in gehobenen Quartieren und Wohnlagen. Vereinzelt-inselhaft kommen diese Soziotope nur in den besseren Lagen der Arbeiterquartiere vor, sonst sind sie stets mit ihresgleichen vergesellschaftet.
- Trotz der mittleren Segregationswerte des Blockclustertyps 5 mit den höchsten *Unterschichtanteilen aller Modernisierungsstufen* können grossräumig-homogene Ballungen in den Arbeiter- und Industriequartieren ausgemacht werden. Vereinzelt-inselhaft kommt er auch in qualitativ minderwertigen Randlagen der gehobenen und Mittelschichtviertel vor. Zusätzliche Erklärungsmöglichkeit für die mittleren Segregationswerte ist, dass alle Modernisierungsgruppen der Unterschicht mit ihren verschiedenen Wohnraumansprüchen in einem Soziotop-Typ vereint sind.

5.3
Zusammenhang zwischen physischer Raumausstattung und residentiellen Strukturmustern

Während in Kapitel 5.2 die räumliche Verteilung von Sozialgruppen – ihre absolute Lage im Raum und ihre relative Lage zueinander – analysiert wurde, wird nun als weitere Erklärungsmöglichkeit für die residentiellen Strukturmuster der in Hypothese 5 postulierte Zusammenhang zwischen sozialen Strukturen und physisch-materiellen Raumgegebenheiten detailliert beleuchtet. Die in Kapitel 4.6 dargelegten objektiv-messbaren und flächendeckend für das gesamte Untersuchungsgebiet verfügbaren Kriterien der Wohnqualität werden hierfür mit den Wohnstandorten der Lebensformengruppen verschnitten. Die Ergebnisse dieser sozialräumlichen Analysen werden in den folgenden Teilkapiteln dokumentiert und erläutert.

5.3.1
Wohnsituation der Lebensformengruppen

Die Tabelle 5.7 gibt einen Überblick über die Wohnsituation der drei sozialen Lagen, der drei Modernisierungsstufen und der zehn Lebensformengruppen. Im

Folgenden werden die interessantesten Phänomene erläutert.

Tabelle 5.7 Kurzcharakteristik der Wohnsituation der drei sozialen Lagen, drei Modernisierungsstufen und zehn Lebensformengruppen.

	Wohnfläche pro Bewohner in qm	Bewohnertyp in %			Monatsmiete pro qm in CHF	Überwiegend moderne Heizungsart in % (Zentralheizung, öffentliche Fernwärmeversorgung)	Gleiche Adresse wie vor 5 Jahren in %
		Mieter	Genossenschafter	Eigentümer			
Oberschicht	50.56	72	4	23	13.39	94.5	56
Mittelschicht	46.15	77	11	12	11.41	92.8	63
Unterschicht	42.25	84	10	6	11.18	90.9	69
Marginalisierte	42.81	87	5	6	11.79	86.3	62
Postmoderne OS	64.18	91	1	8	14.47	93.8	40
Moderne OS	50.27	43	4	22	13.32	94.1	56
Traditionelle OS	42.23	55	7	36	12.66	96.7	65
Postmoderne MS	52.95	93	2	4	12.89	91.7	46
Moderne MS	44.14	77	11	12	11.38	92.7	63
Traditionelle MS	50.75	62	19	18	10.05	94.3	79
Postmoderne US	41.23	96	2	2	12.87	86.2	50
Moderne US	38.32	85	9	5	11.24	91.0	67
Traditionelle US	55.46	74	15	9	10.26	92.5	83
Postmoderne	51.23	94	2	4	11.27	90.4	46
Moderne	43.05	79	9	9	11.51	92.2	63
Traditionelle	51.58	66	16	16	10.38	93.8	79

- *Wohnfläche:* Die durchschnittlich grösste Wohnfläche pro Bewohner steht der Oberschicht zur Verfügung, mit den niedrigsten Quadratmeterzahlen müssen sich Unterschicht und Marginalisierte zufrieden geben. Die postmoderne Oberschicht besitzt die grösste Wohnfläche mit 64.18 m^2 – rund 67% mehr als die moderne Unterschicht, die sich mit den wenigsten Quadratmeterzahlen pro Bewohner (38.32 m^2) zufrieden geben muss.
Bezogen auf die Modernisierungsstufen weisen die traditionellen und die postmodernen Teilgruppen die höchste Wohnfläche pro Kopf auf. Auffallend ist dabei, dass die Wohnflächengrössen der postmodernen Teilgruppen von der Ober- über die Mittel- zur Unterschicht um 36% abnehmen (von 64 m^2 auf 41 m^2), während bei den traditionellen Teilgruppen die Quadratmeterzahlen, die jedem Bewohner zur Verfügung stehen, mit niedriger werdender Sozialschicht um 24% zunehmen (von 42 m^2 bis 55 m^2).

Dies kann damit erklärt werden, dass für die postmodernen Gruppen als Doppelverdiener ohne Kinder die Wohnungsgrösse ein Prestigesymbol ist, mit dem sie ihre soziale Stellung demonstrieren. Der umgekehrte Trend der traditionellen Teilgruppen liegt darin begründet, dass mit zunehmendem Sozialprestige die Familiengrösse der traditionellen Teilgruppen zunimmt – womit den einzelnen Familienmitgliedern weniger Wohnraum zur Verfügung steht als bei den kleineren traditionellen Haushalten der Mittel- und Unterschicht. Die traditionelle Unterschicht besteht z.B. zum grossen Teil aus alleinstehenden verwitweten Personen, die noch in ihren ehemaligen grossen Familienwohnungen leben.

Für die Wohnflächengrössen der Modernisierungsstufen der drei Sozialschichten lassen sich also keine Übereinstimmungen feststellen: Bei der Oberschicht beansprucht die finanziell am besten gestellte postmoderne Teilgruppe die höchsten Quadratmeterzahlen. Die kleinste Wohnfläche verzeichnet die traditionelle Sektion mit immerhin noch 42.23 m^2 pro Bewohner. Die geringere Pro-Kopf-Wohnfläche ist mit der zunehmenden Haushaltsgrösse der Oberschichtfamilien zu erklären.

Bei der Mittelschicht weist die postmoderne Sektion als finanziell bestgestellte Teilgruppe ebenfalls die höchsten Wohnflächenwerte auf, die niedrigsten Quadratmeterzahlen errechnen sich hier allerdings für die moderne Teilgruppe. Dies kann damit erklärt werden, dass sich die moderne Mittelschicht im Gegensatz zu den „traditionellen" Mittelschichtfamilien den Luxus einer grossen Wohnfläche weniger leisten will und kann.

Bei der Unterschicht verzeichnet dagegen die traditionelle Sektion die grösste Wohnfläche pro Bewohner; wie bei der Mittelschicht beansprucht hier die moderne Sektion die kleinste Wohnfläche, die finanziell schlechter gestellt ist als die postmodernen Doppelverdiener.

- *Bewohnertyp:* Die Anteile an Eigentümern nehmen mit steigendem sozialen Prestige der Haushalte und mit traditioneller werdender Lebensführung zu. Die traditionelle Oberschicht weist dementsprechend auch die geringsten Mieter- und die höchsten Eigentümeranteile auf, die postmoderne Unterschicht dagegen die höchsten Mieter- und geringsten Eigentümerquoten. Die traditionelle Mittelschicht verzeichnet die höchsten Anteile an Genossenschaftern. Dies ist damit zu erklären, dass die durch Genossenschaften verwalteten Wohnungen sich aufgrund ihrer Grösse gut für Familien eignen und Haushalte mit Kindern explizit von vielen Genossenschaften als Mieter bevorzugt werden. Während Mittelschichtfamilien zu den willkommenen Mietern zählen, werden Familienhaushalte der Unterschicht wohl wegen der Befürchtung von sozialer Degradierung häufig abgelehnt (vgl. WÜRMLI 1994: 57-58: nur zwei Genossenschaften in Basel vermieten Wohnungen explizit an sozial Benachteiligte, häufig werden auch sonst auf dem Wohnungsmarkt benachteiligten Gruppen wie Alleinerziehende, Konkubinatspaare und ausländische Familien als Mieter abgelehnt) oder durch die Zeichnungspflicht hoher Genossenschaftsbeiträge ausgeschlossen. Oberschichtfamilien können sich dagegen qualitativ hochwertigere Familienwohnungen leisten.
- *Mietpreise:* Es zeigt sich, dass die postmodernen Teilgruppen jeder Sozialschicht die höchsten Mietpreise pro Quadratmeter für ihre Wohnungen

zahlen. Dies liegt darin begründet, dass von dieser Gruppe generell kleinere Wohnungen bewohnt werden, die verhältnismässig teurer sind als grössere. Die Mietpreise nehmen zudem erwartungsgemäss mit sinkendem Sozialprestige ab. Interessant ist, dass die traditionelle Mittelschicht im Durchschnitt weniger Miete pro Quadratmeter zahlt als die traditionelle Unterschicht. Dies hängt damit zusammen, dass viele traditionelle Mittelschichthaushalte in preisgünstigen Genossenschaftswohnungen leben. Ferner fällt auf, dass Marginalisierte die zweithöchsten Mietpreise pro Quadratmeter zahlen. Eine Erklärung hierfür könnte sein, dass ein Teil dieser Gesellschaftsgruppe noch immer dieselben Wohnungen belegt, die sie vor der Erwerbslosigkeit bewohnt hat. Zudem ist der Quadratmeterpreis von Klein(st)wohnungen (1 bis 3 Zimmer), in denen 85% der Unterschicht und 83% der „Marginalisierten" wohnen, verhältnismässig hoch (zum Vergleich: Oberschicht in 1-3-Zimmer-Wohnungen: 43%).

- *Modernität der Wohnungsausstattung:* Die Anteile an moderner Heizungsart sinken mit abnehmendem Sozialprestige von 94.5% auf 86.3%. Zudem steigt die Quote moderner Heizungen übereinstimmend für alle drei Sozialschichten mit traditioneller werdender Lebensführung. Die höchsten Werte werden für die traditionelle Oberschicht mit 96.7% errechnet, die niedrigsten für die postmoderne Unterschicht mit 86.2% (rund 11% weniger). Dies liegt daran, dass die kinderlosen postmodernen Haushalte aller sozialen Lagen weniger Wert auf eine modern ausgestattete Wohnung legen (können) als die jeweiligen traditionellen, familienorientierten Teilgruppen.
- *Umzugsfreudigkeit*: Am wenigsten oft ziehen die traditionellen Teilgruppen um. Eine Erklärung hierfür ist, dass sich Familien aus Rücksicht auf die Kinder eher an einen bestimmten Wohnort gebunden fühlen als familiär ungebundene Haushalte. Zudem kommt hier ein Alterseffekt zum Tragen, denn die traditionellen Teilgruppen verzeichnen über alle Sozialschichten hinweg die höchsten Durchschnittsalter.

Innerhalb dieser Modernisierungsstufe nehmen die Anteile an Haushalten, die in den letzten fünf Jahren ihren Wohnort nicht geändert haben, von der Ober- über die Mittel- zur Unterschicht zu. Dies kann damit begründet werden, dass sich mit abnehmendem sozioökonomischen Kapital die Möglichkeiten der räumlichen Mobilität verringern. Die postmoderne Teilgruppe hat dagegen ihre Wohnorte in den letzten fünf Jahren am häufigsten gewechselt. Für diese Modernisierungsstufe besteht der gleiche Zusammenhang zwischen Sozialschicht und Umzugsfreudigkeit: Die postmoderne Oberschicht zieht am häufigsten, die Unterschicht am seltensten um.

5.3.2
Räume verschiedener physisch-materieller Wohnumfeldqualität

Immissionswerte. Diese Analysen basieren auf Daten zur Belastung der Luft mit NO_x des LUFTHYGIENEAMTES BEIDER BASEL sowie des Strassenlärmkatasters des BAUDEPARTEMENTS BASEL-STADT. Letzteres kombiniert den Lärmbelastungsplan Tag mit dem Lärmempfindlichkeitsstufenplan. Die Karte 5.12 der negativen Wohnumfeldfaktoren Lärm- und NO_x-Immissionen zeigt eindeutige Belastungen entlang der Hauptverkehrslinien in Basel-Stadt – die Autobahn, die das rechtsrheinische Kleinbasel durchschneidet, die Ringstrassen im linksrheinischen Grossbasel, sowie die Ein- und Ausfallstrassen in die nördlichen Industriegebiete und nach Deutschland und Frankreich sowie in die südwestlich gelegenen Gewerbegebiete. Am stärksten lärm- und NO_2-belastet sind die Wohngebiete im Bereich der Autobahnspange sowie der Ringstrasse Schwarzwaldallee. Betroffen sind im Kleinbasel die westlichen Randgebiete des Hirzbrunnenquartiers, die östliche Teile von Rosental und Wettstein sowie die südlichen Sektionen von Kleinhüningen und Klybeck. Auf Grossbasler Seiten sind die östlichen Randlagen von St. Alban und das südliche Breitequartier tangiert. Ebenfalls stark immissionsbelastet ist der Bereich um den Schweizer Bahnhof, der v.a. das Grossbasler Quartier Gundeldingen berührt. Inselartige Immissionsschwerpunkte sind zudem im Norden der Stadt um den Volta- und Lothringerplatz (St. Johann) festzustellen. Über diese beiden Verkehrsdrehscheiben rolle der Verkehr der Autobahnspange, der innerstädtischen Ringstrassen sowie der Ein- und Ausfallstrassen nach Frankreich (auch zum Flughafen Mulhouse).

Nicht mit Verkehrsimmissionen belastet ist dagegen das „klassische" Oberschichtviertel Bruderholz. Teile der Quartiere Bachletten, Gotthelf und Iselin sind ebenfalls kaum immissionsbelastet. Alle drei werden jedoch durch die äussere Ringstrasse mit hohem Verkehrsaufkommen durchschnitten. Wenig belastet durch Immissionen aus dem Strassenverkehr sind ferner die verkehrsberuhigten Altstädte Gross- und Kleinbasel, Teile des Wettstein, sowie die beiden Landgemeinden Riehen und Bettingen (die drei verzeichnen einzelne Verkehrsbelastungen nur in den Bereichen belebterer Strassenkreuzungen und -abschnitten).

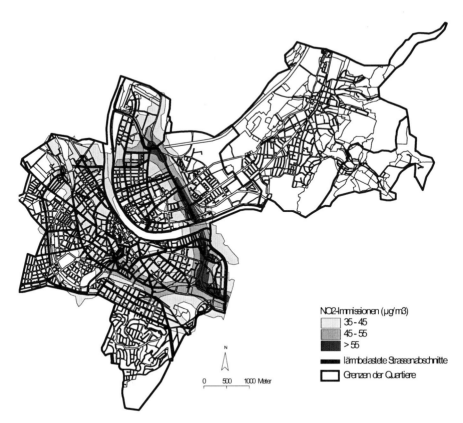

Karte 5.12 Wohnumfeldkennzeichen Basel-Stadt: Immissionswerte Strassenverkehr (1999), NO_x-Immissionen (2000). Quellen: LUFTHYGIENEAMT BEIDER BASEL, STRASSENLÄRMKATASTER.

Bevölkerungsdichte. Die Karte der Bevölkerungsdichte pro Block (Karte 5.13) lässt erkennen, dass Blöcke mit der grössten Bevölkerungsdichte in den Industrievierteln St. Johann, Gundeldingen, Matthäus, Klybeck und Rosental zu finden sind. Dies lässt sich am Beispiel des Matthäusquartiers mit folgenden Zahlen untermauern: die Bevölkerungsdichte beträgt hier 299 Personen/ha und jedem Einwohner stehen 32 m^2 Wohnfläche zur Verfügung. Ebenfalls dicht besiedelt sind die Kleinbasler Innenstadtquartiere Altstadt Kleinbasel und Clara sowie die Unter- und Mittelschichtquartiere Iselin, Gotthelf, Breite. Die niedrigsten Wohndichten errechnen sich für die Gebiete am Stadtrand. Im Bruderholzquartier wohnen z.B. 59,9 Personen pro Hektar, jeder Einwohner verfügt über eine Wohnfläche von 49 m^2.

Die in der „gentrifizierten" Altstadt Grossbasel gibt es mehr Beschäftigte als Bewohnerinnen und Bewohner, d.h. Wohnfunktionen sind durch Büro- und Geschäftsflächen verdrängt. Zudem ist der Anteil an Einpersonenhaushalten hier sehr hoch. Diese Umstände drücken sich in einer vergleichsweise geringen Bevölkerungsdichte aus.

Untersuchungsergebnisse

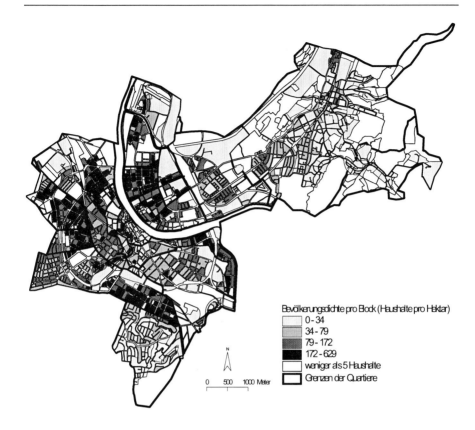

Karte 5.13 Bevölkerungsdichte (Haushalte pro Hektar nach Baublock 1990) von Basel-Stadt.

5.3.3
Anteile der Lebensformengruppen in Gebieten negativer Wohnumfeldqualität

Um Erkenntnisse über den Zusammenhang von Wohnumfeldfaktoren und residentiellen Verteilungsmustern zu gewinnen, wurde mittels Selektionsanalysen mit ArcView© GIS ermittelt, welche Bevölkerungsgruppen in qualitativ benachteiligten Baublöcken wohnen. In Tabelle 5.8, Tabelle 5.9 und Tabelle 5.10 sind die jeweiligen Anteile aller Basler Haushalte, der Sozialschichten, Modernisierungsstufen, Lebensformengruppen und Blockcluster aufgelistet, die in Baublöcken leben, deren Wohnqualität durch Strassenlärm, NO_2-Immissionen und hohe Bevölkerungsdichten beeinträchtigt ist.

Tabelle 5.8 Anteile von allen Haushalten insgesamt, Sozialschichten und
Modernisierungsstufen an Baublöcken mit (teilweise) negativer
Wohnumfeldqualität in % (1990).
[1] Die dargestellten Strassen haben tags und nachts Überschreitungen der Lärmgrenzwerte.
[2] Baublöcke mit einer Bevölkerungsdichte (Personen/ha) über dem städtischen Durchschnitt.

	Haushalte insgesamt	Oberschicht	Mittelschicht	Unterschicht	Marginalisierte	Postmoderne	Moderne	Traditionelle
NO_2=35-45µg/m^3	69.0	60.7	67.4	74.8	75.4	78.4	69.3	61.4
NO_2=45-55µg/m^3	13.6	9.7	13.1	15.6	16.6	14.0	13.5	13.4
NO_2>55µg/m^3	2.7	1.8	2.7	3.0	1.8	2.3	2.6	3.3
NO_2>35µg/m^3 (insgesamt)	73.2	63.0	71.3	80.0	80.1	82.3	73.4	65.6
Strassenlärm[1]	53.7	46.5	52.5	57.9	60.5	59.8	54.0	47.9
Bevölkerungsdichte[2]	64.1	47.8	62.5	72.3	64.4	75.2	64.6	54.5

Haushalte insgesamt. Aus Tabelle 5.8 wird zunächst ersichtlich, dass über zwei Drittel (69%) aller Basler Haushalte in einem Gebiet wohnen, in dem die Luftbelastung mit NO_2 knapp über dem kantonalen Grenzwert von 35 µg/m^3, d.h. im Bereich von 35-45 µg/m^3 liegen. Deutlich weniger Haushalte (13.6%) wohnen in Gebieten, die stärker (45-55 µg/m^3) belastet sind. Nur 2.7% der Haushalte wohnen in der Zone der höchsten NO_2-Belastung von über 55 µg/m^3. Insgesamt sind 73,2% der Basler Haushalte an ihrem Wohnort von NO_2-Immissionen betroffen.

Mit hoher Lärmbelastung durch den Strassenverkehr in ihrer unmittelbaren Wohnumgebung müssen über die Hälfte der Basler Haushalte (53.7%) leben. In überdurchschnittlich dicht bebauten Wohngebieten (über 117 Personen/ha) wohnen rund zwei Drittel (64.1%) der Haushalte.

Soziale Schichten. Differenziert man die Stadtbevölkerung nach ihrer Schichtzugehörigkeit (siehe ebenfalls Tabelle 5.8), so stellt sich heraus, dass die untersuchten Wohnumfeldfaktoren direkt mit der sozialen Lage der Haushalte korrelieren. Erwartungsgemäss, sind Oberschichthaushalte mit privilegierten Chancen auf dem Wohnungsmarkt in allen Zonen negativer Wohnumfeldqualität unterdurchschnittlich häufig vertreten. Deutlich seltener als der Durchschnitt aller Haushalte lebt diese Sozialgruppe in Gebieten mit hoher Bevölkerungsdichte (nur 47.8% der Oberschicht).

Im Vergleich dazu sind die Mittelschichthaushalte in allen beeinträchtigen

Wohngebieten etwas häufiger vertreten. Die Anteile dieser Schicht stimmen für alle untersuchten Belastungsfaktoren grössenordnungsmässig mit den Ergebnissen für die Haushalte insgesamt überein. Haushalte der Unterschicht sind in allen belasteten Zonen nochmals häufiger vertreten. Bei einem Vergleich der Wohnortverteilung dieser Sozialgruppe mit den „Marginalisierten" fällt auf, dass die Anteile beider Gruppen in NO_2-belasteten Gebieten übereinstimmen (jeweils 80%). Während die „Marginalisierten" etwas häufiger Lärmbelästigungen an ihren Wohnorten hinnehmen müssen (60.5% der „Marginalisierten" leben in lärmbelasteten Zonen gegenüber 57.9% der Unterschichthaushalte), stellen sich die jeweiligen Anteile in Gebieten hoher Wohndichte umgekehrt dar: Nur 64.4% der „Marginalisierten" leben in überdurchschnittlich dicht bewohnten Gegenden (was in etwa den Anteilen der Basler Haushalte insgesamt entspricht), während die Unterschichthaushalte mit 72.3% hier sehr häufig vertreten sind. Letzteres ist mit der höheren Personenzahl der Unterschichthaushalte zu erklären (siehe Tabelle 5.2).

Schliesslich fällt noch der unterdurchschnittlich geringe Anteil an „Marginalisierten" in Zonen auf, die am stärksten durch NO_2-Immissionen belastet sind (1.8% gegenüber 2.7% aller Haushalte). Dies kann auf den hohen Anteil Schweizer (vgl. Tabelle 5.2) an dieser Sozialgruppe zurückzuführen sein, die aus soziokulturellen Gründen einen besseren Zugang zum Wohnungsmarkt haben als Ausländer.

Modernisierungsstufen. Die drei Modernisierungsstufen (siehe Tabelle 5.8) korrelieren ebenfalls direkt mit den untersuchten Wohnumfeldfaktoren. Die Gruppe der Postmodernen wohnt am häufigsten (mit um 9.4 Prozentpunkte höheren Anteilen als der Durchschnitt aller Haushalte) in Gebieten mit beeinträchtigter Wohnqualität. Offensichtlich nehmen Menschen mit postmoderner Lebensführung für die Erfüllung ihres Wunsches in Innenstadtnähe zu wohnen Beeinträchtigungen ihrer Wohnqualität hin. Von der modernen zur traditionellen Modernisierungsstufe nehmen die Anteile an Haushalten, die in diesen Gebieten wohnen, ab. Dieses Phänomen ist auf den hohen Anteil an Familien und Verwitweten der traditionellen Modernisierungsstufe zurückzuführen, die (zum Teil noch) in familiengeeigneten, bzw. grosszügiger angelegten und verkehrsferneren Wohngebieten (ihrer früheren Lebensphase) leben.

Einzige Ausnahme sind Zonen mit der höchsten NO_2-Belastung von über 55μg/m^3. Hier nehmen die Anteile von den Postmodernen (2.3%) über die Modernen (2.6%) zu den Traditionellen (3.3%) zu. Nur hier sind die Postmodernen unterdurchschnittlich oft vertreten. Bei dieser hohen Wohnumfeldbelastung ist die Toleranzgrenze dieser Sozialgruppe, die ja in allen Schichten jeweils über überdurchschnittliche finanzielle Mittel verfügt (Voll- oder Doppelverdiener), offenbar überschritten.

Lebensformengruppen. Die Ergebnisse für die einzelnen Lebensformengruppen (vgl. Tabelle 5.9) stimmen in den Trends grundsätzlich mit den oben erläuterten Resultaten für die drei sozialen Schichten und die Modernisierungsstufen überein. Eine besondere Situation stellt sich lediglich für die Modernisierungsstufen der Mittelschicht in Gebieten mit starker NO_2-Belastung (über 45μg/m^3) dar: Die traditionelle Teilgruppe wohnt hier vergleichsweise häufig und für die höchsten Belastungswerte sogar überdurchschnittlich oft. Dies kann damit begründet werden, dass die (familiengeeigneten) Genossenschaftswohnungen, die häufig von traditionellen Mittelschichthaushalten belegt werden (vgl. Kap. 5.3.1), in der unmittelbaren Nähe grosser immissionsreicher Verkehrsadern liegen (v.a. östliche Breite, St. Alban, Hirzbrunnen und Wettstein; vgl. Karte 5.14). Für die traditionelle Unterschicht kommt hinzu, dass sie aufgrund ökonomischer Zwänge auf das Wohnraumangebot für Familien des untersten Wohnungsmarktsegments (häufig in der Nähe von verkehrsreichen Strassen) angewiesen ist. Diese Konstellation wirkt sich auf die Werte für die traditionellen Teilgruppen aller Sozialschichten aus, die als einzige der drei Modernisierungsstufen in Gebieten mit der höchsten NO_2-Belastung von über 55µg/m^3 überdurchschnittlich oft vertreten sind (s.o.).

Tabelle 5.9 Anteile von Lebensformengruppen an Baublöcken mit (teilweise) negativer Wohnumfeldqualität in % (1990).

	Postmoderne Oberschicht	Moderne Oberschicht	Traditionelle Oberschicht	Postmoderne Mittelschicht	Moderne Mittelschicht	Traditionelle Mittelschicht	Postmoderne Unterschicht	Moderne Unterschicht	Traditionelle Unterschicht
NO_2=35-45µg/m^3	73.1	62.0	47.6	77.3	67.4	58.5	83.8	75.5	68.7
NO_2=45-55µg/m^3	10.9	9.7	8.9	13.3	12.9	13.6	17.0	15.8	14.5
NO_2>55µg/m^3	1.8	1.8	2.1	2.4	0.3	3.5	2.2	2.9	3.5
NO_2 insgesamt	75.9	64.3	49.4	81.7	71.1	62.9	89.2	80.9	73.4
Strassenlärm[1]	54.4	47.3	38.3	59.0	52.7	45.6	64.5	58.6	53.1
Bevölkerungsdichte	64.3	49.3	30.9	74.5	62.4	51.6	81.6	73.6	64.3

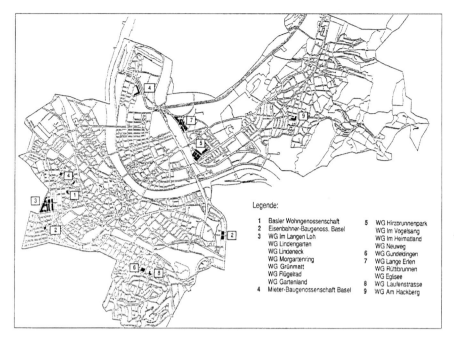

Karte 5.14 Genossenschaftswohnungen in Basel-Stadt. Quelle: WÜRMLI 1994: 45.

Blockcluster. Tabelle 5.10 zeigt die anteilsmässig Verteilung der fünf Blockcluster (vgl. Kap. 5.2.2) auf Gebiete mit negativer Wohnumfeldqualität. Die in Tabelle 5.8 und Tabelle 5.9 dargestellten sozialräumlichen Verteilungsmuster bestätigen sich hier in ihren Tendenzen, wenn man die Ergebnisse für die jeweiligen Hauptgruppen der Clustertypen vergleicht.
- Baublöcke von der Clusterkategorie 1, die sich durch hohe Anteile an traditionellen Mittelschichthaushalten auszeichnen, sind nur in Zonen mit der höchsten NO_2-Belastung leicht überdurchschnittlich oft zu finden (2.9%).
- Clustertyp 2 mit hohen Anteilen an postmodernen Haushalten der Ober- und Mittelschicht und überdurchschnittlich vielen Marginalisierten weist für Gebiete mit NO_2- (insgesamt), Strassenlärmbelastung und überdurchschnittlich hohe Wohndichte jeweils die zweithöchsten Anteile der Clustertypen auf.
- Clustertyp 3, der durch hohe Anteile an traditionellen Oberschichthaushalten gekennzeichnet ist, ist in allen Negativzonen unterdurchschnittlich selten zu finden. Als einzige Baublockkategorie ist er in Gebieten mit einer erhöhten NO_2-Immissionsbelastung von über 45 µg/m^3 nicht vertreten. In allen übrigen Belastungszonen sind Baublöcke dieses Typs mit Abstand am seltensten zu finden.
- Baublöcke von der Clusterkategorie 4 mit hohen Anteilen moderner Ober- und Mittelschichthaushalte sind in allen Zonen mit negativer Wohnumfeldqualität etwas häufiger als Blöcke vom Typ 1 („traditionelle Mittelschicht") vertreten – in Gebieten mit relativ hoher NO_2-Belastung (über 45µg/m^3) sogar etwas seltener.

- Clustertyp 5, der sich vorwiegend aus Unterschichthaushalten zusammensetzt, ist in allen Belastungszonen mit den weitaus grössten Anteilen vertreten.

Tabelle 5.10 Anteile von Baublockclustern in %, die Wohnblöcke mit negativer Wohnumfeldqualität schneiden.

	Cluster 1 (traditionelle Mittelschicht)	Cluster 2 (postmoderne Ober-/ Mittelschicht)	Cluster 3 (traditionelle Oberschicht)	Cluster 4 (moderne Ober-/Mittelschicht)	Cluster 5 (Unterschicht)
$NO_2=35\text{-}45\mu g/m^3$	26.3	59.3	10.3	36.5	63.6
$NO_2=45\text{-}55\mu g/m^3$	8.4	7.9	0	7.7	17.0
$NO_2>55\mu g/m^3$	2.9	1.1	0	1.9	4.5
NO_2 insgesamt	28.8	62.5	10.3	39.4	71.2
Strassenlärm	20.8	46.4	7.4	26.9	49.7
Bevölkerungsdichte	11.7	51.1	2.9	16.4	55.8

5.3.4
Synthese

Wohnsituation. Wohnflächengrösse und Sozialprestige kongruieren nur für die postmodernen – kinderlosen – Teilgruppen. Da sich die Wohnflächengrösse für die traditionellen Teilgruppen der Oberschicht verkleinert (mehr Haushaltsmitgliedern steht relativ gesehen weniger Wohnraum zur Verfügung), ist sie kein Indikator für die soziale Lage eines Haushalts.

Die übrigen untersuchten Charakteristika der Wohnsituation korrespondieren dagegen alle mit der sozialen Lage und der Modernisierungsstufe bzw. der Haushaltsgrösse: Je höher die Schicht und je traditioneller die Lebensführung, desto eher sind die Haushalte Wohnungs- oder Hauseigentümer und desto eher entsprechen die Wohnungen modernen Standards (i.e. moderne Heizungssysteme). Lassen es die wirtschaftlichen Ressourcen zu, sind für traditionelle Familienhaushalte offenbar Wohneigentum mit einem gewissen Wohnkomfort wichtig.

Die Mietpreise pro Quadratmeter fallen umso höher aus, je kleiner der Haushalt und je höher das Sozialprestige ist (hohe Quadratmeterpreise von kleinen und qualitativ hochwertigen Wohnungen). Auch die Umzugsfreudigkeit zeigt denselben Zusammenhang zwischen finanziellen Mitteln und der aktuellen Lebensführung: Je traditioneller und sozial niedriger gestellt ein Haushalt, desto sesshafter ist er (geringere räumliche Mobilität von Familien, Älteren und Ärmeren).

Physisches Wohnumfeld. Die Analysen des physischen Wohnumfelds zeigen ebenfalls, dass die Zugehörigkeit zu einer Sozialschicht entscheidend für die Qualität des Wohngebiets ist – Gesellschaftsgruppen mit hohem Sozialprestige wohnen seltener in Gebieten mit negativer Wohnumfeldqualität, während Haushalte am unteren Ende der sozialen Leiter dort überdurchschnittlich häufig anzutreffen sind. Die „marginalisierten" Haushalte wohnen zum Teil weniger häufig als die Unterschicht in belasteten Zonen (v.a. überdurchschnittlich dicht bewohnte und am stärksten mit NO_2 belastete Gebiete). Dies kann mit der soziodemographischen Zusammensetzung bzw. individuellen Biographie der „Marginalisierten" erklärt werden.

Dieser Zusammenhang besteht jedoch nicht für die sozial ungebundenen, postmodernen Ein- und Zweifamilienhaushalte: Sie bevorzugen Wohngebiete der Innenstadt und nehmen dafür negative Wohnumfeldfaktoren wie Strassenlärm, NO_2-Immissionen und hohe Bevölkerungsdichte in Kauf. Über alle Sozialschichten hinweg können es sich die postmodernen Teilgruppen als Voll- oder Doppelverdiener jedoch am ehesten leisten, nicht in Zonen mit der höchsten NO_2-Belastung wohnen zu müssen.

Die Untersuchungsergebnisse kommen zudem für alle Sozialschichten übereinstimmend zu dem Ergebnis, dass die traditionellen Familienhaushalte am seltensten in Gebieten negativer Wohnqualität leben. Sie favorisieren familienfreundliche, weniger dicht besiedelte Wohngebiete abseits der grossen Verkehrsadern.

Die Sondersituation, dass relativ hohe Anteile aller traditionellen Haushalte in Gebieten mit der höchsten NO_2-Belastung (über 55µg/m^3) leben, ist für die mittleren Schichten auf die an grossen Verkehrsadern gelegenen Genossenschaftswohnungen zurückzuführen, die häufig von diesen Sozialgruppen bewohnt werden, für die unteren Schichten auf Zwänge des Wohnungsmarktes.

Diesen Befunden entsprechen auch die residentiellen Raummuster der aus bestimmten Lebensformengruppen zusammengesetzten Baublockcluster: In allen untersuchten städtischen Ungunstlagen sind die Baublöcke überdurchschnittlich oft vertreten, die primär aus Unterschichthaushalten bewohnt sind. Sehr häufig finden sich daneben nur noch Baublöcke mit hohen Anteilen an postmodernen Ober- und Mittelschichthaushalten in diesen Negativgebieten – allerdings nicht in Zonen mit der höchsten NO_2-Belastung.

Die Baublöcke mit hohen Anteilen an traditionellen Oberschichthaushalten befinden sich mit Abstand am seltensten in qualitativ minderwertigen Wohngebieten.

6 Synthese und Diskussion der Ergebnisse anhand der theoretischen Postulate zur Herausbildung neuer residentieller Raummuster

Die sozialräumlichen Analysen der vorliegenden Untersuchungen dokumentieren räumlich fassbare Auswirkungen postmoderner Sozialstrukturen auf das residentielle Stadtraumgefüge im Kanton Basel-Stadt für das Jahr 1990. Sie basieren auf einer Gesellschaftsgliederung nach zehn Lebensformengruppen, die eigens für die Studie konzeptionalisiert wurden. Auch in dieser relativ kleinen Stadt sind – wie in Kap. 1 präsumiert – die sozialen und räumlichen Auswirkungen der globalen ökonomischen und gesellschaftlichen Umbruchprozesse der postfordistischen Ära zu spüren. Im folgenden wird die Gültigkeit der in Kap. 2.5 aufgestellten Hypothesen auf Grundlage der Untersuchungsergebnisse aus Kap. 5 verifiziert.

Die in *Hypothese 1* formulierte Grundvoraussetzung dieser Studie, neue Gesellschaftsstrukturen und Ungleichheitsdimensionen auch mit quantitativen Methoden und mit stadtweitem Raumbezug auf der Basis von Daten der amtlichen Statistik nachvollziehen zu können, wurde realisiert. In Anlehnung an Gesellschaftskonzepte der Lebensstil- oder Milieuforschung konnten durch Selektionsanalysen nach verschiedenen soziodemographischen und sozio-kulturellen Kriterien (sozio-professionelle Kategorien, Ausbildungsniveau, Zivilstand, Haushalttyp, Erwerbsstatus und Konfessionszugehörigkeit) vertikal und horizontal ausdifferenzierte Sozialgruppen ermittelt werden, womit *Hypothese 1a* belegt ist.

Zudem bestätigen sich – wie in *Hypothese 1b* angenommen – die in Kap. 2.2.1 dargelegten neuen Erscheinungsformen der sozialen Ungleichheit: Familiengrösse, Lebenszyklusphase, Geschlecht und Nationalität sind Faktoren, die stark mit dem sozialen Status eines Haushaltes korrelieren. Oberschichthaushalte beispielsweise sind tendenziell grösser, ihre Referenz-personen sind überdurchschnittlich häufig männlich, Schweizer Staatsbürger und gehören jüngeren Altersgruppen an.

Obwohl in die Selektion der Lebensformengruppen die Personenzahl pro Haushalt und das Alter der Referenzperson direkt oder indirekt als Kriterium eingehen, korreliert nur letzteres auch mit den Modernisierungsstufen. Die Haushaltsgrösse korrespondiert dagegen nur für die beiden obersten Sozialschichten mit der Lebensform. Geschlecht und Nationalität stimmen ebenfalls nicht uneingeschränkt mit dieser überein: Der Trend zur Auflösung der klassischen Geschlechterrollenverteilung bei den ermittelten postmodernen

Haushalten kann nicht bestätigt werden, da die hohen Witwenanteile der Unter- und Mittelschicht bei den Traditionellen sehr stark ins Gewicht fallen. Die hohen Männeranteile bei der postmodernen Unter- und Oberschicht sind mit dem erschwerten Zugang für Frauen zu Berufen mit hohem Sozialprestige und eventuell auch mit dem früheren Heiratsalter von Frauen der unteren Sozialschichten zu erklären (77.4% der weiblichen Zusatzpersonen zwischen 18 und 22 Jahren aus der Unterschicht sind bereits verheiratet; zum Vergleich: 28.1% aus der Oberschicht und 49.6% aus der Mittelschicht). Neben der Lebenszyklusphase korreliert nur noch die Nationalität der Referenzperson auch mit der Modernisierungsstufe. Für alle Sozialschichten gilt: Je traditioneller die Lebensführung, desto höher der Anteil an Schweizer Staatsangehörigen.

Die Sozialraumanalysen lassen resümierend erkennen, dass für das Wohnstandortverhalten nicht mehr nur die Zugehörigkeit zu einer bestimmten sozialen Lage, sondern auch die Zugehörigkeit zu einer bestimmten gesellschaftlichen Modernisierungsstufe von Bedeutung ist.

Die in *Hypothese 2* gemachte Annahme, dass sich analog zur horizontalen Ausdifferenzierung der Gesellschaftsstruktur von Sozialschichten des Industriezeitalters zu postfordistischen Lebensformengruppen die grossflächig-homogenen fordistischen Viertelstrukturen in ein kleinteilig-heterogenes Mosaik bzw. ein enges räumliches Nebeneinander unterschiedlicher Sozialgruppen auflösen, kann nur bedingt bestätigt werden. Ähnlich wie bei WYLY (1999) für Minneapolis–St. Paul (siehe Kap. 2.3.3) dargestellt, überlagern in Basel-Stadt 1990 neuere sozialräumliche Strukturen ein Raummuster der klassengesellschaftlichen Segregation: Besonders in innenstadtnahen Lagen lösen sich homogene sozialräumliche Viertelstrukturen der ehemaligen Arbeiterschicht der fordistischen Ära auf (z.B. St. Johann, Gundeldingen). Sie werden durchsetzt von einem kleinräumig strukturierten Mosaik aus Enklaven postmoderner Lebensformengruppen der beiden oberen Sozialschichten. Gleichzeitig existieren die „klassischen", grossflächig weitgehend homogenen Viertelmuster fort: Sie werden von traditionellen Teilgruppen der beiden oberen Sozialschichten (z.B. Bruderholz) oder von Unterschichthaushalten (z.B. Unteres Kleinbasel ohne Rheinlagen) bewohnt.

Der in *Hypothese 3* unterstellte Zusammenhang zwischen residentiellen Raummustern und Modernisierungsstufen lässt sich anhand der vorliegenden Untersuchungen ebenfalls nur sehr bedingt bestätigen. Laut *Hypothese 3a* sollten neuartige, heterogene Wohnortstrukturen am ehesten für moderne und verstärkt für postmoderne Lebensformentypen festzustellen sein. In der stadträumlichen Realität von Basel wohnt die postmoderne und moderne Ober- und Mittelschicht im Vergleich zur jeweiligen traditionellen Modernisierungsstufe tatsächlich relativ gleichmässig im Stadtraum verteilt. Die Analysen der fünf Baublockcluster belegen diesen Trend: Soziotope mit hohen Anteilen an postmodernen Lebensformengruppen der beiden obersten Sozialschichten weisen die niedrigsten Segregationswerte auf. Bei der Unterschicht ist jedoch ein umgekehrter Trend festzustellen: Hier ist die traditionelle Untergruppe am homogensten über alle Stadtviertel verbreitet, während die postmoderne Unterschicht relativ hoch segregiert.

Inselartig-heterogene Wohnstandorte, d.h. einzelne sozial homogene Soziotope, die von anderen Sozialgruppen umgeben sind, sind also am eindeutigsten für kleinere Gruppen, wie die postmoderne Oberschicht und in geringerem Ausmass die postmoderne Mittelschicht, in innenstadtnahen Wohnlagen festzustellen. Auch für die traditionelle und moderne Unterschicht und in geringerem Masse für die „Marginalisierten" lassen sich diese Raummuster erkennen. Für beide Gruppen sind heterogene Soziotopstrukturen in heterogenen Vierteln typisch. Für diese Verteilungsmuster müssen unterschiedliche Erklärungsansätze herangezogen werden:

Die postmoderne Oberschicht – und bedingt die postmoderne Mittelschicht – können frei von finanziellen Zwängen ihre individuellen Wohnortwünsche in verschiedenen (luxus-)sanierten Baublöcken in guten Lagen der unterschiedlichsten Wohnquartiere befriedigen. So sind sie auch vereinzelt in den „klassischen" und gut an die Innenstadt angebundenen Unterschichtquartieren (südliche Hälfte des St. Johann, Gundeldingen, östliches Gotthelf und Iselin) oder in Rheinlagen der Altstädte zu finden.

Dies bestätigen auch die Ergebnisse der Dissimilaritätsberechnungen der Blockcluster: Soziotope mit hohem Anteil an Postmodernen verzeichnen eine ähnliche Raumverteilung wie Soziotope mit hohen Anteilen an Unterschichthaushalten. Offenbar ist für die Wohnstandortwahl der postmodernen Oberschicht- und Mittelschichthaushalte weniger die Wohnqualität oder das Image des gesamten Stadtviertels, sondern die Vorzüge der unmittelbaren Nahumgebung bzw. die Lage des Baublocks oder der Wohnung entscheidend. Die familiäre Ungebundenheit und das relativ junge Alter dieser Sozialgruppen führt dazu, dass sie nicht nur sozial (vgl. Kap. 2.2.2.3), sondern auch räumlich sehr mobil sind. Ihre Umzugshäufigkeit steigt entsprechend der zunehmenden finanziellen Möglichkeiten mit dem sozialen Prestige. Dies gilt allerdings nur für die beiden obersten Sozialschichten, denn für die postmoderne Unterschicht errechnen sich die zweithöchsten Segregationswerte auf Quartier- und die dritthöchsten Werte auf Blockebene. Diese Ergebnisse sprechen dafür, dass alle Modernisierungsstufen der Unterschicht räumlich immobil sind.

Die Enklaven der traditionellen Unterschicht sind dadurch zu erklären, dass ihnen auch ausserhalb der Arbeiter- und Industriequartiere Wohnraum in bestimmten ungünstig gelegenen Baublöcken (zum Teil Genossenschaftswohnungen) oder minderwertigen Blockseiten der gehobenen und gutbürgerlichen Viertel zur Verfügung steht. Hier sind die sozialen „Inselstrukturen" also noch kleinräumiger als für die postmoderne Oberschicht. Eine weitere Erklärungsmöglichkeit ist die heterogene Haushaltsstruktur dieser Gruppe, deren Wohnortbedürfnisse von preisgünstigen Familienwohnungen bis zu kleinen Wohnungen für Alleinstehende reichen. Bei den Marginalisierten kann als Erklärung angefügt werden, dass Teile dieser Gruppe noch in ihren ehemaligen „besseren" Wohnstandorten verblieben sind, nachdem sie von Arbeitslosigkeit betroffen wurden.

Wie in *Hypothese 3b* angenommen, sind die von traditionell eingestellten Haushalten bewohnten Stadtgebiete am ehesten durch soziale Homogenität gekennzeichnet. Auch für sie geht soziale mit räumlicher Mobilität einher, was die relativ niedrigen Umzugsraten belegen. Diese Gruppen wohnen zudem vorwiegend in sozial einheitlich strukturierten Baublöcken. Es handelt sich um randstädtische Arbeiter- und Industriequartiere mit niedriger Wohnqualität sowie um qualitativ hochwertige Viertel der wohlhabenden Bevölkerungsschichten am

Stadtrand. Diese Raummuster werden durch die Segregationsberechnungen belegt, die höchste Werte für die Oberschicht, und besonders deren traditionelle Teilgruppe, zum Ergebnis haben. Die Karte der Blockcluster oder Soziotope (siehe Karte 5.11) zeigt zudem, dass sich der überwiegend aus Unterschichthaushalten aller Modernisierungsstufen zusammensetzende Cluster 5 trotz mittlerer Segregationswerte in den nördlichen und östlichen (d.h. ungünstigsten) Lagen der Industriequartiere grossflächigere homogene Raummuster bildet. Dies ist damit zu begründen, dass v.a. die postmoderne und moderne Unterschicht preisgünstige Klein- und Kleinstwohnungen überwiegend in diesen (Teil-)Quartieren findet.

Nicht bestätigt wird die Hypothese allerdings für die traditionelle Unterschicht, die sich bei niedrigen Segregationswerten auf Quartier- und Baublockbasis auf benachteiligte Wohnlagen (innerhalb der Viertel und der Baublöcke) in verschiedenen Quartieren verteilt (Erklärungen hierfür s.o.).

Alle Modernisierungsstufen der Mittelschicht wohnen sehr gleichmässig, aber aufgrund ihrer grossen Mitgliederzahl nicht vereinzelt-inselhaft über das Stadtgebiet verteilt.

Zusammenfassend kann also festgehalten werden, dass die Entstehung von sozialräumlicher Zersplitterung oder sozial homogenen Viertelstrukturen nicht nur mit dem unterschiedlichen ökonomischen und soziokulturellen Status von Bewohnergruppen zusammenhängt, sondern dass auch deren jeweilige Gruppengrösse eine Rolle spielt. Zudem sind die sozialen Raummuster eine Folge der Verfügbarkeit von Wohnraum.

In *Hypothese 4* wird postuliert, dass heute die Zugehörigkeit zu einem bestimmten gesellschaftlichen Modernisierungstyp mehr als die Schichtzugehörigkeit das jeweilige Wohnstandortverhalten prägt. Laut *Hypothese 4a* soll dementsprechend die Wohnstandortverteilung von Bevölkerungsgruppen vergleichbar sein, die ähnlichen Modernisierungsstufen aber unterschiedlichen Sozialschichten angehören. Dies lässt sich aufgrund der vorliegenden Untersuchungsergebnisse nur für bestimmte Sozialschichten bestätigen: Die Dissimilaritätsberechnungen ergeben nur für die übereinstimmenden Modernisierungsgruppen der sozial benachbarten Lagen Oberschicht–Mittelschicht und Mittelschicht–Unterschicht niedrige Werte, d.h. hier ähneln sich die residentiellen Raummuster der jeweiligen Vergleichspaare am stärksten. Für beide Sozialgruppenpaare verteilen sich die modernen Sektionen ähnlicher im Raum als die postmodernen. Die traditionellen Teilgruppen von Unter- und Mittelschicht weisen die grösste Übereinstimmung ihrer Wohnstandortmuster auf. Ihnen steht offenbar geeigneter Wohnraum in ähnlichen Quartieren zur Verfügung.

Die Wohnorte der sozial am weitesten voneinander entfernten Modernisierungsgruppen der Ober- und Unterschicht sind dagegen eher verschieden im Stadtraum verteilt. Am deutlichsten ausgeprägt ist dies für die traditionellen Sektionen dieses Vergleichspaares, deren schwerpunktmässige Wohnstandorte überwiegend in verschiedenen Stadtquartieren liegen (Erläuterungen dieses Phänomens vgl. Hypothese 3).

Uneingeschränkt verifiziert werden konnte dagegen der in *Hypothese 4b* unterstellte Zusammenhang zwischen sozialer und räumlicher Entfernung (Polarisierung). Die sozialen Lagen am oberen und unteren Ende der sozialen Leiter weisen wie oben erwähnt die grössten Unterschiede in ihrer Wohnstandortverteilung auf.

Der Vergleich der unterschiedlichen Lebensformentypen je Lage zeigt zudem, dass für alle soziale Schichten die soziokulturell am weitesten voneinander entfernten Modernisierungsstufen (postmodern–traditionell) die jeweils grössten Wohnstandortunterschiede verzeichnen. Die mit Abstand grössten Differenzen sind für das Vergleichspaar der obersten sozialen Lage festzustellen. Dies ist einerseits mit der grossen Exklusivität der traditionellen Oberschichtviertel zu erklären und andererseits mit dem Wunsch und den Möglichkeiten der postmodernen Teilgruppe, in Enklaven in hochwertigen Innenstadtlagen zu wohnen.

Schichtzugehörigkeit und Modernisierungsstufe haben also immer noch einen entscheidenden Einfluss auf das Wohnstandortverhalten, denn von beiden hängen Standortwünsche, Freiheiten oder Einschränkungen auf dem Wohnungsmarkt ab. Die tatsächlichen residentiellen Strukturmuster ergeben sich schliesslich aus der jeweiligen Konstellation des Wohnraumangebots vor Ort.

Der in *Hypothese 5* unterstellte Einfluss von physisch-materiellen Raumstrukturen auf die räumliche Organisation der sozialen Welt, der in den theoretischen Überlegungen in Kap. 2.3 thematisiert ist, lässt sich empirisch nur teilweise bestätigen. Tendenziell werden zwar Gebiete mit hochwertiger Wohnqualität von Haushalten mit hohem Sozialprestige bewohnt und Räume mit geringwertiger Wohnqualität von Haushalten mit niedrigerem Sozialprestige.

Die Verteilung der Sozialgruppen auf Stadträume unterschiedlicher Qualität steht jedoch auch in Abhängigkeit zu deren Modernisierungsstufe (v.a. der Haushaltsstruktur) und Biographie. So wohnen postmoderne Ober- und Mittelschichthaushalte vermehrt auch in städtischen Negativräumen, während traditionelle Unter- und Mittelschichthaushalte dort weniger oft als die postmodernen Teilgruppen aller Sozialschichten vertreten sind. Während erstere mindere Wohnqualität zugunsten der Innenstadtlagen in Kauf nehmen, wohnen v.a. die älteren Mitglieder (Rentner) der traditionellen Unter- und Mittelschicht zum Teil noch in den familienfreundlichen Wohnlagen. Bei den traditionellen Lebensformengruppen der Unter- und Mittelschicht spielt zudem das Wohnraumangebot für Familien eine entscheidende Rolle: z.B. liegen Genossenschaftswohnungen häufig in verkehrsbelasteten Gebieten (v.a. südwestliche Teile des Hirzbrunnen und südliches Breitequartier), was sich dort in relativ hohen Anteilen dieser Sozialgruppen bemerkbar macht.

Resümee und anknüpfende Bemerkungen. Die Wahlfreiheit auf dem Wohnungsmarkt von sozial Benachteiligten einerseits und traditionell eingestellten sozial Privilegierten andererseits ist – aus sehr unterschiedlichen Gründen – stark eingegrenzt: Während erstere aufgrund finanzieller Einschränkungen nur sehr bedingte Wahlmöglichkeiten bei der Wohnungssuche haben, können letztere ihre spezifischen Ansprüche an die Wohnsituation nur in bestimmten städtischen Lagen befriedigen. Da in Basel grössere Raumeinheiten mit einheitlicher Wohnqualität bestehen, wohnen die Gruppen an beiden Enden der sozialen Leiter am stärksten nach (verschiedenen) Quartieren segregiert. In diesen Stadträumen akkumulieren am ehesten räumliche und soziale Privilegierung bzw. Benachteiligungen.

Die traditionelle Teilgruppe der obersten Sozialschicht sucht zur Demonstration ihres Sozialprestiges (Identitätsbestimmung) und auch aufgrund ihres Bedürfnisses nach räumlicher Abgrenzung von anderen Sozialschichten und Lebensformengruppen die zahlenmässig beschränkten und für andere finanziell unerreichbaren Räume des obersten Wohnungsmarktsegments (sehr hohe Wohn[umfeld]qualität: überwiegend hochwertige, teuere und grosszügige Wohnlagen). Hier konzentrieren sich soziale und räumliche Privilegien. Alle Modernisierungsstufen der untersten Sozialschicht sind aufgrund ökonomischer Zwänge in ihrer Wahlfreiheit auf das unterste Wohnungsmarktsegment (geringe Wohn[umfeld]qualität: überwiegend beeinträchtigte Wohnqualität, viele Klein- und Kleinstwohnungen) eingeschränkt, sie werden in die benachteiligten Stadträume verdrängt. Obwohl in diesen räumlich benachteiligten Vierteln unterprivilegierte Gruppen konzentriert sind, bilden sich in Basel keine Ghettostrukturen heraus. In Schweizer Städten setzt sich nämlich die ethnische Segregation nicht unabhängig von der Schichtstruktur durch (vgl. WIMMER 2000: 4). Die betreffenden Quartiere sind daher nicht von nur einer Migrantengruppe dominiert, sondern weisen stets einen hohen Anteil an einheimischer Bevölkerung (der gleichen sozialen Schicht) auf. Zudem entsteht keine sozialräumliche Isolation der benachteiligten Gruppen, da die Viertel nicht gleichzeitig Arbeits- und Wohnort sind, so dass die Aktionsradien der Bewohner die Viertelgrenzen überschreiten (EDER 2001: 245).

Postmoderne Bevölkerungsgruppen der oberen sozialen Lagen sind dagegen sozial und räumlich eher mobil. Sie können aufgrund ihrer finanziellen und soziodemographischen Voraussetzungen flexibler auf das Wohnraumangebot reagieren. Sie verteilen sich gleichmässiger, d.h. nicht nach Quartieren mit einheitlicher Qualität und bestimmtem Image, sondern entsprechend ihrer individuellen Standort-Vorlieben und dem Angebot an qualitativ hochwertigem Wohnraum über das Stadtgebiet. Gruppen mit grosser interner ökonomischer und biographischer Heterogenität (z.B. moderne Mittelschicht, traditionelle Unterschicht) segregieren ebenfalls relativ schwach auf Stadtviertelebene.

Fünf Wohnvierteltypen. Aufgrund der hier vorgenommenen detaillierten Sozialraumanalyse können innerhalb des Stadtgebietes fünf charakteristische Wohnvierteltypen nach bestimmten Kriterien der Wohnumfeldqualität und der Lebensformen ihrer Bewohner identifiziert werden:

- Sozial homogene Stadtquartiere mit traditionellen Mustern der fordistischen Gliederung:
  - Hierzu zählen zum einen die industriell oder gewerblich geprägten Arbeiter- und Industriequartiere (Typ 1; z.B. Klybeck, Rosental, Matthäus) und zum anderen
  - locker bebaute und belastungsfreie Viertel der sozioökonomischen Elite (Typ 2; z.B. Bruderholz, Riehen und Bettingen, Bachletten). In diesen, wie KRÄTKE (KRÄTKE 1996, vgl. Kap. 2.3.3) formuliert, „stabilen Zonen der etablierten Reproduzenten und der Unterprivilegierten der Gesellschaft" kumulieren sozialräumliche Privilegien und Benachteiligungen. Ist letzteres der Fall, können „labile Zonen" der Diskriminierten und Marginalisierten mit hohem Konfliktpotential entstehen.
- Daneben gibt es heterogen zusammengesetzte Quartiere mit sozialräumlich flexiblen Bewohnern und unterschiedlicher Wohnqualität:
  - Hierzu zählen unter anderem Viertel mit grossen Anteilen an

Genossenschaftswohnungen und verschiedenartiger Bebauungsstruktur (z.B. ruhige Reihenhauszeilen und Blockrandbebauung an verkehrsreichen Strassen): Sie liegen alle ausserhalb des Ringstrassensystems (Typ 3; z.B. Hirzbrunnen, Wettstein, Iselin, Gotthelf, Breite).
- In innenstadtnahen Quartieren mit guter Versorgungs- und Unterhaltungsinfrastruktur belegen postmoderne Bewohnergruppen der mittleren und v.a. unteren Sozialschichten städtische Klein- und Kleinsträume. Diese Viertel mit wenig Grünflächen und qualitativ sehr unterschiedlichen Klein- und Kleinstwohnungen (Typ 4; z.B. Matthäus, St. Johann, Gundeldingen) kann man als „Durchgangsquartiere" bezeichnen, da die räumlich sehr mobilen Haushalte (jüngere Einpersonenhaushalte oder Wohngemeinschaften) die Tendenz haben, bei sozialem Aufstieg oder Familiengründung umzuziehen. KRÄTKE bezeichnet diese Quartiere als „Mobilitätszonen der (potentiellen) Veränderung der Produzenten der neuen Gesellschaftsform" (KRÄTKE 1996).
- Daneben gibt es die luxussanierten und gentrifizierten Altstädte (Typ 5; Altstadt Grossbasel, Teile von St. Alban). Hier leisten sich postmoderne Oberschichthaushalte teuere Wohnlagen sehr guter Qualität in Innenstadtnähe.

7 Ausblick

7.1
Schlussfolgerungen aus den Untersuchungsergebnissen für die Planung

Städtische Problemfelder Suburbanisierung, „A-Stadt-Entwicklung" und „soziale Brennpunkte". Bei der Bewertung von Segregationsprozessen muss man davon ausgehen, dass sich die heute beobachteten sozialräumlichen Unterschiede in Zukunft mindestens verfestigen, wenn nicht sogar verstärken werden (ALISCH & DANGSCHAT 1998: 90, DANGSCHAT 1998: 78f). Dies wird damit begründet, dass die sozioökonomischen Trends anhalten, die als Auslöser der räumlichen Verteilungsprozesse der städtischen Wohnbevölkerung gesehen werden.

Bei einem Überangebot an 2- und 3-Zimmer-Wohnungen führt die Situation auf vielen städtischen Wohnungsmärkten – so auch in Basel – heute dazu, dass einkommensstarke Mittelschichthaushalte aufgrund des unbefriedigenden Angebots an geräumigen Wohnobjekten und des unattraktiven Wohnumfelds (hohe Immissionsbelastung und mangelnde Grünflächen) ins Umland ziehen. Suburbanisierung und Zersiedelung sind die Folge dieser funktionalen und sozialen Entmischung mit der Trennung von Wohnen, Arbeiten und Erholung. Der meist individualisierte Pendelverkehr muss diese Aktivitäten verbinden, was mit einer Zunahme der verkehrsbedingten Lärm- und Schadstoffbelastungen verbunden ist. Dadurch sinkt jedoch die Lebensqualität in den Kernstädten, was wiederum die Abwanderung v.a. finanzkräftigerer Haushalte aus den Städten verstärkt.

Der vor ca. 30 Jahren begonnene Entleerungsprozess der Innenstädte infolge Randwanderung einkommensstärkerer Bevölkerungsteile führte dort zu einer Konzentration von Ausländern, Auszubildenden, Alten und Arbeitslosen (A-Stadt-Entwicklung). In den letzten Jahren wurden grosse stadtplanerische Anstrengungen unternommen, den untergenutzten Wohnungsstand in den Innenstädten wieder zu revitalisieren und somit wieder marktfähig zu machen. Es kam zu einer „Gentrifizierung" der entstandenen luxussanierten „Schicki-Viertel". Die Zonen jedoch, die von den Modernisierungsstrategien ausgeschlossen waren, sind Orte der Armut „pockets of poverty" geblieben (DANGSCHAT 1996: 65f).

Bei einer weiter ansteigenden Armut und deren zunehmender Verdrängung in städtische Rand- oder Negativzonen besteht die Gefahr, dass es zur Kumulation von räumlicher und sozialer Benachteiligung für eine grössere Anzahl Stadtbewohner kommt. Dadurch wird die Lebenssituation der Betroffenen weiter verschlechtert und die soziale Ungleichheit verstärkt. Sozialräumliche Folge ist die Entstehung von „sozialen Brennpunkten", d.h. städtischen Gebieten mit erhöhten sozialen Konfliktpotentialen und Kriminalitätsraten. Die beeinträchtigte Lebensqualität und die symbolische und/oder tatsächliche Kriminalisierung dieser Räume führt dazu, dass die betroffenen Zonen von bestimmten Bevölkerungsteilen verlassen und gemieden werden.

Gegenmassnahmen der Stadtplanung. Stadtplaner und Lokalpolitiker haben die Problematik einer sich verstärkenden residentiellen Segregation längst erkannt und versuchen, ihr entgegenzuwirken. Dabei konzentrieren sie sich z.b. auf die Beseitigung der „sozialen Brennpunkte". Im Sinne einer „behutsamen Stadterneuerung" werden räumlich orientierte „Brennpunkt-Programme" in den entsprechenden Stadtgebieten lanciert. Diese umfassen Massnahmen wie die räumliche Verschiebung von Konfliktfronten (in Basel z.B. die Verlegung der Drogenszene durch den Ortswechsel von „Gassenzimmern", in denen ärztlich kontrolliert Drogen an Abhängige abgegeben werden) oder die verstärkte polizeiliche Präsenz in bestimmten Gebieten.

Eine weitere raumbezogene Massnahme der Stadtplanungspolitik, die unbeabsichtigte Negativeffekte zur Folge hat, ist die Attraktivitätssteigerung von Wohnquartieren für einkommensstarke Bevölkerungsgruppen zur Lösung der A-Stadt-Problematik. Ziel ist, möglichst viele gute Steuerzahler an den städtischen Wohnort zu binden bzw. von der Abwanderung in die Agglomeration abzuhalten. Die davon ausgelöste Verdrängung „unerwünschter Bevölkerungsgruppen" führt jedoch zu einer Verfestigung oder weiteren Verstärkung der sozialräumlichen Unterschiede im urbanen Raum.

Nachhaltige Problembekämpfung. Die räumliche Konzentration von sozialen Randgruppen darf jedoch nicht als ein rein raumbezogenes Problem angesehen werden. Derartige auf einen Konfliktraum begrenzte und auf einzelne Problemgruppen orientierte Massnahmen sind oft nicht effizient. Die „sozialen Brennpunkte" werden nicht beseitigt, sondern bestenfalls verschoben.

Um eine Akkumulation von doppelten – sozialen und räumlichen – Benachteiligungen zu vermeiden, „soziale Brennpunkte" zu entschärfen und eine „gesunde" soziale Durchmischung zu erreichen, müssen die Probleme an ihren Quellen bekämpft werden. Lösungen bzw. Herausforderungen für eine sozialverträgliche und damit nachhaltige Stadtpolitik müssen daher stadtplanerische Massnahmen sein, die direkt an die Verbesserung bzw. die Herstellung einer „sozial gerechten" Nutzungsmöglichkeit von Räumen gebunden sind. Angesichts des Teufelskreises aus einer sich verschlechternden städtischen Wohnqualität und zunehmender Stadtflucht kann dies z.B. durch die Erstellung von geeignetem bzw. bezahlbarem Wohnraum (Neubauten in der Stadt oder Umbau bzw. Vergrösserung bestehender Wohnungen) erreicht werden. Dabei ist es wichtig, „sozial verträgliche" Sanierungsprojekte und Wohnumfeldverbesserungen in den Stadtquartieren durchzuführen, die besonders stark von sozialer Segregation betroffen sind.

Greift der Staat also mit regulierenden Wohnungsbauprogrammen ein, dann können z.B. Familienhaushalte mit unterschiedlichem Einkommen in unmittelbarer Nachbarschaft wohnen. DANGSCHAT (1996: 70) schlägt in diesem Zusammenhang auch vor, durch einen stärkeren Quartierbezug unter

Bürgerbeteiligung die Bedürfnisse und Interessen der unterschiedlichen Bewohnergruppen besser zu berücksichtigen.
Bedeutung der Studie für nachhaltige Aufwertungsmassnahmen. Durch die Verortung von Konzentrationen sozialer Randgruppen und räumlicher Negativfaktoren können der Stadtplanung wichtige Anhaltspunkte für den Einsatz wirkungsvoller städtischer Aufwertungsmassnahmen geliefert werden. Die vorliegende Studie zeigt, dass in Basel v.a. in den nördlichen Bereichen der Arbeiter- und Industrieviertel Tendenzen zur sozialen und räumlichen Benachteiligung zu finden sind.

Der vorliegenden Arbeit ist zudem zu entnehmen, welche sozial bessergestellten Lebensformengruppen bereit sind, an einer „sozialräumlichen Durchmischung" teilzunehmen: Dies sind v.a. die postmoderne Oberschicht und die postmoderne und moderne Mittelschicht. Diese Gruppen leben bereits jetzt inselhaft-vereinzelt in sozial und räumlich sehr heterogen strukturierten Quartieren in Wohnlagen, die sich durch eine historisch–gewachsene Bausubstanz und identitätstiftenden Charakter auszeichnen. Daraus folgt, dass man neben der bisher bereits eingeleiteten Schaffung von Luxuswohnungen für alleinstehende oder doppelverdienende Oberschichthaushalte ohne Kinder (sog. „DINKs") vermehrt auch Wohnungen für mittelständische Familien in verschiedenen Stadtquartieren und – wo möglich – unter Erhaltung und Modernisierung der vorhandenen historischen Bausubstanz zur Verfügung stellen muss.

Derartige Massnahmen sind in Basel-Stadt im Rahmen des „Aktionsprogramms Stadtentwicklung" sowie des Projekts „Integrale Aufwertung Kleinbasel" (IAK) mit der Zusammenlegung von Kleinwohnungen zu qualitativ hochwertigen Familienwohnungen, z.B. im Matthäusquartier, bereits punktuell eingeleitet. Dort hat die Entstehung des gewünschten räumlichen Nebeneinanders verschiedener Sozialgruppen die grössten Erfolgschancen („Mobilitätszonen" vom Typ 4, vgl. Kap. 6).

7.2
Weiterführende Forschungsfragen

Der nicht zu unterschätzende Vorteil der verwendeten Untersuchungsmethodik auf der Grundlage der amtlichen Statistik liegt darin, dass die Sozialraumanalysen mit neuen Volkszählungsdaten jederzeit wiederholbar sind. Dies ist im Fall von Untersuchungen relevant, die auf andere Räume oder Zeitspannen übertragbar sein müssen. Im Fall der vorliegenden Studie können die für Basel-Stadt und 1990 dokumentierten Ergebnisse mit den Befunden für andere Städte (sofern die entsprechenden Daten verfügbar sind, z.B. andere Schweizer Grossstädte) verglichen werden. Auch wäre es sehr interessant zu dokumentieren, wie sich der 1990 noch junge Prozess der Bildung neuer Gesellschaftsstrukturen für dieselbe städtische Untersuchungspopulation zehn Jahre später darstellt.

Die vorliegenden Forschungsergebnisse können ferner als Grundlage für weiterführende qualitative Sozialstudien dienen. Folgende Fragestellungen wären hierbei interessant:
- Wie werden die objektiv ermittelten sozialräumlichen Bedingungen von der jeweiligen Wohnbevölkerung wahrgenommen? Stimmen die Untersuchungs-

ergebnisse mit der subjektiven Perzeption der sozialräumlichen Wirklichkeit überein?
- Wie wird in den einzelnen Stadtteilen mit den sozialen und räumlichen Verhältnissen umgegangen? Welche Strategien werden entwickelt und mit welchen Hindernissen müssen die Bewohner dort jeweils kämpfen? Hierzu wäre unter anderem eine Bestandsaufnahme der Orte der Geselligkeit (Vereine, Kindertagesstätten, Kirchen, Wohlfahrtsverbände etc.) erforderlich.
- Stimmt die These, dass für manche Sozialgruppen in der Folge der kleinräumigen Milieu-Enklaven die unmittelbare Nachbarschaft an Bedeutung für das Sozialleben verliert, während sich die sozialen Netze „überlokal" ausweiten? Wird durch das enge räumliche Nebeneinander unterschiedlicher Sozialgruppen und die weite Verstreuung von ähnlichen Gruppen über das Stadtgebiet soziale Entfremdung und sozialräumliche Isolation und Abschottung vorangetrieben? Oder verursacht die räumliche Nähe auch soziale Nähe und es kommt zu einem Bedeutungsgewinn der unmittelbaren Nachbarschaften, in denen einzelne Bevölkerungsgruppen sozialen Rückhalt finden?
- Werden Räume mit geringwertiger Wohnumfeldqualität und einer Bewohnerschaft des unteren Sozialprestiges über eine Zeitspanne von zehn Jahren weiter physisch-räumlich degradiert und im Gegenzug Räume mit einer Bewohnerschaft der oberen Sozialschichten aufgewertet? Diese Fragestellung ist eine Weiterführung und Vertiefung der in Hypothese 5 aufgegriffenen Annahme der „social production of space".

8 Literaturverzeichnis

ALISCH, M. & J. S. DANGSCHAT (1998): Armut und soziale Integration. Strategien sozialer Stadtentwicklung und lokaler Nachhaltigkeit. Opladen: Leske und Budrich.
BACKHAUS, N. (1999): Zugänge zur Globalisierung – Konzepte, Prozesse, Visionen. – = Schriftenreihe Anthropogeographie 17, Zürich: Druckerei der Zentralstelle der Studentenschaft der Universität Zürich.
BAHRENBERG, G., E. GIESE & J. NIPPER (1992): Statistische Methoden in der Geographie. Band 2. Mulitvariate Statistik. – = Teubner Studienbücher der Geographie 2, Stuttgart: Teubner.
BARTELS, D. (1974): Schwierigkeiten mit dem Raumbegriff in der Geographie. – In: Geographica Helvetica 29, Heft Beiheft zu 2/3: 7-21.
BAUDRILLARD, J. (1988): Amerika. Paris: Verso.
BEAVERSTOCK, J. V., R. G. SMITH & P. J. TAYLOR (1999): A Roster of World Cities. – In: Cities 16, Heft 6: 445-458.
BECK, U. (1986): Risikogesellschaft. Auf dem Weg in eine andere Moderne.
BECKER, U. & H. NOWAK (1982). Lebensweltanalyse als neue Perspektive der Meinungs- und Marketingforschung, E.S.O.M.A.R. Kongress, Wien, pp. 147-267.
BERGER, P. & S. HRADIL (Hrsg.) (1990): Lebenslagen, Lebensläufe, Lebensstile. – = Soziale Welt Sonderband 7, Göttingen: Otto Schwartz & Co.
BIEHLER, H. E. A. (1996): Analyse und Bewertung von Flächennutzungsmustern im Hinblick auf sustainable development. – In: BRAKE, K. & U. RICHTER (Hrsg.): Methoden zur Analyse und Bewertung von Flächennutzungs- und Standortmustern. Nachhaltige Entwicklung von Grossstadtregionen. Oldenburg: 99-123.
BOBEK, H. (1927): Grundfragen der Stadtgeographie. – In: Geographischer Anzeiger 28: 213-224.
BOBEK, H. (1948): Stellung und Bedeutung der Sozialgeographie. In: Erdkunde 2: 118-125.
BÖLTKEN, F. (1987): Ortsgebundenheit und Ortsverbundenheit. Empirische Befunde im Zeit- und Regionalvergleich. – In: BUNDESFORSCHUNGSANSTALT FÜR LANDESKUNDE UND RAUMORDNUNG, (Hrsg.): Lokale Identität und lokale Identifikation. – = Informationen zur Raumentwicklung 3, Bonn: 147-156.
BORCHERS, S. & G. TEMPEL (1998): Freizeitstile in einer Grossstadt – eine empirische Untersuchung. – = Arbeitspapiere 31, Bremen: Universität Bremen.
BORTZ, J. (1999): Statistik für Sozialwissenschaftler. Berlin, Heidelberg: Springer-Verlag.

BOURDIEU, P. (1983): Ökonomisches Kapital, kulturelles Kapital, soziales Kapital. – In: KRECKEL, R. (Hrsg.): Soziale Ungleichheiten. – = Soziale Welt Sonderheft 2, Göttingen: 183-198.
BOURDIEU, P. (1988): Die feinen Unterschiede. Kritik der gesellschaftlichen Urteilskraft. Frankfurt a.M.: Suhrkamp.
BOURDIEU, P. (1991): Physischer, sozialer und angeeigneter Raum. – In: WENTZ, M. (Hrsg.): Stadträume. Frankfurt a.M.: 25-34.
BOURDIEU, P. (1992): Die verborgenen Mechanismen der Macht. – = Schriften zu Politik und Kultur 1, Hamburg: VSA-Verlag.
BÜHL, A. & P. ZÖFEL (1996): SPSS für Windows. Version 6.1. Praxisorientierte Einführung in die moderne Datenanalyse. Bonn: Addison-Wesley Longman.
BUNDESAMT FÜR STATISTIK (1993): Eidgenössische Volkszählung 1990: Haushalte und Familien. Bern: Bundesamt für Statistik.
BUNDESAMT FÜR STATISTIK (Hrsg.) (1995): Eidgenössische Volkszählung 1990. Sozialstruktur der Schweiz. Sozio-professionelle Kategorien. – = Statistik der Schweiz, Bern: Bundesamt für Statistik.
CASTELLS, M. (1989): The Informational City. Information Technology, Economic Restructuring and the Urban-Regional Process. Cambridge, Ma.: Basil Blackwell.
CASTELLS, M. (1994): European cities, the informational society, and the global economy. – In: New Left Review 204: 18-32.
DANGSCHAT, J. S. (1994): Multikulturelle Stadt und soziale Polarisierung. – In: SCHWARTZ, U. (Hrsg.): Risiko Stadt? Perspektiven der Urbanität. Hamburg: 177-190.
DANGSCHAT, J. S. (1996): Zur Armutsentwicklung in deutschen Städten. – In: AKADEMIE FÜR RAUMENTWICKLUNG UND LANDESPLANUNG (Hrsg.): Agglomerationsräume in Deutschland. Ansichten, Einsichten, Aussichten. Hannover: 51-76.
DANGSCHAT, J. S. (1998): Klassenstrukturen im Nach-Fordismus. – In: BERGER, P. A. & M. VESTER (Hrsg.): Alte Ungleichheiten neue Spaltungen. – = Sozialstrukturanalyse 11, Opladen: 49-87.
DANGSCHAT, J. S. (1999): Armut durch Wohlstand. – In: DANGSCHAT, J. S. (Hrsg.): Modernisierte Stadt – gespaltene Gesellschaft. Ursachen von Armut und sozialer Ausgrenzung. Opladen: 13-41.
DANGSCHAT, J. S. & T. WÜST (1996): Entwicklungen und Probleme der Agglomerationsräume in Deutschland – Fallstudie Hamburg. – In: AKADEMIE FÜR RAUMENTWICKLUNG UND LANDESPLANUNG (Hrsg.): Agglomerationsräume in Deutschland. Ansichten, Einsichten, Aussichten. Hannover: 154-190.
EADE, J. (Hrsg.) (1997): Living the Global City. Globalization as a Local Process. London, New York.
ECKES, T. & H. ROSSBACH (1980): Clusteranalysen. Stuttgart: Kohlhammer.
EDER, S. (2001): Städtische Sozialstrukturen und residentielle Segregationsmuster am Beispiel Basel-Stadt. – In: Geographica Helvetica 56, Heft 4: 234-248.

EHRET KÖNIG, R. (2000): Ordnung im St. Johann. Soziale Beziehungen und Gruppenbildung in einem Basler Quartier. – In: Regio Basiliensis 41, Heft 3: 205-210.

ESSER, H. (1987): Lokale Identifikation im Ruhrgebiet. Zur allgemeinen Erklärung einer speziellen Angelegenheit. – In: BUNDESFORSCHUNGSANSTALT FÜR LANDESKUNDE UND RAUMORDNUNG (Hrsg.): Lokale Identität und lokale Identifikation. – = Informationen zur Raumentwicklung 3, Bonn: 109-119.

FINCHER, R. (1998): In the Right Place at the Right Time? Life Stages and Urban Spaces. – In: FINCHER, R. & J. M. JACOBS (Hrsg.): Cities of Difference. New York: 49-68.

FRIEDRICH, M. (1999): Die räumliche Dimension städtischer Armut. – In: DANGSCHAT, J. S. (Hrsg.): Modernisierte Stadt – gespaltene Gesellschaft. Ursachen von Armut und sozialer Ausgrenzung. Opladen: 263-287.

FRIEDRICHS, J. (1977): Stadtanalyse. Soziale und räumliche Organisation der Gesellschaft. Reinbeck bei Hamburg: Rowohlt.

FÜEG, R. ET AL. (Hrsg.) (1991): Regio Wirtschaftsstudie Nordwestschweiz XII. – = Schriften der Regio 7.12, Basel: Helbing und Lichtenhahn.

FÜEG, R. ET AL. (Hrsg.) (1998): Regio Wirtschaftsstudie Nordwestschweiz 1996/97. – = Schriften der Regio 7.19, Basel: Helbing und Lichtenhahn.

GASSER, M. (2002). Ideen zur Aufwertung der Quartiere, Basler Zeitung, Basel, pp. 23.

GEILING, H. & T. SCHWARZER (1999): Abgrenzung und Zusammenhalt. Zur Analyse sozialer Milieus in Stadtteilen Hannovers. – = Agis Texte 20, Hannover.

GIBSON, K. (1998): Social polarization and the Politics of Difference. Discourses in Collision or Collusion? – In: FINCHER, R. & J. M. JACOBS (Hrsg.): Cities of Difference. New York: 301-316.

GIDDENS, A. (1984): The constitution of society. Outline of the theory of structuration. Cambridge. Politiy Press.

GIDDENS, A. (1995): Konsequenzen der Moderne. Frankfurt a.M.

GIDDENS, A. (Hrsg.) (1997): Sociology. Introductory Readings. Padstow.

GLUCHOWSKY, P. (1987): Lebensstile und Wandel der Wählerschaft in der Bundesrepublik Deutschland. – In: Aus Politik und Zeitgeschichte, Heft 12: 18-32.

GOTTDIENER, M. (1995): The Social Production of Urban Space. Austin, Texas.

GRAF, H. G. & H. J. EIDENBENZ (1994): Erwerbsleben. – = Die wirtschaftliche Entwicklung im Spiegel der Betriebszählung 1985 und 1991. Eine vergleichende Auswertung 3, Bern: Bundesamt für Statistik.

HAHN, G. M. (1999): Sozialstruktur und Armut in der nach-fordistischen Gesellschaft. Ökonomische Polarisierung und kulturelle Pluralisierung als Aspekte struktureller Marginalisierungsprozesse. – In: DANGSCHAT, J. S. (Hrsg.): Modernisierte Stadt – gespaltene Gesellschaft. Ursachen von Armut und sozialer Ausgrenzung. Opladen: 179-212.

HALL, P., S. SASSEN & N. THRIFT Globalization and World Cities Study Group and Network, http:www.lboro.ac.uk/gawc/index.html.

HAMM, B. & I. NEUMANN (1996): Siedlungs- Umwelt- und Planungssoziologie. – = Ökologische Soziologie 2, Opladen: Leske und Budrich.

HARTMANN, P. H. (1999): Lebensstilforschung. Darstellung, Kritik und Weiterentwicklung. Opladen: Leske und Budrich.
HARVEY, D. (1990): The Condition of Postmodernity. An enquiry into the origins of cultural change. Oxford: Basil Blackwell.
HARVEY, D. (1996): Justice, nature and the geography of difference. Cambridge, Ma.: Blackwell.
HASSE, J. (1988): Die räumliche Vergesellschaftung des Menschen in der Postmoderne. – = Karlsruher Manuskripte zur Mathematischen und theoretischen Wirtschafts- und Sozialgeographie 91: Geographisches Institut II, Universität Karlsruhe.
HELBRECHT, I. (1997): Stadt und Lebensstil. Von der Sozialraumanalyse zur Kulturraumanalyse? – In: Die Erde 128: 3-16.
HERLYN, U. & A. HARTH (1996): Soziale Differenzierung und soziale Segregation. – In: STRUBELT, W. U. A. (Hrsg.): Städte und Regionen. – = Berichte zum sozialen und politischen Wandel in Ostdeutschland. Opladen: 257-287.
HERLYN, U., U. LAKEMANN & B. LETTKO (1991): Armut und Milieu: benachteiligte Bewohner in grossstädtischen Quartieren. – = Stadtforschung aktuell 33, Basel, Boston, Berlin: Birkhäuser.
HERLYN, U., G. SCHELLER & W. TESSIN (1994): Neue Lebensstile in der Arbeiterschaft? Eine empirische Untersuchung in zwei Industriestädten. Opladen: Leske und Budrich.
HILPERT, M. & D. STEINHÜBL (1998): Lebensstile in der Stadt. Eine empirische Studie am Beispiel Augsburgs. – = Praxis Sozialforschung 2, München, Mering: Rainer Hampp.
HRADIL, S. (1987): Sozialstrukturanalyse einer fortgeschrittenen Gesellschaft. Von Klassen und Schichten zu Lagen und Milieus. Opladen: Leske und Budrich.
HRADIL, S. (Hrsg.) (1992): Zwischen Bewusstsein und Sein. Die Vermittlung „objektiver" und „subjektiver" Lebensweisen. Opladen: Leske und Budrich.
HRADIL, S. (1999): Soziale Ungleichheit in Deutschland. Opladen: Leske und Budrich.
KARRER, D. (2000): Teilstudie Zürich. Schlussbericht für das Forschungsprojekt Segregation und Integration, Schweizerischer Nationalfonds, NFP 39 4039-044935, Ethnologisches Seminar der Universität Zürich, Zürich.
KLEE, A. (Hrsg.) (2001): Der Raumbezug von Lebensstilen in der Stadt. Ein Diskurs über eine schwierige Beziehung mit empirischen Befunden aus der Stadt Nürnberg. – = Münchner Geographische Hefte 83, Passau: L.I.S.
KRÄTKE, S. (1996): Stadt, Raum, Ökonomie. Einführung in aktuelle Problemfelder der Stadtökonomie und Wirtschaftsgeographie. Basel, Boston, Berlin: Birkhäuser.
KRÄTKE, S. (1997): Globalisierung und Stadtentwicklung in Europa. – In: Geographische Zeitschrift 85. Jahrgang, Heft 2 /3: 143-158.
LA GORY, M. & J. PIPKIN (1981): Urban Social Space. Belmont, Ca.: Wadsworth.

LÄPPLE, D. (1991): Essay über den Raum. Für ein gesellschaftswissenschaftliches Raumkonzept. – In: HÄUSSERMANN, H. (Hrsg.): Stadt und Raum. Soziologische Analysen. Pfaffenweiler: 157-207.

LÄPPLE, D. (1996): Städte im Umbruch. Zu den Auswirkungen des gegenwärtigen Strutkurwandels auf die städtischen Ökonomien – Das Beispiel Hamburg. – In: AKADEMIE FÜR RAUMENTWICKLUNG UND LANDESPLANUNG (Hrsg.): Agglomerationsräume in Deutschland. Ansichten, Einsichten, Aussichten. Hannover: 191-217.

LAURIA, M. (1997): Introduction: Reconstructing Urban Regime Theory. – In: LAURIA, M. (Hrsg.): Reconstruvting Urban Regime Theory: Regulating Urban Politics in a Global Economy. Thousand Oaks, Ca.: 1-12.

LEFEBVRE, H. (1974): The survival of capitalism. London.

LEFEBVRE, H. (1991): The production of space. Oxford.

LICHTENBERGER, E. (1998): Stadtgeographie. – = Teubner Studienbücher Geographie 1, Stuttgart: Teubner.

LÜDTKE, H. (1989): Expressive Ungleichheit: Zur Soziologie der Lebensstile. Opladen: Leske und Budrich.

LÜDTKE, H. (1992): Der Wandel von Lebensstilen. – In: GLATZER, W. (Hrsg.): Entwicklungstendenzen der Sozialstruktur. Soziale Indikatoren XV. Frankfurt a.M.

LYOTARD, J.-F. (1986): Das postmoderne Wissen. Ein Bericht. Graz, Wien: Ernst Becvar.

MAFFESOLI, M. (1988): Le Temps des tribus. Paris: Meridiens Klincksieck.

MARCUSE, P. (1989): "Dual City": A muddy metaphor for a quartered city. – In: International Journal of Urban and Regional Research 13: 697-708.

MARCUSE, P. (1995): Not Chaos, but Walls: Postmodernism and the Partitioned City. – In: WATSON, S. & K. GIBSON (Hrsg.): Postmodern Cities and Spaces. Cambridge, Ma.: 243-253.

MAYER, M. (1991): "Postfordismus" und "lokaler Staat". – In: HEINELT, H. & H. WOLLMANN (Hrsg.): Brennpunkt Stadt. Stadtpolitik und loklae Politikforschung in den 80er und 90er Jahren. Basel, Boston, Berlin: 31-51.

MEIER-DALLACH, H.-P., S. HOHERMUTH, R. NEF & R. ANLIKER (1982): Zwischen Zentren und Hinterland. Probleme, Interessen und Identitäten im Querschnitt durch die Regionstypen der Schweiz. Diessenhofen: Rüegger.

MÜLLER, H.-P. (1989): Lebensstile. – In: Kölner Zeitschrift für Soziologie und Sozialpsychologie 41: 53-71.

NEEF, E. (1963): Topologische und chorologische Arbeitsweisen in der Landschaftsforschung. – In: Petermanns Geographische Mitteilungen 107, Heft 4: 249-259.

NOLLER, P. (1999): Globalisierung, Stadträume und Lebensstile. Kulturelle und lokale Repräsentation des globalen Raums. Opladen: Leske und Budrich.

ODERMATT, A. (1997): Eigentümerstrukturen des Wohnungsmarktes. Ein handlungstheoretischer Beitrag zur Erklärung der räumlich–sozialen Wohnstandortverteilung am Fallbeispiel Schweiz. – = Geographie 3, Münster:Lit.

PARK, R., E. BURGESS & R. MCKENZIE (1925): The City. Chicago: University of Chicago Press.
POLASEK, W. & M. SCHULER (1996): Evaluation der Volkszählung 1990. – = Statistik der Schweiz. Eidgenössische Volkszählung 1990 Bern: Bundesamt für Statistik.
ROBERTSON, R. (1995): Glocalization: Time–Space and Homogeneity–Heterogeneity. – In: FEATHERSTONE, M., S. LASH & R. ROBERTSON (Hrsg.): Global modernities. London: 25-44.
SAYER, A. (1985): The Difference that Space Makes. – In: Gregory, D. & J. Urry (Hrsg.): Social Relations and Spatial Structures. – = Critical Human Geography Houndsmills, Basingstoke et al.: 49-66.
SCHACHT, A. (1999): Sozialräumliche Milieus der Armut. Zur Bedeutung des Wohnens in benachteiligten Wohngebieten. – In: DANGSCHAT, J. S. (Hrsg.): Modernisierte Stadt – gespaltene Gesellschaft. Ursachen von Armut und sozialer Ausgrenzung. Opladen: 289-313.
SCHELSKY, H. (1965): Auf der Suche nach Wirklichkeit. Düsseldorf, Köln: Eugen Diederichs.
SCHMIDT, B. (1996): Methoden der räumlichen Differenzierung. Ein Vergleich statistischer Verfahren am Beispiel der Kreise Sachsen-Anhalts. – In: Raumordnung und Raumforschung, Heft 5: 321-333.
SCHMIDT, G. (2002): Elitemigranten – kaum wahrgenommen, aber stark präsent, Basler Zeitung, Basel.
SCHNEIDER, N. & A. SPELLERBERG (1999): Lebensstile, Wohnverhältnisse und räumliche Mobilität. Opladen: Leske und Budrich.
SCHNEIDER-SLIWA, R. ET AL. (1999): Bevölkerungsstruktur und Bevölkerungsdynamik beider Basel. – = Stadt und Region 1, Basel: Statistisches Amt des Kantons Basel-Stadt.
SCHNEIDER-SLIWA, R., A. KAMPSCHULTE & D. ZUNZER (2002): Evolution démographique, différenciation et fractures socio-spatiales dans les cantons de Bâle-Ville et Bâle-Campagne. – In: Revue Géographique de l'Est XLII, Heft 1-2: 21-38.
SCHÖN, K.-P. & W. STRUBELT (1996): Agglomerationsräume in Deutschland. Ansichten, Einsichten, Aussichten – Einführung. – In: AKADEMIE FÜR RAUMENTWICKLUNG UND LANDESPLANUNG (Hrsg.): Agglomerationsräume in Deutschland. Ansichten, Einsichten, Aussichten. Hannover: 3-25.
SCHULZE, G. (1992): Die Erlebnisgesellschaft. Kultursoziologie der Gegenwart. Frankfurt a.M., New York: Campus Verlag.
SCHULZE, G. (1994): Milieu und Raum. – In: NOLLER, P., W. PRIGGE & K. RONNEBERGER (Hrsg.): Stadt-Welt: Über die Globalisierung städtischer Milieus. – = Die Zukunft des Städtischen 6, Frankfurt am Main, New York: 40-53.
SIMMEL, G. (2000): Philosophie des Geldes. – = Gesamtausgabe / Georg Simmel; Bd. 6 Frankfurt a.M.: Suhrkamp.
SINUS SOCIOVISION (Hrsg.) (1999): Kurzinformation Sinus-Milieus. Heidelberg.
SOJA, E. (1995): Postmodern Urbanisation: the Six Restructurings of Los Angeles. – In: WATSON, S. & K. GIBSON (Hrsg.): Postmodern Cities and Spaces. Cambridge, Ma.: 125-137.

SPELLERBERG, A. (1994): Lebensstile in West- und Ostdeutschland. Verteilung und Differenzierung nach sozialstrukturellen Merkmalen, P 94 - 105, Wissenschaftszentrum Berlin für Sozialforschung, Abteilung Sozialstruktur und Sozialberichterstattung, Berlin.

SPELLERBERG, A. (1996): Soziale Differenzierung durch Lebensstile : eine empirische Untersuchung zur Lebensqualität in West- und Ostdeutschland. Berlin: Edition Sigma.

SPELLERBERG, A. (1997): Lebensstile und Wohnverhältnisse FS III 97 - 403, Wissenschaftszentrum Berlin für Sozialforschung, Abteilung Sozialstruktur und Sozialberichterstattung, Berlin.

SPELLERBERG, A. & R. BERGER-SCHMITT (1998): Lebensstile im Zeitvergleich: Typologien für West- und Ostdeutschland 1993 und 1996 FS III 98-403, Wissenschaftszentrum Berlin für Sozialforschung, Abteilung Sozialstruktur und Sozialberichterstattung, Berlin.

STAHL, H. (1985): Clusteranalysen grosser Objektmengen mit problemorientierten Distanzmassen. – = Reihe Wirtschaftswissenschaften 338, Frankfurt a.M., Thun: Harri Deutsch.

STATISTISCHES AMT DES KANTONS BASEL-LANDSCHAFT (1996): Statistisches Jahrbuch Kanton Basel-Landschaft 1996. Liestal: Statistisches Amt Basel-Landschaft.

STATISTISCHES AMT DES KANTONS BASEL-STADT (1991): Statistisches Jahrbuch des Kantons Basel-Stadt 1991. Basel: Statistisches Amt des Kantons Basel-Stadt.

STATISTISCHES AMT DES KANTONS BASEL-STADT (1995): Statistisches Jahrbuch des Kantons Basel-Stadt 1995. 74, Basel: Statistisches Amt des Kantons Basel-Stadt.

STATISTISCHES AMT DES KANTONS BASEL-STADT (1997): Betriebszählung 1995, Statistisches Amt des Kantons Basel-Stadt, Basel.

STATISTISCHES AMT DES KANTONS BASEL-STADT (Hrsg.) (1998): Statistisches Jahrbuch des Kantons Basel-Stadt 1998. Basel: Statistisches Amt des Kantons Basel-Stadt.

STATISTISCHES AMT DES KANTONS BASEL-STADT (2002) (Hrsg.). Zahlenmeer – mehr als Zahlen. Basel-Stadt – 100 Jahre statistisch begleitet. – = Stadt und Region 3, Basel: Statistisches Amt des Kantons Basel-Stadt.

TIMMS, D. (1971): The Urban Mosaic. Cambridge: s.n.

TÖNNIES, F. (1935^8): Gemeinschaft und Gesellschaft. Grundbegriffe der reinen Soziologie. Leipzig: Buske.

VESTER, M. (1993): Soziale Milieus im gesellschaftlichen Strukturwandel. Zwischen Integration und Ausgrenzung. Köln: Bund-Verlag.

VESTER, M. (1998): Klassengesellschaft ohne Klassen. Auflösung oder Transformation der industriegesellschaftlichen Sozialstruktur? – In: BERGER, P. A. & M. VESTER (Hrsg.): Alte Ungleichheiten neue Spaltungen. – = Sozialstrukturanalyse 11, Opladen: 109-147.

WALLERSTEIN, I. (1984): The politics of the world-economy. Cambridge, London, New York: Cambridge University Press.

WATERS, M. (1995): Globalization. London: Routledge.

WEBER, M. (2002): Wirtschaft und Gesellschaft. Grundriss der verstehenden Soziologie. Tübingen: J.C.B. Mohr.

WERLEN, B. (1995): Sozialgeographie alltäglicher Regionalisierungen. Zur Ontologie von Gesellschaft und Raum. Band 1. – = Erdkundliches Wissen 116, Stuttgart: F. Steiner.
WERLEN, B. (1997): Sozialgeographie alltäglicher Regionalisierungen. Globalisierung, Region und Regionalisierung. Band 2. – = Erdkundliches Wissen 119, Stuttgart: F. Steiner.
WIEST, K. (1997): Die Neubewertung Leipziger Altbauquartiere und Veränderungen des Wohnmilieus. Gesellschaftliche Modernisierung und sozialräumliche Ungleichheiten. – = Beiträge zur regionalen Geographie 43, Leipzig.
WIMMER, A. (2000): Städtevergleich, Netzwerkanalyse und Schlussfolgerungen. Schlussbericht für das Forschungsprojekt Segregation und Integration, Schweizerischer Nationalfonds, NFP 39 4039-044935, Zentrum für Entwicklungsforschung der Universität Bonn, Bonn.
WÜRMLI, P. (1994): Wohngenossenschaften in der Region Basel. – = Informationen, Basel: Basler Kantonalbank.
WYLY, E. K. (1999): Continuity and Change in the Restless Urban Landscape. – In: Economic Geography 75, Heft 4: 309-338.
ZAPF, W. ET AL. (1987): Individualisierung und Sicherheit. Untersuchungen zur Lebensqualität in der Bundesrepublik Deutschland. München.
ZERGER, F. (2000): Klassen, Milieus und Individualisierung. Eine empirische Untersuchung zum Umbruch der Sozialstruktur. – = Campus Forschung 811, Frankfurt, New York: Campus Verlag.

Basler Beiträge zur Geographie (bisher erschienen)

Band

1	René Seiffert, zur Geomorphologie des Calancatales, 1960	vergriffen
2	Hans-Ulrich Sulser, die Eisenbahnentwicklung im Schweizerisch-Französischen Jura unter Berücksichtigung der geographischen Grundlagen, 1962	CHF 15.-
3	Otto Wittmann, die Niederterrassenfelder im Umkreis von Basel und ihre kartographische Darstellung, 1961	vergriffen
4	Werner Arnold Gallusser, Studien zur Bevölkerungs- und Wirtschaftsgeographie des Laufener Juras, 1961	vergriffen
5	Heinrich Gutersohn und Carl Troll, Geographie und Entwicklungsplanung, 1963	CHF 7.50
6	Carl Frey, Morphometrische Untersuchungen in den Vogesen, 1965	CHF 18.-
7	Hugo Werner Muggli, Greater London und seine new towns: Studien zur kulturräumlichen Entwicklung und Planung einer grosstädtischen Region, 1968	CHF 18.-
8	Ulrich Eichenberger, die Agglomeration Basel in ihrer raumzeitlichen Struktur, 1968	vergriffen
9	Dietrich Barsch, Studien zur Geomorphogenese des zentralen Berner Juras, 1969	CHF 35.-
10	Johannes Friedrich Jenny, Beziehungen der Stadt Basel zu ihrem ausländischen Umland, 1969	CHF 15.-
11	Werner Arnold Gallusser, Struktur und Entwicklung ländlicher Räume der Nordwestschweiz, 1970	CHF 35.-
12	Rudolf Leo Marr, Geländeklimatische Untersuchungen im Raum südlich von Basel, 1970	CHF 18.-
13	Kaspar Rüdisühli, Studien zur Kulturgeographie des unteren Goms (Wallis): Bellwald, Fiesch, Fieschertal, 1970	CHF 18.-
14	Jürg Rohner, Studien zum Wandel von Bevölkerung und Landwirtschaft im Unterengadin, 1972	CHF 18.-

15	Walter Leimgruber, Studien zur Dynamik und zum Strukturwandel der Bevölkerung im südlichen Umland von Basel, 1972	CHF 18.-
16	Heinz Polivka, die chemische Industrie im Raume von Basel, 1974	CHF 18.-
17	Peter Flaad, Untersuchungen zur Kulturgeographie der Neuenburger Hochtäler von La Brévine und Les Ponts, 1974	CHF 18.-
18	Lorenz King, Studien zur postglazialen Gletscher- und Vegetationsgeschichte des Sustenpassgebietes, 1974	vergriffen
19	Kaspar Egli, die Landschaft Belfort im mittleren Albulatal (Kanton Graubünden): das traditionelle Element in der Kulturlandschaft, 1978	vergriffen
20	Hugo Heim, Wandel der Kulturlandschaft im südlichen Markgräferland, 1977	CHF 18.-
21	Dieter Opferkuch, der Einfluss einer Binnengrenze auf die Kulturlandschaft am Beispiel der ehemals vorderösterreichisch-eidgenössischen Grenze in der Nordwestschweiz, 1977	CHF 18.-
22/23	Werner Laschinger und Lienhard Lötscher, Basel als urbaner Lebensraum, 1978	CHF 24.-
24	Peter Gasche, aktualgeographische Studien über die Auswirkungen des Nationalstrassenbaus im Bipperamt und Gäu, 1978	CHF 24.-
25	Walter Regehr, die lebensräumliche Situation der Indianer im paraguayischen Chaco, 1979	CHF 36.-
26	Raymonde Caralp et Ulrich Sulser, Etudes de géographie des transports – Transportation Studies. Union géograhique internationale. 1977 – Colloque de Bâle – transports et frontières – transports et montagne, 1978	CHF 18.-
27	Rudolf Leo Marr, Tourismus in Malaysia und Singapur. Strukturen und Prozesse, 1982	CHF 39.-
28	Felix Falter, Die Grünflächen der Stadt Basel, 1984	CHF 24.-
29	Dusan Simko, Strassenverkäufer und die Versorgung der Arbeiterfamilien von Kowloon (Hongkong) im Umfeld der staatlichen Planungspolitik, 1983	CHF 24.-
30	Kurt Wasmer, Studien über die Agrarlandschaft beidseits	CHF 29.-

der deutsch-französischen Sprachgrenze im
Nordschweizer Jura, 1984

31	Alois Kempf, Waldveränderungen als Kulturlandschaftswandel: Walliser Rhonetal, 1985	CHF 36.-
32	Andreas Fischer, Waldveränderungen als Kulturlandschaftswandel: Kanton Luzern, 1985	CHF 36.-
33	Lienhard Lötscher, Lebensqualität kanadischer Städte, 1985	vergriffen
34	Barbara Vettiger-Gallusser, Berggebietsförderung mit oder ohne Volk?, 1986	CHF 39.-
35	Justin Winkler, Landwirtschaftsgüter der Christoph Merian Stiftung Basel, 1986	CHF 35.-
36	Hansluzi Kessler, Berglandwirtschaft und Ferienhaustourismus, 1990	CHF 45.-
37	Theophil Frey, Siedlungsflächenverbrauch im Blickwinkel der Zonenplanung, 1989	CHF 48.-
38	Martin Huber, Grundeigentum – Siedlung – Landwirtschaft. Kulturlandschaftswandel im ländlichen Raum am Beispiel der Gemeinden Blauen (BE) und Urmein (GR), 1989	CHF 35.-
39	Roland Widmer-Münch, der Tourismus in Fès und Marrakech. Strukturen und Prozesse in bipolaren Urbanräumen des islamischen Orients, 1990	CHF 54.-
40	Francis Rossé, Freiräume in der Stadt, 1991	CHF 30.-
41	Daniel von Arx, Seminartourismus. Synthese aus Weiterbildung und Kurzreise, 1993	CHF 48.-
42	Martin Furter, die Gemeindegrenzen im Kanton Basel-Landschaft, 1993	CHF 45.-
43	Christoph Merkli, Lebensraum im Wandel. Eine sozialgeographische Studie über Grundeigentum und Planung in Sempach (LU) und Beckenried (NW). 1993	CHF 29.-
44	Sebastian Lagger, Güterbedarf und Güterversorgung im Drittwelt-Tourismus, 1995	CHF 40.-

45	Madeleine Imhof, Migration und Stadtentwicklung (Aktualgeographische Untersuchungen in den Basler Quartieren Iselin und Matthäus), 1998	CHF 42.-
46	Irène Kränzlin, Pond Management in Rural Bangladesh: System Changes, Problems and Prospects, and Implications for Sustainable Development, 2000	CHF 42.-
47	Renato Strassmann, Restrukturierung der Regionalökonomie der Nordwestschweiz vor dem Hintergrund der Globalisierung. Analysen, Strategien und Visionen für Regionalpolitik und Regionalentwicklung, 2003	CHF 29.80
48	Werner Breitung, Hongkong und der Integrationsprozess. Räumliche Strukturen und planerische Konzepte in Hongkong, 2001	CHF 29.80
49	Martin Sandtner, Städtische Agglomerationen als Erholungsraum – ein vernachlässigtes Potential. Fallbeispiel Trinationale Agglomeration Basel, 2004	CHF 35.-
50	Susanne Eder Sandtner, Neuartige residentielle Stadtstrukturmuster vor dem Hintergrund postmoderner Gesellschaftsentwicklungen. Eine geographische Analyse städtischer Raummuster am Beispiel von Basel, 2005	CHF 29.80